2020年衡阳师范学院博士科研启动项目：健康中国建设进程中体医融合协同创新研究(2020QD20)；2021年湖南省社科成果评审委员会课题：湖南省老年人健康促进的体医融合路径整合与优化研究(XSP21YBC004)；2020年湖南省体育局重点研究课题：健康老龄化视域下湖南省老年人体医融合平台协同创新研究（2020XH010）

老年人健康促进的体医结合机制研究

马勇 著

上海三联书店

目　　录

摘　　要

2019 年健康中国进入到实质化建设阶段,"体医结合"作为国家力推的新型健康促进方式,如何有效结合是健康效应发挥的前提。本研究以问题意识为导向,紧紧抓住老年人体医如何结合这一主线,在系统理论指导下,采取发现问题-解决问题的研究思路,运用文献资料、调查访问、实地考察、案例分析、比较分析、逻辑分析等研究方法系统探讨老年人体医结合机制问题。研究成果对政府推动老年人体医如何结合具有参考价值。

本研究以老年人体医结合历史和现实问题为切入点,探讨老年人体医结合理论与实践的历史渊源和实践现状。然后以解决老年人体医结合实践问题为基点,对老年人体医结合机制中的推进、保障、协同和运行四个二级机制分别进行系统论述。根据社会运行机制理论划分的四个二级机制之间的关系是:推进机制是前提,保障机制是基础,协同机制是关键,运行机制是核心,是前面三个机制的落脚点。本研究的主要观点如下:

1. 以运动与医疗相结合为线索探寻体医结合的历史起源,发现体医结合思想与实践可追溯到 2000 多年前的战国先秦时期。"导引""医疗体操"是体医结合的历史雏形,"治未病理论"是体医结合的理论源泉。通过个案研究发现,老年人体医结合实践存在着实践主体的体医结合意识淡薄,实践的安全性、有效性、可信度和持续性等问题。问题主要是由实践主体要素结合意愿不高、体医结合要素不清晰、体育系统和医疗卫生系统存在着机构性排斥、老年人体医结合外在制度设置滞后、老年人体医结合领域关系不清、老年人体医结合模式关系不清等原因造成。

2. 内生推动力和外生推动力相互作用使老年人体医结合出现初级、中级和高级三个阶段。以中央政府、地方政府、市场、老年人群体和基层体医结合组织为推进主体,形成了自上而下、从中至下、从下至上和市场机制四条推进路径。在分析四条路径推进优劣及困境的基础上,提出解决推进困境的具体思路,认为地方政府为推进主体较符合我国推进实情。

3. 采用机制研究范式,对老年人体医结合保障主体要素和保障内容要素进行系统分析。保障主体要素包括政府、社会和市场;保障内容要素从硬件要素和软件要素两个维度分为场地器材设施、法规政策、组织机构、经济投入、技术话语、人力资本、信息舆论以及利益八大要素。在老年人体医结合过程中,三个保障主体对老年人体医结合实施八大要素的保障。

4. 以八大要素协同为线索,分析八大要素所指向的功能协同、空间协同和领域协同。以问题为导向,发现老年人体医结合协同要素之间存在着缺乏政策法规的积极引导、制度壁垒下的利益保护主义和协同主体的协同意识淡薄等问题。解决问题需发挥卫健委、国家体育总局和教育部核心协同部门的作用。

5. 对老年人体医结合运行阶段、目标、内容和效果进行理论分析的基础上,对深圳市"健康快乐模式"运行机制和美国爱丁堡市"运动良医模式"运行机制进行比较分析。重点分析运行目标、运行内容、具体运行机制、运行路径和运行效果之间的差异。比较发现，"健康快乐"运行模式是老年人体医结合初级阶段的代表模式，"运动良医"是老年人体医结合高级阶段的代表模式。两种运行模式对我国老年人体医结合具有较大的启示价值。

6. 我国地方政府为推进主体的老年人体医结合机制是：1)明确地方政府在老年人体医结合中的主体地位；2)主动、积极发挥体医结合专项政策的引导价值；3)高度重视老年人体医结合专业人才的能力作用；4)深入挖掘老年人体医结合技术话语的核心潜力；5)着重塑造老年人体医结合舆论氛围；6)合理借助老年人体医结合国际交流的域外经验；7)积极引导区块链技术在老年人体医结合中的应用；8)重点利用三甲医院、居家养老在老年人体医结合中的优势。

关键词:健康中国;老年人;体医结合;推进机制;保障机制;协同机制;运行机制

ABSTRACT

In 2019, *The Plan of Health China 2030* has entered the stage of substantial construction. "Combination of Sports and Medicine" is a new model of health promotion proposed by the Chinese government, and how to combine effectively is the premise of making health effects coming into play. Taking problem consciousness as the guide, this research holds firmly how to combine sports with medicine well in the elderly as the main line. Under the support of system theory, the research adopts the paradigm of combining theoretical research with practical research, and uses literature consultation, survey interview, field investigation, questionnaire investigation, case study, comparative analysis and logical analysis as the research methods to systematically discuss the mechanism problem. In the process of healthy China construction and active response to the aging population, "Combination of Sports and Medicine" has certain theoretical value and practical guiding value which is reflected in providing the government with direct reference for the combination of body and medicine among the elderly.

This study discusses the historical origin of theory and practice of combination of sports and medicine for the elderly from the perspective of the history and reality of this combination. Then, based on solving the practical problems of the combination, this research systematically discusses the four secondary mechanisms of the combination, namely, promotion, guarantee, coordination and operation. Divided by the theory of social operation mechanism, the relations among the four secondary mechanisms are as follows: the promotion mechanism is the premise, the guarantee mechanism is the foundation, the coordination mechanism is the key, and the operation mechanism is the core and the foothold of the first three mechanisms. The main points of this study are as follows:

1. Taking sports and healthcare as clues, this research explores the historical origin of combining sports with medicine, and finds that the thought and practice of combination can be traced back to the Pre-Qin Period and the Warring States Period more than 2,000 years ago. "Breathing Exercise" and "Medical Gymnastics" were the historical embryonic forms; "Cure Not Ill" is the theoretical origin. Through case studies, there is also a weak consciousness of the elderly people, and safety, effectiveness, credibility and sustainability of the combined practice of sports and medicine for the elderly are the prominent problems. The problems are mainly caused by the lack of willingness of the practical subjects, the unclear factors of combination, the insti-

tutional rejection of sports system and healthcare system, the lag of setting the external system of the combination, the unclear relationship between the fields of the combination, and the unclear relationship between the modes of the combination.

2. The interaction of endogenous driving force and exogenous driving force makes the combination of sports and medicine appear as primary, intermediate and advanced stages. The central government, local governments, market, groups of the elderly and grass-root-level organizations are the main bodies for the promotion, and top-down, middle-down, bottom-up and market mechanism pushing approaches have been formed. Based on the analysis of the advantages, disadvantages and dilemma of the four pushing approaches, this research puts forward specific ideas to solve the promotion dilemma, and holds that the local government as the main body of promotion is more in line with the actual situation of China.

3. The mechanism research paradigm is adopted to make a systematic analysis of the main bodies and the contents of security of combination for the promotion mechanism. The main bodies of security include government, society and market; the contents of security are analyzed from two dimensions as hardware and software elements, furthermore, eight specific contents of security are facilities, regulations and policies, organizations, economic investment, technical discourse, human capital, public opinion, and interests. In the process of the combination of sports and medicine for the aged, the three subjects of security ensure

these eight elements mentioned above.

4. Taking the coordination of the eight specific contents as the clue, the research analyzes the functional synergy, spatial synergy and domain synergy, which are pointed out by the eight specific contents. Based on problems, the research finds such issues among synergy elements of combination as lack of positive guidance of policies and regulations, interest protectionism under institutional barriers, and weak consciousness of synergies. To solve the problems, the core coordinating departments like the National Health Commission, the General Administration of Sport of China and the Ministry of Education should fully carry out their duties.

5. On the basis of outlining the vision for the integrated operation for the elderly, this research makes a comparative analysis of the operation mechanism of "Healthy and Happy" in Shenzhen City of Guangdong and "Exercise is Medicine" in Edinburgh. The research focuses on the analysis of the operation target, operation contents, specific operation mechanism and the difference between the operation paths. Through comparison, it is found that "Healthy and Happy" is the representative mode of the primary stage of the combination, and "Exercise is Medicine" is the representative mode of the advanced stage. The two modes of operation are of great enlightening value to the combination of sports and medicine for the elderly in China.

6. Themechanism of combining sports with medicine for the elderly characterized by China's local government as the main

body of promotion should be: 1) Clarifying the dominant position of local government in the combining of elderly sports and medicine; 2) Taking the initiative to give full play to the guiding value of the special policy; 3) Attaching great importance to the ability of professional talents; 4) Tapping deeply the core potential of the technical discourse; 5) Focusing on shaping the public opinion atmosphere; 6) Making the most of the extraterritorial experiences of the international exchange; 7) Guiding actively the application of block chain technology; 8) Focusing on the advantages of third-class hospitals and home-based care for the elderly.

KEY WORDS: Health China; aging; the elderly; combination of sports and medicine; promotion mechanism; security mechanism; collaborative mechanism; operation mechanism.

第一章 绪 论

第一节 研究背景、意义与目的

一、研究背景

（一）政策背景

政策作为政府解决社会问题、管理社会公共事务最为重要的工具①，老年人体医结合发展离不开相关政策的积极引导。老年人体医结合具有公共事业性质，属于公共事务管理的范畴。2014年国务院颁发《国务院关于加快发展体育产业促进体育消费的若干意见》（国发〔2014〕46号）中就有强调：1.积极拓展业态。丰富体育产业内容，推动体育与养老服务的融合；2.促进康体结合。加强体育运动指导，推广"运动处方"，发挥体育锻炼在疾病防治以及健康促进等方面的积极作用②。2015年9月30日，体育总局、卫

① 袁明旭.公共政策冲突的治理研究[C].2012年泛珠三角区域合作与发展社科专家论坛（第十届）论文汇编，199—204.
② 中华人民共和国中央人民政府.国务院关于加快发展体育产业促进体育消费的若干意见[EB/OL]. http://www.gov.cn/zhengce/content/2014—10/20/content_9152.htm[2018—02—22](2014—10—20).

计委、民政部等 12 部委发布的《关于进一步加强新形势下老年人体育工作的意见》指出："拓展老年人体育工作的新领域、新空间和新路子；要把增强老年人体质、提高健康水平、丰富精神文化生活作为新形势下老年人体育工作的根本任务，建立健全有中国特色的老年人体育工作理论体系和政策法规体系"①。2016 年 10 月25 日，中共中央、国务院印发实施的《"健康中国 2030"规划纲要》就明确提出"推动形成'体医结合'的疾病管理与健康服务模式，发挥全民科学健身在健康促进、慢性病预防和康复等方面的积极作用"②，正式在政策层面将体医结合和全民健康紧密联系在一起，引起了社会各界的广泛关注。

2019 年国务院颁发了《关于实施健康中国行动的意见》（国发〔2019〕13 号）、《健康中国行动组织实施和考核方案》（国办发〔2019〕32 号）、《健康中国行动（2019—2030 年）》三个重要政策。在"健康中国行动意见"中明确提出要"推动形成体医结合的疾病管理和健康服务模式，实施老年健康促进行动"③。2019 年 8 月颁发的《体育强国建设纲要》也指出要"大力推动全民健身与全民健康深入融合"④。

---

① 国家体育总局.关于进一步加强新形势下老年人体育工作的意见［EB/OL］.http://www.sport.gov.cn/n16/n1077/n1242/7188534.html［2018—02—22］（2015—10—29）.

② 中华人民共和国中央人民政府.中共中央国务院印发《"健康中国 2030"规划纲要》［EB/OL］.http://www.gov.cn/xinwen/2016—10/25/content_5124174.htm.［2018—02—22］（2016—10—25）.

③ 中华人民共和国中央人民政府.国务院关于实施健康中国行动的意见［EB/OL］.http://www.gov.cn/zhengce/content/2019—07/15/content_5409492.htm.［2019—12—22］（2019—07—15）.

④ 中华人民共和国中央人民政府.国务院办公厅关于印发体育强国建设纲要的通知［EB/OL］.http://www.gov.cn/zhengce/content/2019—09/02/content_5426485.htm.［2019—12—22］（2019—09—02）.

　　这一系列相关政策性文件的颁布实施,标志着健康中国步入到实质性建设阶段。老年人群体健康促进问题必将成为健康中国建设的重中之重。体医结合正是新时期应对老年人健康促进问题的新举措。国家层面政策法规的颁布实施为本研究提供了强大的政策背景。

　　(二)　现实背景

　　1. 老龄化社会的到来急需体医结合的介入

　　我国已于 1999 年正式步入老龄化社会,到 2040 年将达到峰值。据民政部公布的数据显示,截至 2018 年底,全国 60 岁及以上老年人口 24,949 万人,占总人口的 17.9%,其中 65 岁及以上人口 16,658 万人,占总人口的 11.9%①。为应对老龄化问题而提出的"健康老龄化""积极老龄化"理念以及十八届五中全会提出的"健康中国"建设新理念是本研究的时代现实背景。尤其是对于"健康中国"而言,以习近平同志为总书记的党中央各领导多次在会议中强调:"健康事关你我他,事关国家与民族的未来""把人民健康放在优先发展战略地位,努力全方位全周期保障人民健康"。当前,推进"健康中国"建设已经上升为国家优先发展的战略地位并进入到实质性建设阶段。健康中国建设是全面实现小康社会、实现"两个一百年"奋斗目标、实现中华民族伟大复兴"中国梦"的健康基础。然而,健康中国建设进程中如何解决最为突出和社会广泛关注的老年人群体健康问题,是我国不得不面临的最直观、最现实的问题。

　　老年人这一特殊群体的健康管控方式为研究提供了最为直观

---

　　①　中华人民共和国民政部. 2018 年民政事业发展统计公报[EB/OL]. http://www.mca.gov.cn/article/sj/tjgb/. [2019—12—22](2019—08—15).

的现实背景。老年人健康问题与人体机能老化、免疫系统功能下降等客观自然规律密切相关。从老年人健康风险的种类来看,大都属于恶性肿瘤、脑血管病、心脏病、高血压、糖尿病等慢性疾病。"上医治已病"是老年人最常见的健康管控方式。当老年人面对健康问题时,习惯于求助医院,借助药物疗效来解决问题;或者喜好于保健品来减缓身体疾病的病变速度。然而在上述管控方式下的现实境况却是老年病人数量和患病种类越来越多,部分原因在于医疗机构逐渐丧失了对老年人预防疾病的功能,最后造成老年人健康问题越来越突出。

对老年人健康的管控需转变传统思维定势,需要一种"绿色、健康、经济"的老年人健康促进方式。正如"体医融合促进与创新研究"中心主任郭建军所说:"人们的生活方式中,运动和营养是与健康相关的两个最重要的方面"①。随着人民生活水平的提高,营养促进健康的问题已经基本得以实现。而"是药三分毒",对于老年人健康风险的管控,体育运动是"绿色的、健康的、经济的"。研究表明,与运动结合的治疗手段使老年人病情得到了不同程度的缓解,医药费下降60％以上②。可见,老龄化社会造成的老年人健康问题急需体医结合的有效介入。

2."新冠"疫情呼吁老年人体医有效结合

2019年12月,新型冠状病毒肺炎(简称"新冠")爆发,短时间内演变成全球性的公共卫生事件。截止到2020年6月4日,我国新冠

---

① 国家体育总局体育科学研究所.体医融合大有可为[EB/OL].http://www.ciss.cn/kxcb/mtbd/201902/t20190213_475581.html.[2019—12—22](2019—02—13).

② 毕若旭,梁璇.李国平:"健康中国"需要一张运动处方[N].中国青年报,2016—03—14.

确诊病例 84602 例(境外输入 1762 例),累计治愈 79827 例,累积死亡 4645 人,治愈率 94.36％,死亡率 5.49％;国外累计确诊 6426321 例,累计治愈 3015847 例,累计死亡 379750 人,治愈率 46.93％,死亡率 5.91％①。我国治愈率的大幅度提升以及死亡率的相对低下,得益于政府部门对于疫情防控的所采取的果断措施,是中国共产党领导下的"道路自信、理论自信、制度自信、文化自信"的具体表现。

目前,对新冠患者并没有有效的药物治疗,主要以隔离和对症支持疗法为主。在具体的防控措施中,采取主要采取居家隔离。新冠患者死亡人群中主要是那些抵抗力差以及患有慢性疾病的老年人。在居家隔离的过程中,专家强烈建议进行积极锻炼。然而,如何进行科学有效的锻炼,并配合医学治疗以提高老年人免疫力?这一问题是在疫情防控背景下引发的对体医结合作为老年人健康促进手段的思考。

体育与医疗相结合促进老年人健康是一种有效的方式。古代老年人健康促进除强调修身养性外,还注重药物与食疗、按摩等手段的介入。当代,不论是老年人个人还是家庭、社区和医院均在积极探索体医结合之道。然而,实践探索中首先应解决的问题便是体医如何有效结合,这一问题在新冠疫情管控背景下显得尤为突出。

二、研究意义

(一)理论意义

1.促进体医结合理论体系的形成与完善

在健康中国建设背景下,体医结合理论探索不足。以体医结

---

①　最新疫情地图实时数据报告.疫情实时大数据报告[EB/OL]. https://voice. baidu. com/act/newpneumonia/newpneumonia/? from＝osari_pc_3♯tab0.[2020—06—04](2020—06—04).

合为主题的研究始于 2006 年,探讨的内容也与"健康中国 2030"所提出的体医结合的真实内涵有较大偏差,大多是以体医结合为基本理念促进医学院校课程教学改革和人才培养。目前,学界关于体医结合的概念界定尚未达成一致;"体医结合""医体结合""体医融合"和"体医整合"等相近概念未进行学理上的区分;体医结合要素问题未上升到学理层面进行系统探讨;体医结合在健康中国建设进程中所面临的现实困境未有成熟的提炼总结;域外体医结合的先进经验未能及时引进和推广。

体医结合理论研究的薄弱在一定程度上影响了体医结合的实践。本研究以体医结合为研究主题,以健康高危人群——老年人为对象,对老年人体医结合机制进行系统研究,其研究成果不仅有利于完善体医结合的理论体系,而且还能起到"抛砖引玉"的作用,激发更多的理论研究者对体医结合相关问题进行深入研究。

2. 有利于体育科学交叉理论的深化与发展

体育寓身体运动、精神和意志于一体,随着全民健身实施的不断深入,体育的健康价值逐渐深入人心。整体而言,体育在社会发展中的地位并没有得到根本性改变,体育是"无聊的杂耍""小三门"依然还广泛存在于一些人认识之中。这与民众对体育科学价值认识惯性有一定的关系,也与体育科学自身的发展不成熟密不可分。

长期以来,体育科学的发展局限在体育系统内部而形成体系,体育科学崇尚技术至上、科学崇拜和人文萎靡等品行特征。而将体育科学置于整个社会大系统中,其"一条腿"走路的现象让体育科学与社会整体发展渐行渐远。正如易剑东教授所言:"体育要与社会机构,社会目标,社会观念,社会基本法则融为一体,才能让体育科学真正发扬光大"。

体育科学的发展要突破"单腿走路"的局限，要习惯打破体制壁垒，要与社会其他机构进行合作，实现多方双赢。体育科学的包容性为交叉理论体系的形成提供了先天条件，如体育与教育的交叉形成了体育教育学、体育与法学的交叉形成了体育法学、体育与哲学的交叉形成了体育哲学等。期待体育科学与医学的交叉发展理论不仅服务于小部分特定人群（专业运动员），还将面向广大民众。2017年1月17日重庆医科大学体育医学学院成立标志着体育与医学的交叉向前迈了可喜的一大步。体医结合研究是体育科学与医疗系统紧密合作的有益尝试，其理论成果不仅对促进体育科学与医学的交叉具有积极意义，而且也是体育科学交叉理论的进一步发展。

（二）实践意义

1. 有利于加快发挥体医结合促进老年人健康的实践效应

从1999年开始，老年人问题日益引起国家的高度重视，在建设健康中国的背景下，老年人健康促进问题显得尤为突出。老年人健康问题有着自身的特征：人口基数大，健康问题种类多，多种慢性病并存，周期长等。从老年人健康促进的实践层面看，老年人健康的管控主要以手术、药物为主。大量医学研究均已证明，体育运动能很好地预防和缓解老年人的慢性疾病。但是体医结合促进老年人健康的实践效应为什么体现得不是很明显呢？主要原因在于老年人健康促进的体医结合机制运行不畅，表现为学界对体医结合点未达成统一的认识，体医结合的推进主体尚不明确，体医结合保障要素以及协同要素尚未产生实践效力，等。如果能系统地解决上述问题，那么老年人健康促进的体医结合目标不仅能得以实现，而且也能给其他年龄群体依托体医结合促进健康起到很好的榜样与示范作用。

榜样与示范作用实现关键在于实践效应的大小。虽然,体医结合在实践层面已经进行过尝试,但是收效甚微。在机制上"怎样结合"仍然是实践层面的核心问题。令人欣喜的是国家层面已经成立机构并开始进行积极探索。2015年4月11日,国家体育总局体育科学研究所"体医融合促进与创新研究中心"成立,致力于开展政策、理论和技术创新研究,郭建军担任主任;2017年12月29日,"中国医体整合联盟"成立,致力于体医融合平台及服务保障研究,中国工程院院长樊代明任名誉理事;此外,"中国健康促进与教育协会"等学术团体也在积极推进体医结合发展。可见,体医结合实践探索之路已经开始。本研究从老年人体医结合机制着手,契合了当前体医结合实践中的核心问题,研究成果有利于加快实现体医结合促进老年人健康的实践效应。

2. 有利于深化体育科学交叉发展的实践化程度

体育科学的多维发展需要与社会其他部门通力合作,这是体育科学在新的社会形势下发展的必然规律。体育科学已经与其他领域的实践结合进行了尝试,并取得了显著成效。实践证明,体育与教育交叉发展有着悠久的历史并取得了辉煌的成果;体育与经济交叉所形成的体育产业经济也显现出强大的生命力;体育与旅游交叉发展同样展示出了朝气蓬勃的景象。体育具备促进生命健康的基本属性,体育与医学交叉发展为体育再次回归健康本性提供了极佳的平台。

现如今,当人们开始努力尝试推动体育与医学重新交叉结合时,才发现还存在诸多需要破解的难题。体育科学与医学的交叉实践促进老年人健康是时代发展的必然趋势,围绕体医结合的俱乐部模式(北京阳光康漫健康管理中心、上海杨浦区四平社区健身俱乐部,等),"三甲"医院模式(北京广安门医院、北京大学附属人民医院、湘雅医院,等),社区试点模式(北京八里庄二社区建立的社区体医结合示范点、上海徐家汇康健街道卫生社区的"康健社区市民体质监测中心",等),养老机构模式(上海浦东新区日月星养老院、重庆璧山县青杠老年养护中心,等)的实践探索已经开始。只是这些实践模式还未形成广泛效应,究其原因在于体育和医疗的发展自成体系,导致内部机制"营养不良",实践效应差强人意。

在新的社会形势下,体育发展的主要矛盾是人民日益增长的健康需求与体育发展不均衡不充分之间的矛盾。体育发展的不均衡主要表现在过多地注重竞技体育的发展,体育发展的不充分主要表现在对健康话语表达与体现的不充分,这一矛盾在老年人群体当中体现得尤为尖锐。因此,打破体系壁垒,优化体育科学与医学交叉发展的内部机制,有利于深化体育科学交叉发展的实践化程度。

习近平同志在十九大报告中指出:"坚持新时代中国特色社会主义道路,要强化理论思维,增强大局观念,丰富知识素养,坚持问题导向,从历史和现实相贯通,国际和国内相关联,从理论与实践相结合的宽广视角,对一些重大理论与实践问题进行思考与把握"①。在十九大思想引导下,本研究以老年人健康促进的体医结合机制为研究主题,以老年人健康促进的体医结合问题为导向,立足历史与现实,国内与国际,应用理论研究与实践研究相结合的研究范式,着重对老年人健康促进的体医结合机制问题进行系统研究,研究具有较强的理论意义、实践意义与时代意义。

---

① 中国共产党新闻网.习近平:以时不我待只争朝夕的精神投入工作,开创新时代中国特色社会主义事业心局面[EB/OL]. http://cpc. people. com. cn/n1/2018/0105/c64094—29748659. html. [2018—10—20](2018—01—05).

三、研究目的

本研究的目的是:在健康中国建设进程中,对老年人体医结合实践中存在的主要问题进行剖析,在问题引导下,对老年人体医如何结合进行探讨,为老年人体医结合的顶层设计提供理论参考,助力健康中国建设。

本研究的分目标包括:(一)挖掘老年人体医结合实践过程中存在的典型性问题以及问题产生的根本性原因,为老年人体医如何结合提供理论基础;(二)以系统理论为指导,以结合机制为逻辑线索,对老年人体医结合的推进机制、保障机制、协同机制以及运行机制进行全面分析,以期为老年人体医结合具体方案的制定提供参考。

第二节　文献综述

一、核心概念界定

(一) 老年人(The old)

从概念分类的角度看,"老年人"既属于集合概念也属于非集合概念①。从人口学的角度看,老年人是一个相对的概念,是相对于其他年龄段(幼年、青年、壮年)而言的个体或群体。

目前,国内外对老年人的界定大多从日历年龄(年代年龄)来进行。西方国家将 45—64 岁确定为初老年期,65—89 岁确定为老年期,90 岁以上为老寿期。联合国根据各国人口的平均预期寿

① 何雪勤. 形式逻辑学[M]. 辽宁:辽宁人民出版社,1985:28.

命认定为:发达国家为 65 岁,发展中国家为 60 岁。在我国古代
50 岁即为老人(五十曰艾),而根据 2018 年 12 月修订的《中华人
民共和国老年人权益保障法》的规定:"老年人是指 60 岁以上的公
民"①。根据《国务院关于工人退休、退职的暂行办法》的规定:"男
60 岁,女 55 岁为法定退休年龄"。在公众观念中,退休即步入老
年生活。

根据生理年龄、心理年龄和社会年龄进行老年人界定在实践
操作中难度较大,大多数国家均采用日历年龄为标准来界定老年
人。根据我国的国情和老年人群的生理状况,本研究中的老年人
是指日历年龄在 60 周岁及以上的人群。

(二) 健康促进(Health Promotion)

健康促进的概念是伴随人们对健康问题重视的产物。"健康
促进"一词最早出现在 20 世纪 20 年代的公共卫生文献中。随着
对健康问题研究的不断深入,1986 年世界卫生组织(WHO)在加
拿大渥太华举行的第一届"国际健康促进大会"(Declaration of
the Ottawa Conference)上发表的《渥太华宪章》中首次提出了"健
康促进"的确切概念,"健康促进是促使人们维护和改善他们自身
健康的过程,是协调人类与他们之间的战略,规定个人与社会对健
康所负的责任"②。世界卫生组织提出的健康促进的概念起到了
一个承上启下的作用,既是对前面健康促进概念的一种修正,也为

---

① 百度百科. 中华人民共和国老年人权益保护法[EB/OL]. https://baike.
baidu. com/item/%E4%B8%AD%E5%8D%8E%E4%BA%BA%E6%B0%91%E5%
85%B1%E5%92%8C%E5%9B%BD%E8%80%81%E5%B9%B4%E4%BA%BA%
E6%9D%83%E7%9B%8A%E4%BF%9D%E9%9A%9C%E6%B3%95/395480? fr
=aladdin. [2018—10—20](2018—08—02).

② 赵亚光. 健康促进内涵及现实意义探讨[J]. 中国健康教育,1998. 14(10):36—
37.

后人深入认识健康促进的内涵与外延提供参考。

从各种健康促进概念界定中发现（表1-1），健康促进不仅是一种发展策略、综合体、一种能力，而且还是一种健康维护、促进以及提高生活品质的方法论。健康促进的概念随着人们对健康认识的变化而发生变化，从个体行为改变为重点的健康促进观念，到个人、社区、国家的立体式生物心理社会医学模式①。虽然国内学者也提出了健康促进的概念，如"以教育、组织、法律（政策）和经济学手段对有害于健康的行为、生活方式和环境进行干预，促进健康，是对行为和环境的矫正"②，但是这些概念的界定并没有脱离WHO概念母体，只是在内涵上对其进行了丰富。

表1-1 代表性健康促进概念界定

时间	作者/机构	概念界定
1920年	Winslow	组织社区努力开展针对个人卫生教育，完善社会机构保证有利于维持并增进健康的生活水准③。
1874年	Lalonde	健康促进主要是对个人和组织宣传、影响和帮助，促使他们在保持身体和心理健康方面发挥更大作用的一种策略④。
1979年	Welfar	健康促进包括健康教育及任何能促使行为和环境转变，有利于健康的有关组织、政策及经济干预的统一体⑤。

① 胡丙长.健康促进观念的发展与更新[J].国外医学社会学分册.1989.6(4)：193—195+199.
② 黄敬亨.健康教育学[M].上海：上海医科大学出版社，1997.3.
③ 顾学琪.健康促进的力量和策略应用[J].中国慢性病预防与控制，1999.7(3)：144—145.
④ Lalonde M. A new perspective on the health of Canadians：a working document. Ottawa，Canada Information[J]Journal of Health Politics，Policy and Law，1974，Vol. 7(2)，pp. 325—344.
⑤ Green LW. National Policy in the Promotion of Health[J]. International journal of health education，1979，22：161—168.

（续表）

时间	作者/机构	概念界定
1980 年	Green LW	促使民众能采取有益健康生活方式的教育、组织、经济和环境支撑的综合体[①]。
1986 年	WHO	健康促进是促使人们维护和改善他们自身健康的过程，是协调人类与他们之间的战略，规定个人与社会对健康所负的责任[②]。
1995 年	WHO	健康促进指个人与其家庭、社区和国家一起采取措施，鼓励健康的行为，增强人们改进和处理自身健康问题的能力[①]。

（三）体医结合

在学术研究上，体医结合这一词汇在 1998 年便已出现（王圣宝，《漫画华佗的体医结合》），文中只是开篇指出"将体育与医学相结合，共同防病治病，增强体质，延年益寿，其功劳应归于中国古代医学家华佗"[③]。虽然没有对体医结合给出明确的逻辑定义，但为体医结合的内涵奠定基础。直到 2011 年，赵仙丽、李之俊等在《"体医结合"健康促进模式的问题研究》一文中首次对体医结合的概念进行界定：体医结合就是"体育和医学的结合，就是指运动医学、保健体育、康复医学、医学营养、健康评估、运动处方等众多知识的集合，体育和医学紧密结合，相互补充，相互渗透，相互促进"[④]。

---

① Green LW, Kreuter MW, ital. Health education planning: a diagnostic approach[J]. Palo Alto, California, Mayfield Publishing, 1980.

② 赵亚光. 健康促进内涵及现实意义探讨[J]. 中国健康教育, 1998. 14(10):36—37.

③ 王圣宝. 漫画华佗的体医结合[J]. 体育文史, 1998(5):55—56＋44.

④ 赵仙丽, 李之俊等. 构建城市社区"体医结合"体育公共服务的创新模式[J]. 2011, 32(4):58—63.

自从 2015 年全国"两会"上首次提出体医结合之后,体医结合便以全新的姿态进入公众视野。由于提出的时间较短,关于什么是体医结合还没有形成统一的概念。近两年,随着体医结合研究的不断深入,在体医结合概念问题上出现了两个较为突出的问题:其一,概念套用现象较为突出,创新性明显不足;其二,体医结合和体医融合两概念界定雷同,混用现象较为明显。(表 1 - 2)

通过对相关专家进行访谈发现,专家们一致认为"体医结合"和"体医融合"是两个概念。从两词的词义构成来看,"融合"比"结合"更加强调事物之间联系的紧密状态,融合是结合的进一步升华[①]。从发展状态和过程来看,体医融合是体医结合的终极理想状态。可见,不论是体医整合、体医结合还是体医融合本质上指的是同一事物的不同状态。

"体医融合促进与创新研究"中心主任郭建军提出,"体医融合"在体育部门和卫生医疗部门要树立"大健康观"[②]的理念。所谓大健康观是以大健康为基础,通过凝聚、抽象、升华等理论构建方法形成科学的,达到理论高度的,体现了健康价值原则、健康价值规范、健康价值理念、健康价值信仰,具有价值观核心要素和典型表现形式的健康价值观[③]。而大健康的谱系要素包括了身、心、社、德、生态,人们对健康的认识已经脱离了单纯的身体健康层面,进入到身体健康、心理健康、心灵健

---

① 郭建军,郑富强. 体医融合给体育和医疗带来的机遇与展望[J]. 慢性病学杂志,2017. 18(10):1071—1073.

② 编者. 每个人都是自己的冠军——郭建军解读体医融合新理念[J]. 青少年体育,2017(4):17.

③ 闫希军,吴迺峰等. 大健康与大健康观[J]. 医学与哲学,2017,(38)5:9—12.

康、行为健康、社会健康、智力健康、道德健康、环境健康等全方面、立体式认识层面，这便是大健康的真实内涵。大健康观建立的逻辑起点是"以疾病为中心的模式已经无法有效照应人类健康"①。寻求全方位的健康治理方式为体医结合提供了空间，同时也为体医结合提供了逻辑起点。以"健康"为契合点是体医结合的真义所在。

表 1-2　代表性"体医结合"、"体医融合"概念界定

体医结合	体医融合
体医结合是指保健体育、运动医学、康复医学、医学营养、运动处方、健康评估等众多体育和医学知识的集合、相互补充，相互渗透②。	体医融合就是体育与医学的结合，通过相互融合、相互补充、相互渗透，将运动医学、康复医学等众多知识的集合起来③。
体医结合是运用体育运动方式配合医疗卫生治疗方案促使身体恢复、保持、促进健康的一种模式手段，其特色在于综合运用运动处方或养生保健等多种体、医元素，发挥其在慢性病预防和康复、健康促进等方面的积极作用④。	体医融合是体育与医疗相结合，这种交叉和融合不光先在体育科学和医学科学的交叉和融合上，还包括思想、理论等诸多方面和层次的紧密结合⑤。

① 王一方.大健康观的哲学思考[J].中国卫生,2016(11):22—23.

② 赵仙丽,李之俊,吴志坤.构建城市社区"体医结合"体育公共服务的创新模式[J].体育科研,2011,32(4):58—63.

③ 梁丽珍.体医融合背景下民族传统体育产业的发展创新模式与路径选择[J].经济研究导刊,2017(28):53—54.

④ 张剑威,汤卫东."体医结合"协同发展的时代意蕴、地方实践与推进思路[J].首都体育学院学报,2018(1):73—77.

⑤ 梁丽珍.体育融合背景下社区医疗与体育健康产业协同发展模式研究[J].经济研究导刊,2017(30):54—55.

（续表）

体医结合	体医融合
体医结合即体育和医学在众多知识集合的交叉、协调和融合。这种跨界合作不仅体现在2个学科领域技术手段的相互借鉴与使用，还包括理论、学科及知识体系上等诸多方面和层次的紧密结合，相互补充、渗透与促进①。	体医融合就是通过运动手段促进身体健康，在"医疗"的概念中加入了体育元素②。
体医结合广义上是指一切以体育与医疗相结合来进行健身的方式方法；狭义是指健身模式以提升全民健康为目标，将日常的体育锻炼行为与医学保健相结合的方式方法③。	
体医结合应该是众多知识的结合，它们是两个学科及知识体的互通互融，具体包括运动医学学科、保健体育学科、康复医学学科、运动处方学科等等④。	

那么，体医结合中的"体"和"医"的具体内涵又是什么呢？从现有界定来看，"体"指的是"体育"，"医"指的是"医学""医疗卫生"。体育是以"运动"为对象的文化活动⑤，运动是体育的外在表现。体育作为一种人类特有的文化活动现象，其产生与发展遵循着自身特有的规律，体育系统为规律的运行提供了场域和边界。因此，体医结合中的"体"不仅单指运动，还指与健康相关的整个体育系统中各个要素的集合。医不仅指医学学科，也指医疗卫生活

---

① 廖远朋，王煜，胡毓诗，等.体医结合：建设"健康中国"的重要途径[J].成都体育学院学报，2017，43(1)：5—7.

② 向宇宏，李承伟."体医融合"下我国学校体育的发展[J].体育学刊，2017，24(5)：76—79.

③ 李明良，蔡建光.科学健身视阈下"体医结合"健身模式的驱动因素与提升策略[J].湖北体育科技，2017，36(5)：377—379.

④ 卢秉旭.基于青少年"体医结合"的健康促进创新模式研究[J].体育科技文献通报，2017，25(11)：25—27.

⑤ 陆作生.我国体育概念的界定[J].体育学刊，2010(12)：1—5.

动,是指有关防病、治病相关的整个医疗系统中各个要素的集合。两个系统要素之间的相互关联为体医结合提供了结合逻辑。

在体医结合发展的不同阶段,体育系统与医疗卫生系统要素可能会产生变化。在探讨体医如何结合的目标引领下,对两系统结合要素的把握还需从运动和医疗卫生实践活动开展要素上进行把握,这是体医如何结合的前提与基础。同时,对运动和医疗卫生实践活动开展的具体要素具有多样性,诸如人的要素、知识要素、物力要素、财力要素、政策要素等。在纷繁复杂的要素中,以要素存在的形态把体育系统和医疗卫生系统中的具体要素分为硬件要素与软件要素。就硬件要素而言,主要指运动和医疗卫生实践活动开展所需的场地、器材、设施设备等;就软件要素而言,主要指人力、财力、政策、信息、利益、技术、话语等。

可见,以健康为结合逻辑起点,以体育系统与医疗卫生系统内部要素相结合为内容是体医结合的基本内涵。

有学者已经提出,体医结合是一种"方式方法"。从具体操作层面来看,体医结合是一种促进健康的方式方法。从体医结合提出的背景以及国家相关报告来看,体医结合更是一种理念。"健康中国2030"提出"推动形成'体医结合'的疾病管理与健康服务模式"①。可见,体医结合是一种模式,一种健康促进的新模式。

基于以上分析,根据形式逻辑的定义方法,本研究把"体医结合"界定为:以健康为主线,将体育系统和医疗卫生系统内部要素进行有机连接,进而共同促进人民健康的新模式。

———————————

① 中华人民共和国中央人民政府. 中共中央引发关于《健康中国2030规划纲要》[EB/OL]. http://www. gov. cn/zhengce/2016—10/25/content _ 5124174. htm. [2018—03—23](2016—10—25).

(四) 体医结合机制

从词组构成上看,体医结合机制是由"体医"＋"结合"＋"机制"三个词组成的复合词。要想明确体医结合机制的具体内涵,就必须对上述三词的内涵分别进行探讨。

在体医结合概念界定中已经对体医的具体内涵进行了论述,这里的体医具体指代体育系统和医疗卫生系统中的硬件要素和软件要素。

"结合"在《现代汉语词典》中的含义有两种,一种为"人或事物间发生紧密联系";另一种为"结为夫妻"①。显然,体医结合中的结合为第一种含义,是指体育系统和医疗卫生系统在硬件要素和软件要素间发生的紧密联系。

机制(Mechanism)的本义有四个,其一,有机体的构造、功能及其相互关系;其二,机器的构造和工作原理;其三,机器制造(machine-processed);其四,手法、技巧、途径②。随着对机制问题研究的不断深入,对机制内涵的理解也随即发生了变化。整体而言,在人文社会学研究领域,机制的含义包括以下几种观点:1.事物内在各组成要素的相互作用;2.对象事物内部的各组成部分及相互联系;3.事物在规律运动中发挥的作用、功效以及相互作用过程中的联系和作用原理;4.事物系统内部各构成要素之间的相互联系、作用及内在运行方式。故此,机制可以理解为"在正视事物各部分存在的前提下,协调各部分之间相互关系以更好地发挥作用的具体方式"③。

---

① 中国社会科学院语言研究所.现代汉语词典[M].上海:商务印书馆,1983:577.

② 百度百科.机制[EB/OL].https://baike.baidu.com/item/%E6%9C%BA%E5%88%B6/1433787? fr=aladdin.[2019—05—10](2014—08—25).

③ 郑杭生,李强,李路路等.社会学概论新修(第5版)[M].北京:北京人民大学出版社,2019.01.

综上所述,体医结合机制是指以健康促进为主要目的使体育系统和医疗卫生系统中的硬件要素和软件要素发生紧密联系的具体方式、实践路径与运行机制。

二、国内外研究综述

本研究的主题关键词是"老年人""健康促进""体医结合"和"机制",内在的逻辑关系是体医结合作为健康促进的一种手段或模式,如何在老年人的健康促进过程中发挥作用。体医结合是健康促进的有效手段,老年人是健康促进和体医结合的实施对象。在概念的分析中已经得知,与体医结合相近的概念还有体育融合、医体结合和医体融合等。这些概念本质上是揭示体育系统和医疗卫生系统交融发展的不同状态。故此,在文献检索和综述的过程中,本研究统一用"体医结合"指代其他相近概念。基于这样的逻辑关系,在文献检索的过程中围绕四个关键词广泛收集各类文献资料,进而形成文献综述的三条线索:即老年人健康促进,老年人体医结合和结合机制。需要指出的是,这三条线索中,把"结合机制"作为其中的一条线索是因为:其一,机制作为一种成熟的研究范式已经在各学科研究中得到了广泛的应用,了解关于机制的研究对于本研究不论是在研究方法、研究思路还是研究内容定位上均具有较大的启示;其二,"结合机制"是机制研究的一种具体形态,通过结合机制研究的梳理,可以为本研究二级机制划分提供参考。

(一)国外研究综述

1. 老年人健康促进的相关研究

老年人健康促进研究的兴起与"健康促进"概念广泛认同以及对老龄化社会认识的不断深入有着密切关系。从时间节点来看,兴起于 20 世纪 20 年的"健康促进",20 世纪 40 年代提出的"三维健康观",20 世纪 50 年代提出的"老龄化社会的判定标准"(1956年提出的 65 岁及以上人群占总人口的 7%[①]),激发了学者对老年人健康促进问题的关注;20 世纪 80 年代开始的"世界健康促进大会",1990 年世界卫生组织提出的"健康老龄化(Healthy Ageing)"[②],2002 年联合国大会提出的"积极老龄化(Active Ageing)"[③],再次激发了学者们对老年人健康促进的持续关注。本质上而言,老年人健康促进的研究总是围绕如何促进老年人健康为中心而展开,这是老年人健康促进研究的出发点也是研究的最终归宿。

(1) 老年人健康促进影响因素研究

老年人作为生命全周期的一种生命状态,其健康影响因素除受生理功能衰退的影响之外,与其他生命状态的健康影响因素基本相似。对健康认识程度的不断深入,人们总是想从影响因素的角度去探寻一种理想的健康状态。从老年人健康促进影响因素模型来看,大致分为三因素模型、四因素模型、八因素模型和健康生态模型等几种。

三因素模型。Lalonde[④](1974)认为影响健康的三大因素,包括生活方式(可控行为)、环境和遗传(环境和遗传成为不可控因素)。

---

① 武赫. 人口老龄化背景下我国养老产业发展研究[D]. 吉林:吉林大学博士学位论文,2017.12:13.

② 位秀平. 中国老年人社会参与和健康的关系及影响因子研究[D]. 上海:华东师范大学博士学位论文,2015.3:19.

③ 田向阳. 中国农村健康教育与健康促进策略与模式研究[D]. 上海:复旦大学博士学位论文,2013.4:13.

④ Lalonde M. A new perspective on the health of Canadians: a working document. Ottawa(on):Information Canada,1974.

四因素模型。世界卫生组织认为影响健康的四大基本因素是:遗传(15%)、环境(17%,社会环境占 10%,自然环境占 7%)、医疗条件(8%)和生活方式(60%)[①]。

八因素模型。影响健康的八大因素包括:环境、饮食、起居、情绪、信念、遗传、潜意识、爱与希望[②]。

20 世纪 90 年代末,学术界提出了健康生态模型的概念。健康生态模型(Health Ecological Model)[③]是以影响健康的具体因素为线索,构建出一个普适性的影响因素模型。健康生态模型共包括五大类因素:其一,生物学因素(遗传、年龄、性别、种族、基因、个性心理特征,等);其二,行为与生活方式因素(行为倾向性、行为特点、行为种类、行为轨迹,等);其三,人际因素(社会、家庭和社区的人际网络及其关系);其四,环境因素(社会心理、社会地位、职业、自然环境、人造环境、公共卫生服务、医疗保健服务,等);其五,大环境因素(社会公平、政策、经济、文化、政治、法律、环境条件,等)。健康生态模型也可称为社会生态模型,在这五大类影响因素中,主要考虑的社会因素对健康的影响。Ralph&Klaus[④](1993),Mark &Gina[⑤]

---

① World Health Organization. The Ottawa Charter for Health Promotion. Adopted at the First International Conference on Health Promotion,Ottawa,1986.

② Dorothy Fitzgerald, John Litt, Donna Ciliska. Health Consequences of Selected Lifestyle Factors: A Review of the Evidence[J]. Advanced Science Letters,1984. 3861(84):104—106.

③ Richard L,Potvin L,Kishchuk N. Assessment of the integration of the ecological approach in health programs[J]. AM J Health Promote, 1996,10(4):318.

④ Ralph Grossmann, Klaus Scala. Health Promotion and Organizational Development: Developing Settings for Health [J]. European health promotion series, WHO Regional Office for Europe, 1993.14.

⑤ Mark Dooris,Gina Dowding,etal. The settings-based approach to health promotion. Health Promotion Universities:Concept,experience and framework for action [M]. 1998(4):21—32.

(1998)也重点阐释了社会因素对健康的影响,并把社会因素划分为 Macro-、Exo-、Meso-和 Micro-s 四个水平,即从个人、组织机构、社区和文化的角度来阐释影响因素及其关系。微观系统(Micro-systems)是指由个体为中心组成的系统,具体包括社会身份、民族、性别、知识、信仰、心理认知等要素。个体所处的微观系统不仅会受到外界环境的塑造也会受到其他微观系统的影响。中观系统(Meso-systems)是指以个体为基本组成单位的组织机构的政策、制度、部门文化、价值观念。大系统(Exo-systems)是指整个社区的社会规范、价值标准、社区网络,等。个体在大系统中不一定有地域或者数量上的区分,个体健康也不一定是一个积极主动的因素,也可能在大系统中是一个被动的执行体。宏观系统(Macro-systems)主要是指地域的文化背景、社会制度、文化信仰、宗教信仰等。宏观系统不仅包括物质(实体形态)还包括非物质(意识形态)。

从三因素到八因素再到健康生态模型均从不同的维度对健康影响因素进行了系统分析。尤其是世界卫生组织提出健康新概念之后,对身体健康、心理健康的评定标准进行了细化(身体健康的评定标准为 10 个方面,心理健康标准为 3 个方面),每一个细化的标准既可作为判断健康的依据也可以作为健康的细化影响因素。这些因素具有普适性的特点,并不能体现出老年人健康的独特性特点。为此,Sidney①(1963)提出老年人是否具有独立生活能力也是影响老年人健康的综合性因素。当然,这种独立生活能力(Independent Living Skills,ILS)是建立在身体健康基础上的一个

---

① Sidney Katz. Studies of Illness in the Aged the index of ADL: A Standardized Measure of Biological and Psychosocial Function[J]. The Journal of the American Medical Association,1963,185(12):914—919.

重要因素。但是，这种影响因素更加具体，与老年人的生命特征密切相关。Lawton[①](1984)根据健康的定义，认为影响老年人健康的因素包括：疾病、功能水平、病痛以及自评能力；而 Rowe[②](1987)则认为年龄才是影响老年人健康的最重要的因素。

老年人健康影响因素的研究是期望从影响因素的角度出发，通过对影响因子的干预，达到增进老年人健康的目标。从影响因素的现有研究来看，因素呈现出整体性、复杂性的特征。从老年人健康防控的角度看，医疗和体育运动是最常见的两种方式。相比较于医疗手段，体育运动具有绿色环保、经济有效的优势。

（2）体育运动与老年人健康相关研究

国外自 20 世纪 40 年代开始研究体育运动与健康的关系。其中最具影响力的是 Jeremy N. Morris[③] 教授在 1953 年在《柳叶刀》(Lancet)发表了一篇体育运动与心血管疾病相关的流行病学研究，开启了体育运动与慢性疾病防治的研究先河。随后关于体育运动对老年人健康影响的相关研究逐渐增多，根据研究需要主要从体育运动与老年人健康关系研究、体育运动与老年人慢性疾病的研究、体育运动与老年人健康干预研究等几个方面进行。

体育运动与老年人健康关系研究。Lim KC[④](2007)认为体育锻炼是人类寿命的主要健康指标之一，美国国立卫生研究院把

①　Lawton M P. Investigating health and subjective well-being：Substantive challenges[J]. The International Journal of Aging and Human Development，1984，19(2)：157—166.

②　Rowe J W，Kahn R L. Human aging：usual and successful[J]. Science，1987，237(4811)：143—149.

③　Morris J N，Heady J A，etc. Coronary heart disease and physical activity of work：Evidence of a national necropsy survey[J]. Lancet，953，265(6796)：1111—1120.

④　Lim KC，Kayser-Jones JS，etc. Aging，health，and physical activity in Korean Americans[J]. Geriatric nursing(New York，N. Y.)，2007，28(2)：112.

体育锻炼看成是由需要能量消耗的骨骼肌肉所产生的能够逐步地生成健康益处的身体运动。并将其描述为"有计划,有组织地为了提高或者维持身体健康而做的重复性身体运动"。随着年龄的增长,老年人群的多种生理机能逐渐减退,长期的体育锻炼不仅能够延缓衰退,而且还能改善各种生理机能,提高平衡性,增强老年人的体质,不断提高其健康状况,从而达到改善老年人生活质量的目的。VDH Mike[1](2014)研究认为疾病活动指数仅能决定37%的健康相关生命质量。T Hinrichs[2](2010)研究认为德国老年人最经常进行的体育活动是骑自行车,体操或力量训练和游泳。年龄,男性,高等教育,不吸烟,更好的自我报告健康和没有被诊断出患有慢性病是影响德国老年人健身行为的重要影响因素。J Cohen-Mansfield[3](2010)研究认为国外老年人的最大运动动机是提高身体健康水平,其次是有健身的同伴、更多的时间、更好的天气。KJ Fisher[4](2004)从社区层面谈到了影响老年人体育锻炼行为的因素,认为社区凝聚力和对社区步行道的安全性感知是重要影响因素。老年人参加体育锻炼的时间段主要是早晨 9 点之前和晚上 18 点—21 点,缺乏场地设施、缺乏时间和缺乏活动组织是影响老

---

① VDH Mike,DAKS Van,stc. Fidder a Determinants of health-related quality of life in Crohn's disease:A systematic review and meta-analysis[J]. Journal of Crohn's and Colitis,2014(8):93—106.

② T Hinrichs,U Trampisch,etc. Correlates of sport participation among community-dwelling elderly people in Germany:a cross-sectional study[J]. European Review of Aging & Physical Activity,2010,7(2):105—115.

③ J Cohen-Mansfield,MS Marx,etc. Motivators and barriers to exercise in an older community-dwelling population[J]. Journal of Aging & Physical Activity,2010,11(2):242—253.

④ KJ Fisher,F Li,etc. Neighborhood-level influences on physical activity among older adults:a multilevel analysis [J]. Journal of Aging & Physical Activity,2004,12(1):45.

年人健身的前三大因素,主要活动地点是社区广场和公园。

体育运动与老年人慢性疾病的研究。此类研究是国外研究的重点,国外许多专家学者用体育锻炼来防治慢性病,减少慢性病的影响,提高慢性病老年患者健康相关生命质量。有许多令人信服的科学证据表明缺乏身体活动和久坐行为生活方式导致慢性病负担的增加[1]。积极参与体育活动能够保持健康和延年益寿,成为提高生命质量的重要手段,有些专家认为身体锻炼给各种慢性病患者带来后续功能和福祉是慢性病的保护因素[2]。CG Kim[3](2003)探讨了体育锻炼与健康教育对于韩国 60 岁以上老年女性心血管危险因素、健康行为以及生活满意度的影响,经过 3 个月的干预后,心血管危险因素发生正向性改变,健康行为增加,胆固醇和甘油三酯水平显著下降,但是收缩压未发生改变。Y Hayashino 等学者研究也表明经常参加运动锻炼能够有效控制血压,降低胆固醇水平,提高糖尿病患者高密度脂蛋白胆固醇水平[4]。

体育锻炼对老年人具体疾病的干预研究。C Bardage[5]

① D Patel,E Lambert,etc. A prospective,randomized study comparing the effectiveness of different types of incentives in increasing physical activity behavior on the Vitality health promotion program[J]. Journal of Science & Medicine in Sport,2012,15(1):S347—S347.

② JL Durstine,B Gordon,etc. Chronic disease and the link to physical activity[J]. Journal of Sport & Health Science,2013,2(1):3—11.

③ CG Kim,KJ June,etc. Effects of a health-promotion program on cardiovascular risk factors,health behaviors,and life satisfaction in institutionalized elderly women[J]. International Journal of Nursing Studies,2003,40(4):375—381.

④ Y Hayashino,JL Jackson,etc. Effects of supervised exercise on lipid profiles and blood pressure control in people with type 2 diabetes mellitus:A meta-analysis of randomized controlled trials[J]. Diabetes Research and Clinical Practice,2012,98(3):349—360.

⑤ Bardage C,Isacson D G. Hypertension and health-related quality of life. an epidemiological study in Sweden[J]. Journal of Clinical Epidemiology,2001,54(2):172—181.

(2010)研究得出高血压患者的健康相关生命质量比没有任何疾病的健康人差。R Arnold[1](2004)为了缓解老龄人高血压问题，西方许多国家在社区开展了高血压实验干预项目，如在美国的 Minnesota 和 Kentucky 心脏健康项目、Stanford 五城市计划、芬兰的 The North Karelia 计划和德国的心血管疾病预防项目[2]。老年人高血压成本的不断高升使得国外学者也开始高度关注控制效果和成本效益，积极探寻体育锻炼之于老年人高血压干预的效果。正如 Kokkinos[3](2001)认为适度地增加体育锻炼的密度和强度将会极大地降低高血压患者的血压水平。JA Blumenthal[4](2011)的试验研究表明，与体育锻炼相关的收缩压和舒张压分别平均降低 6.9mmHg 和 4.9mmHg，而 Cornelissen VA[5](2005)利用体育锻炼对血压干预的结果是收缩压和舒张压分别平均降低 10.5mmHg 和 7.6mmHg。因此，美国运动医学会就认为，高血压患者较为理想的运动方式为有氧运动。许多专家探索了体育锻炼行为对高血压患者的降压机制问题，

[1]　R Arnold, AV Ranchor, R Sanderman, GI Kempen, etc. The relative contribution of domains of quality of life to overall quality of life for different chronic diseases [J]. Quality of Life Research, 2004, 13(5):883.

[2]　JC Scott, DA Conner, etc. Effectiveness of a Group Outpatient Visit Model for Chronically Ill Older Health Maintenance Organization Members[J]. Journal of the American Geriatrics society, 2004, 52(9):1463—1470.

[3]　PF Kokkinos, P Narayan, etc. Exercise as hypertension therapy[J]. Cardiology Clinics, 2001, 19(3):507—516.

[4]　JA Blumenthal, WC Siegel, etc. Failure of exercise to reduce blood pressure in patients with mild hypertension. Results of a randomized controlled trial[J]. Journal of the American medical association, 2011, 266(15):2098.

[5]　Cornelissen VA, Fagard RH. Effects of endurance training on blood pressure, blood pressure-regulating mechanisms, and cardiovascular risk factors[J]. Hypertension(Dallas, Tex:1979), 2005, 46(4):667.

RSP Jr [①](2003)研究表明参加锻炼后血浆肾上腺素、血浆肾素活性及循环系统、血管阻力降低是血压下降的主要原因,高血压患者的内皮细胞功能受损,健身行为能够改善内皮细胞功能可能是降低血压的另一种机制[②]。

WJ Strawbridge[③](2002)相关研究显示体育锻炼可以降低抑郁症的患病率,能够有效减轻抑郁的症状,低水平的运动是抑郁症的独立预测因子。反过来,谈到抑郁对健身行为的影响,也有研究表明,影响体育锻炼水平与抑郁呈直接相关,而与其他社会学和慢性疾病关系不紧密。有抑郁症状的个体仅具有低水平的健身行为或甚至无任何健身行为。显然,影响抑郁的因素是多方面的,既有生物和体质上的也有情感和认知的,而它们之间的关系错综复杂,抑郁和体育行为之间的相关关系还需进一步研究。

2. 体医结合的相关研究

体医结合概念的提出具有中国特色,在外文研究文献中虽然也有"combination with sports and medicine"或"combination of sports and medicine"为主题的文献,但是作者大都是国内学者,发表的刊物也是国内刊物的外文版。为更广泛地检索"体医结合"相关文献,在文献检索过程中以"sport/sports"、"exercise""medi-cine""exercise is medicine"等关键词进行文献检索。从此类文献

① RSP Jr,AL Wing,etc. Physical activity and incidence of hypertension in college alumni[J]. American Journal of Epidemiology,2003,117(3):245—257.

② Linder L,Kiowsky W,etc. Direct evidence for release of endothelium-derived relaxing factor in human forearm circulation in vivo[J]. Circulation,1990,81(6):1762—1767.

③ WJ Strawbridge,S Deleger,etc. Physical activity reduces the risk of subsequent depression for older adults[J]. American Journal of Epidemiology,2002,156(4):328—334.

中提炼出国外"体医结合"的相关观点,大致可以分为以下几个方面:

(1) 体医结合起因研究:PA Sharpe[①](2004),MA Koelen[②](2001)等学者认为越来越多的人患有慢性疾病所带来的对公共卫生的挑战,需要医疗卫生部门团结其他社会领域(尤其是那些在资源,渠道和信任关系方面缺乏的组织),来解决公共卫生问题。加拿大公共健康部门和世界卫生组织在 2008 年也指出:在促进健康方面,多方治理参与比单一的体育干预更为有效。医疗机构工作重心的转向,使得医疗机构与健身行业进行合作沟通与尝试,虽然医疗机构与健身行业的尝试在实践初期遇到了很多困难,但是随着两者共同目标的实现不仅让健身行业提升了自身的服务质量,受到了广泛欢迎,而且其他组织,诸如社区服务也加入到体医结合的道路上来,让社区居民享受到了高质量的健康服务。

(2) 体医结合影响因素研究:MM Casey[③](2009);F Den Hartog[④](2014)。Meghan M. Casey[⑤](2009)等学者在研究促进健

① PA Sharpe,ML Granner,etc. Association of environmental factors to meeting physical activity recommendations in two South Carolina counties[J]. American Journal of Health Promotion,2004,18(3):251—257.

② MA Koelen, L Vaandrager, etc. Health promotion research: dilemmas and challenges [J]. Journal of Epidemiology & Community Health,2001,55(4):257.

③ MM Casey,WR Payne,etc. Partnership and capacity-building strategies in community sports and recreation programs[J]. Managing Leisure,2009,14(3):167—176.

④ F Den Hartog, A Wagemakersetc. Alliances in the Dutch BeweegKuur Lifestyle Intervention[J]. Health Education Journal,2013,73(5):576—587.

⑤ Meghan M. Casey,Warren R. Payne,etc. Engaging community sport and recreation organizations in population health interventions: Factors affecting the formation, implementation, and institutionalization of partnerships efforts[J]. Annals of Leisure Research,2009,12(2):129—147.

康联手体育的有利因素时指出：信任和利益分享、资金支持、协作制度化、关键利益相关者的参与是体育部门和医疗部门的合作时的有利因素；而沟通渠道及交流的角色扮演和责任划分、组织参与和制定计划的能力、组织承诺、体育组织中的的多人参与、组织的专业性、合作结果的可预见性则有助于合作关系巩固。相反，缺乏沟通、角色不清、责任不明、业余性、缺乏机构能力、无领导则是制约体医结合的主要因素。ST Roussos[①]（2000），RC Zakocs[②]（2006）等学者也持此观点。M Koelen[③]（2014）认为体医结合影响因素是复杂的，呈现多样化趋势，他从外部因素（政治、经济、文化），内部因素（角色、责任、人员、条件）之间的相互联系，分析影响健康联盟（HALL）框架合作的影响因素体系。

（3）体医结合对策研究：Himmelman[④]（2002）认为体医结合，需要修改各自的行为措施，包括共享资源、改变活动、加强互惠互利，实现共同目的的能力，以便为用户提供更好的服务。2012年，荷兰健康、福利和体育部门引进了社区体育教练，赋予了其促进体育锻炼并加强体育部门和其他部门联系的角色。RM Hämäläinen[⑤]

①　ST Roussos，SB Fawcett. A Review of Collaborative Partnerships as a Strategy for Improving Community Health[J]. Annual Review of Public Health，2000，21（1）：369.

②　RC Zakocs，EM Edwards. What explains community coalition effectiveness?：a review of the literature[C]. American Journal of Preventive Medicine，2006，30（4）：351—361.

③　M KoelenL Vaandrager，etc. Successful collaboration in health promotion with the healthy alliances（HALL）framework[J]. Meeting&Conference of Hepa Europe，2014.

④　Himmelman，A. T，（2002. Collaboration for Change. Definitions，Decision making models，Roles and Collaboration Process Guide）（In. https：//depts. washington. edu/ccph/pdf_files/4achange. pdf）.

⑤　RM Hämäläinen，AR Aro etc. Cross-sector cooperation in healthy-enhancing physical activity policymaking：more potential than achievements？[J]. Healthy Research Policy and Systems，2016，14（1）：1—12.

(2016)等认为体育和其他部门的跨部门协作需要参与共同制定目标,并和相关的利益者分享资源,可以通过听证机制来制定协作决策,明确责任、目标、沟通,学习和适应来促进跨部门协作成功。跨部门协作的具体资源分配可以加强相关利益者的权力,优化业务管理基础和提高产出。NJ Grills[1](2014)认为要改善社区体医结合团队的工作质量,必须从改善服务团队的工作,使不同职责的人员充分担当其责任,使得以社区为体医结合的模式在团队工作过程中使计划网络化。

从目前掌握的外文资料来看,对老年人体医结合的相关研究还较为少见,但是仍然可以从体医结合研究中得到研究启示。

3."结合机制"的相关研究

国外关于"结合机制"的研究具有明显的学科特性。在研究成果的数量上,自然科学的研究较多,而社会科学则相对较少。根据研究需要,选取教育学和管理学相结合的产学研结合机制为代表进行分析。

在教育学和管理学领域,国外对"产学研"三结合的机制问题研究较为深入。在这些机制研究中尤其是对产学研相结合的动力机制、沟通协调机制以及保障机制研究成果显著:1)产学研结合的动力机制。Yong[2](1996)认为,企业能够获取对企业发展的互补性科研成果以确保让企业在相关的产品技术领域获得主动权和支配权是企业进行"产学研"的主要动力。而高校通过获取经费支

---

① MJ Grills, R Kumar, etc. Networking between community health programs: a team-work approach to improving health service provision [J]. Bmc Health Services Research, 2014, 14(1):1—7.

② Yong S. Lee. Technology transfer and the research university: a search for the boundaries of university-industry collaboration [J]. Research Policy, 1996(6):843—863.

撑,推进研究成果的转化,提升在研究领域的话语权是高校的主要动力。Deanne①(2003)研究产学结合机制中从信任和承诺两个因素出发,认为产学结合的动力机制是企业和高校具有高度统一的共同目标,信任和承诺便是高校和企业开展长期合作的两个重要维度。Hemmert②(2014)则通过对美国、日本、韩国 618 家产学研机构进行调查后发现,企业与高校所具有的创新活力是两者建立相互信任的关键,两者通过合作,通过诚信力和实力来补充实现初始信任的形成。而 Bstieler③(2017)则认为,企业和高校的沟通与决策则是通过两者关系的成熟度进行有效调节。2)产学研沟通协调机制。Deboarah④(1992)认为大学技术转移办公室(University Technology Transfer Office)在产学研结合过程中起到了沟通与协同的作用,他要求该部门工作人员应具备有交叉学科的知识背景,同时还应该具有谈判能力、协调能力、市场推广能力,等。Deboarah⑤(2002)则指出产学研正在受到各国政府的高度重视,政府作为机构组织在产学研过程中起到了协调作用。他还认为项目

---

① Deanne Gaskill D,Paul Morrison,Fran Sanders,etal. University and industry partnerships:lessons from collaborative research[J]. International Journal of Nursing Practice,2003(9):347—355.

② M Hemmert,L Bstieler H Okamuro. Bridging the cultural divide:Trust formation in university-industry research collaboration in the US, Japan and South Korea[J]. Technovation,2014(34):605—616.

③ Bstieler, Ludwig, Hemmert, Martin, Barczak, Gloria. The changing bases of mutual trust formation in inter-organizational relationships:A dyadic study of university-industry research collaborations[J]. Journal of Business research,2017(74):47—54.

④ Deboarah G. Ancona. David F. Caldwell. Bridging the boundary:external activity and performance in organizational teams[J]. Administrative Science Quarterly,1992(4):634—665.

⑤ Barnes T, Pashby I, Gibbons A. Effective university-industry interation:A multi-case evaluation of collaborative P&D projects[J]. European Management Journal,2002(3):272—285.

管理是产学研开展合作的最直接因素。政府应为项目管理提供足够的空间,同时还应该为企业和高校开展项目合作提供连续性的、相互信任的和良好的信息沟通机制。Simon①(2013)则从微观的角度探讨产学研的协调机制,认为产权分配计划、有效的治理机制和绩效评估是企业和高校进行产学研结合的重要因素。Nemai②(2014)赞同上述观点,认为产学研开展项目合作应对项目进行协商,找出双方的利益诉求,就应该有利益表达和实现机制。而政府部门应为双方的利益实现提供条件。当企业和高校开展合作出现问题时,建立有效的沟通和协调机制便是通过谈判来找到双方的利益点。3)产学研保障机制研究。Maricic③(2016)认为高校与企业相结合进行产学研合作过程中,政府所扮演的角度、人才合作与交流、项目所带来的利益大小、大学的排名和实力等因素均是合作成功的保障性因素,同时对这些因素的关联性指数进行了综合分析。在个案研究中,Chiang④(2011)以伊利诺伊大学和斯坦福大学的科研园为个案,分析其成功的因素,认为在产学研保障机制上,各方资金的投入,国家、学校、企业对产学研联盟政策的重视,

① Simon P Philbin. Managing university-industry research partnerships through a process of alignment[C]. Technology Management in the IT-Driven Services(PIC-MET),2013:1849—1859.

② Nemai Chandra Karmakar. University-industry research collaboration[C]. 2014 8th International Conference on Electrical and Computer Engineering(ICECE), 2014.11.840—843.

③ Maricic M,Zornic N,Jeremic V. Ranking European universities based on their level of collaboration with the industry: the university-industry research connections [C]. 8th International Conference on Education and New Learning Technologies,2016. 6:6095—6105.

④ Chiang,Kuang-Hsu. A typology of research training in University-industry collaboration for technology development:the case of university research parks[J]. Industry &Higher Education,2011(4):57—64.

重点为项目的孵化以及许可证共享都对韩国产学研具有较大的启示。

4. 研究述评

(1) 老年人健康促进研究特点鲜明

国外老年人健康促进研究起步较早,主要原因在于国外的健康意识与健康观念的树立要早于我国,同时西方国家更早地关注人口老龄化给社会带来的危害。国外研究呈现出了自己的特点:1)利用体育促进老年人健康方面,由于生活习惯、价值观念等方面的不同,国外老年人在锻炼的时间、锻炼的项目、锻炼的意识等方面均与国内研究存在着差异。2)国外研究比较注重从国家层面对老年人健康促进进行研究。从国家层面主要包括了体育运动对老年人健康促进的运行机制,政策法规体系等方面;同时,也关注从社区的角度对老年人健康促进进行研究。3)注重对老年人体育锻炼的运动处方研究。西方发达国家致力于运动处方库的建立,以期利用体育锻炼实现老年人健康的作用体现得更有效。4)注重老年人具体病症的实验性研究。这对于在实践层面提升老年人健康促进的效果具有积极的意义。

(2) 体医结合研究启示明显,老年人体医结合研究单薄

从国外研究的情况来看,国外体医结合的兴起是在"健康"大背景下产生的一个重要主题。值得注意的是,国外"体医结合"的影响因素研究对我国的启示很大。我国的体医结合还处于探索阶段,而国外的体育系统和医疗系统又存在着国情上的差异。但是在实施的前期无疑对我国的体医结合具有较强的参考价值。诸如信任与利益分享、沟通与角色扮演、协作的体制机制等。国外解决"体医结合"存在问题的对策同样具有借鉴价值。如有学者提出了依靠改善社区团队的工作质量,从而提升体医结合的服务水平,等。

关于老年人健康促进的体医结合研究在国外的研究同样较少见，但是国外的健康政策和健康促进服务平台和体系依然具有参考价值。

（3）结合机制分解性研究充分，整体性机制研究有待加强

随着机制内涵的不断深入，在机制研究上形成了两大阵营，其一是自然科学领域，其研究范式还是立足于"机制"的本义，这类研究在临床医学、化学、生物学、机械工程、生物医学等领域应用较多，以揭示研究对象的内部构造和功能实现机理为主要研究目标。其二，在人文社会科学领域，以揭示事物或现象的构成要素、要素关系以及功能实现过程和作用机理为其研究任务。可见，在整个科学研究领域，机制研究已经成为了一种较为常规的研究主题。

结合机制是机制研究范式的一种具体表现形式，在人文社会科学研究领域指的是两个事物或者两种现象结合产生的内部构成要素间的相互关系，作用机理及其实现。在"产学研"为代表的结合机制分析中发现，学者们对产学研相结合的激励机制、保障机制、沟通机制、协调机制等分级机制研究较为充分，但是从整体性机制的角度对产学研进行全方位研究还较少见。由于分级机制划分的复杂性和多样性，无疑给结合机制的研究增加了难度，这就要求在进行结合机制研究过程中应选取恰当、合理的视角。

（二）国内研究综述

1. 老年人健康促进相关研究

（1）老年人健康促进影响因素研究

整体而言，国内对老年人健康促进影响因素的认识与国外基本相同。早在 1992 年中国老龄科学研究中心就开展了"中国老年人供养体系调查"和"中国高龄老人健康长寿影响因素研究"两个研究项目，并在随后几年对项目进行了跟踪。该项目样本量涵盖

我国 22 个省市自治区。除对老年人的生活自理能力和健康评价之外,还集中研究了高龄老年人健康长寿的影响因素[1]。2006 年项目组在北京举行了名为"老年人口健康长寿的社会、行为、环境和遗传影响因素科学研究前沿"的学术研讨会,来自美国、日本、意大利、丹麦等国家专家学者出席了会议,集中探讨了何种社会行为以及怎样的环境和基因遗传对健康长寿产生影响[2]。

具体而言,国内学者对老年人健康促进影响因素的研究主要从人口学因素、社会经济因素、生活方式因素和患病情况四大方面进行分析。

人口学因素则主要包括年龄、性别、婚姻状况、受教育程度等方面,现有的研究表明,人口学因素是老年人健康状况重要的影响因素。谷琳、乔晓春[3](2006)认为:在老年群体中,男性老年人、低龄老年人以及在婚老年人更倾向于积极的健康自评。方向华等[4](2003)的研究也得出相似的结论。

社会经济因素包括经济状况、生活环境、社会地位等。很多研究表明,社会经济因素也会对老年人的健康状况产生影响。谷琳、乔晓春[5](2006)在研究中指出,老年人的生活自理能力与所处的社会经济地位相关,并存在着明显的城乡地域差异;经济状况较好

---

[1] 张俊祥,李振兴等. 我国健康产业发展面临态势和需求分析[J]. 中国科技论坛,2011(02):50—53.

[2] 郭平,陈刚. 2006 年中国城乡老年人人口状况追踪调查数据分析[M]. 北京:中国社会出版社,2009:5.

[3] 谷琳,乔晓春. 我国老年人健康自评影响因素分析[J]. 人口学刊,2006(6):25—29.

[4] 方向华,孟琛等. 健康自评与老年人健康状况的前瞻性研究[J]. 中华流行病学杂志,2003,24(3):184—188.

[5] 谷琳,乔晓春. 我国老年人健康自评影响因素分析[J]. 人口学刊,2006(6):25—29.

的老年人能够在健康和医疗方面有较好的保障,并表现出积极的健康自评。林红,张拓红等人①(2012)的研究也表明,经济状况较好的老年人在生活自理能力受损程度上表现出低水平。

健康的生活方式对于健康自评具有积极正向的影响。诸如经常参加体育锻炼的老年人能够在社会人际关系、生活态度上表现出积极的一面。健康的生活方式诸如行为特征、饮食习惯等与老年人生活自理能力以及患病状况与种类存在着紧密联系。刘向红②(2016)分析并论证了老年人的生活居住条件对他们的健康自评、生活满意度、认知能力等因素存在着一定的联系,例如多代同堂的居住方式对老年人的健康水平具有积极的促进作用。刘恒等人③(2009)认为,经常参加体育锻炼以及适当的抽烟、喝酒对老年人的健康状况有较好的促进作用。

研究表明,患慢性病情况与老年人的健康自评及自理能力评价有显著的正相关性。慢性病,如糖尿病、中风和支气管等疾病是中国老年人日常自理能力下降的主要原因,老年人基本生活自理能力的强弱还会因为患病数目及不同病伤组合所致功能障碍等因素而表现出明显差异。陶红等人④(2010)研究表明,患有慢性病、生活自理能力差是影响老年人自评健康的主要因素。老年人容易罹患的慢性病中,关节炎、哮喘病、白内障、心脏病、高血压、胃溃疡

① 林红.老年人日常生活活动能力的影响因素分析[J].中国卫生事业管理,2012,18(8):495—497.

② 刘向红.婚姻状况、居住方式对老年健康的影响研究[D].保定:河北大学硕士学位论文,2016:3.

③ 刘恒,巢健茜等.老年人自评健康影响因素分析及程度比较[J].中国全科医学,2009,12(13):1161—1163+1167.

④ 陶红,姚中华等.上海市南汇区老年人健康状况及其影响因素[J].中国老年学杂志,2010,30(10):1412—1414.

高居前六位。

综合学者们研究的观点,对老年人健康状况影响因素的分析主要体现在老年人个人的自然属性与社会属性、家庭状况、生活习惯与方式、社会经济地位等方面。众所周知,影响老年人健康状况的原因是多方位的,呈现出网络立体态势。

(2) 体育运动与老年人健康相关研究

体育运动对老年人健康促进的研究与老年人健康现状研究有着紧密的联系,主要从体育运动对老年人健康的生理、心理以及具体疾病等几个方面进行。

体育运动对老年人生理功能产生重要的影响。从一般意义上讲,个体的体质健康水平是遗传因素和后天因素相互交叉影响后的结果。刘纪清[1](1993)分析表明,学界在探讨体育运动对健康的影响时,主要关注体育运动作为一种健康促进的方式在预防慢性病、提高体质健康水平以及延寿养生等方面的价值与作用。学界聚焦的运动处方也是根据现代医学检测结果,结合运动者在生理生化指标和个体的生活环境及个人运动爱好以处方的形式在运动种类、运动时间、运动频率以及运动强度等方面做出的规定,以达到增进健康的目的。潘延芳[2](2011)研究表明,体育运动能够提高老年人的健康水平和健康感知,增强身体机能,减轻身体的疼痛水平,提高静态平衡。

研究表明,体育运动对老年人心理功能产生重要的影响。韩燚等[3](2011)对不同老年人群的心理健康状况的差异进行研究,

---

① 刘纪清. 实用运动处方[M]. 哈尔滨:黑龙江科学技术出版社. 1993:3.

② 潘延芳. 中国六省市人群亚健康现况及相关因素分析[D]. 北京:北京协和医学院硕士学位论文,2011:35.

③ 韩燚,卢莉. 老年人也理健康状况比较研究[J]. 中国医疗前沿,2011(2):95—96.

研究认为：老年人的年龄、文化程度、退休前所从事的职业、配偶情况均对老年人心理状况产生影响；同时，家庭养老中的老年人比社会养老中的老年人心理健康状况要明显好[①]。这部分人群的心理健康应当引起重视。杜磊[②]（2011）探讨了不同运动强度对老年人心理健康的影响。研究表明，较高强度的体育运动对老年人的强迫、人际关系、焦虑、敌对、精神性因子、抑郁均具有显著性影响，并明显低于小强度组和中强度组。体育运动对老年人的心理健康具有较好的改善作用。解登峰等人[③]（2011）研究表明，体育运动对于提高老年人主观幸福感、健康心态的养成、整体自尊心均具有提升作用。杨波等人[④]（2011）认为，体育锻炼对老年人整体自尊与心理幸福感有一定影响。

体育锻炼对患有高血压老年人的病症及其并发症产生积极的影响。董玉奎[⑤]（2010）分析认为，体育锻炼能够降低高血压人群的收缩压，从而减少高血压中风以及冠心病的死亡率。也就是说，体育运动可以有效减少老年人疾病和并发症的产生。费大东等人[⑥]（2011）认为，对糖尿病人进行饮食治疗、运动治疗以及合理用药指导等手段进行干预能明显改善心血管疾病危险事件的发生。

---

① 罗盛,张锦,等.不同养老模式下老年人生活满意度的 meta 分析[J].中国老年学杂志,2016(6):1176—1179.

② 杜磊.现代社会生活中体育运动与人类健康关系的再认识[J].邢台学院学报,2011(2):148—150.

③ 解登峰,葛明贵,等.老年人也理健康状态的影响因素[J].中国老年学杂志,2011(2):299—301.

④ 杨波,张亚峰,等.体育锻炼对老年人整体自尊与心理幸福感的影响研究[J].成都体育学院学报,2011(5):15—16.

⑤ 董玉奎.体育锻炼与高血压预防的流行病学研究进展[J].预防医学论坛,2010(2):154—157.

⑥ 费大东,王晓觐,等.2型糖尿病患者心血管风险评估及社区综合干预临床观察[J].山东医药,2011(17):51—52.

在综合干预方面,有些专家建议采取健康咨询、健康知识讲座、饮食和运动[①]、有氧和阻力训练组合等方式。在采用单一干预手段方面,许多学者采用徒步行走、健身舞练习等对糖尿病的干预效果进行了检测,从不积极健身人群与积极健身人群显示出持续的正向梯度关系[②]。李金平[③](2005)研究认为,长期进行体育运动能有效提高老年人的生命质量;单威[④](2011)研究认为多人形式的体育运动比单人或无运动习惯的老年人更有利于提高老年人的健康状况。赵学森[⑤](2010)探讨了少数民族体育对提高健康相关生命质量的影响,研究发现,无论男女参与毛南族传统体育项目——"同顶"的锻炼都能提高其健康水平乃至生命质量。

2. 体医结合相关研究

由于官方提出"体医结合"的时间较短,故此,关于"体医结合"的研究还较为单薄。最早以"体医结合"为主题的研究见于 1998 年,直到 2016 年开始研究逐渐增多(2019 年文献统计结束时间为 6 月 30 日)。前述,由于"体医结合""医体结合""体医融合""体医整合"使用上的不规范,在综述过程把与体医结合相近的主题研究均算作为"体医结合"研究的范畴。从研究主题划分的情况来看,学者们主要集中在:(1)体医结合和教育教学研究;(2)体医结合与

①　纪海泉. 糖尿病患者社区综合干预调查[J]. 中国慢性病预防与控制,2014,22(2):134—135.

②　徐连武,张忍发. 健身舞练习对改善老年 2 型糖尿病患者生命质量的效果研究[J]. 昆明医科大学学报,2013(5):50—53.

③　李金平. 参加体育锻炼对老年人也理健康、幸福度和生命质量的影响及其相关影响因素的研究[D]. 苏州大学,2005:2.

④　单威. 不同健身、生活方式对高教社区老年人生活质量和体质健康的影响[D]. 北京:北京体育大学博士学位论文,2011:3.

⑤　赵学森. 我国毛南族聚居区传统体育与健康相关生命质量的实证研究[D]. 上海:上海体育学院博士学问论文,2010:4.

群众体育实施研究;(3)体医结合与具体疾病的研究;(4)老年人体医结合研究等几个方面。

(1) 体医结合与教育教学研究

体医结合与教育教学研究主要集中在 2015 年之前,并且教育教学改革的对象都是医学院校。程明祥[①](2006)根据学校体育"健康第一"的指导思想,提出"体医结合、面向医学、服务健康"是医学院校体育教学改革发展的趋势;需要通过加强研究,优化课程结构,改革教学内容和教学模式,加强师资队伍建设,构建具有时代特色的医学院校人才培养模式。受到高校"体教结合"的启示,李吉录[②](2008)指出体医结合是医学院校人才培养的一种特殊模式。要立足体育学与医学的改革发展趋势,及时调整医学院校的人才培养目标:"培养德、智、体、美全面发展,掌握必需的体育与健康的基本理论知识和运动技能,掌握必要的体医结合,医体渗透,面向医学,服务健康的有关知识和技能,能在医疗卫生保健和服务机构从事医护工作的高素质复合性人才"。宋保华等人[③](2008)认为,体医结合、医体渗透,找准结合点是关键所在。当前,运动医学、保健医学、康复医学、医学营养、健康评估、运动处方就是体医结合的产物,也是开展体医结合教学改革与创新的突破口[④]。傅兰英等[⑤](2010)认

①　陈明祥.体医结合:医学院校体育教学改革的发展模式[J].体育文化导刊,2006(2):66—67.

②　李吉录.高等医学院校体育教学的改革与创新——"体医结合"[J].医学与社会,2008,21(7):61—62.

③　宋保华,王会勤."以体为主,体医结合"——医学院校体育教学模式的构建[J].现代交际,2009(12):131.

④　刘大伟.医学院校"体医结合"处方式教学模式实践研究[J].当代体育科技,2015(29):155—156.

⑤　傅兰英,付强等.高等医学院校"体医结合"运动处方教学的可行性研究[J].中国高等医学教育,2011(12):80—82.

为"体医结合"运动处方教学,融合了高等医学院校教育的特点,体现了医学教育的针对性和实效性,适宜于新医改复合型医学人才培养的要求。通过体医结合的培养不仅能使学生掌握和具备科学的健身原则、检测运动负荷的方法和在今后工作中能开医疗处方及运动处方的复合型能力,而且为维护大众健康、预防亚健康、减少疾病、解决群众看病难看病贵问题提供了人力资源保障,是实现"体医结合"目的、内容和形式的统一,为医学生的就业拓展了空间①。王群②(2012)认为,医学专业的体育课要向学生传授系统的体育健康、卫生保健、运动医学、体育运动技能、保健体育、康复医学等方面的理论知识。更为重要的是要让学生掌握体育锻炼的方法,掌握体医结合、医体渗透的基本理论与方法。同时,还要对医学院校的学生进行掌握体质监测、运动处方开设以及能科学地指导他人进行针对性的体育运动。

王晓曦③(2010)以广州中医药大学,陈阳阳④(2016)以湖南中医药高等专科学校为个案对"体医结合"教学模式以及资源的有效整个进行了研究。除了在高校进行体医结合教育教学研究之外,吴培香⑤(2019)还以咸阳市秦都区中小学为个案,对体医融合在中小学实施的可行性进行了系统分析。

---

① 陈辉.浅析高等医学院校"体医结合"教学模式的构建[J].体育教育与研究,2011(S2):80—81.

② 王群.新医改背景下"体医结合"的复合型人才教育培养模式探讨[J].中国人才,2012(4):185—186.

③ 王晓曦,潘华山."体医"结合专业办学新模式——以广州中医药大学现状为例[J].湖北体育科技,2010,29(2):224—225.

④ 陈阳阳,陈湘等.基于"体医结合"的医学院校体育资源有效利用实践研究[J].体育科技,2016(37)4:47—48+52.

⑤ 吴培香.咸阳市秦都区中小学体医融合可行性研究[D].西安:陕西理工大学硕士学位论文,2019.6.

（2）体医结合与群众体育实施研究

在群众体育领域,利用体医结合促进全民健身的发展也是学者们关注的重要问题,尤其是在 2016 年之后,科研成果显著增加。

宣海德①(2007)认为社区体医结合是指社区中的体育健身活动与城市卫生服务体系的结合,目标在于促进体育部门和医疗部门在设备、手段、知识经验方面等技术层面的相互合作。赵仙利②(2011)等认为城市慢性病的增多及社区公共体育服务方式的水平落后使得体医结合共同促进社区公共体育服务成为可能,体医结合能够有效的提高公共体育服务水平,构建社区居民健康屏障,加速全民健身检测网点建设。但郭雷祥③(2016)认为在社区体医结合还需要破除体育部门和医疗部门各自为政、体医结合的技术水平不高、居民观念难以接受、难以监管等困境。崔杰,朱艳艳等④(2015)通过调查指出,在体育锻炼时缺乏专门的体育人员和医疗人员指导;关于全民健身政策法规宣传力度较小;健身方法和保健知识缺乏;科学化锻炼意识薄弱是居民体医难以结合的主要原因,应从建立完善的国民健康体质检测中心、注重复合型人才培养、提供政策法律保护机制、合理指导并开具运动处方、开展体医结合健康服务宣传推广等方面构建医体结合的全民健身服务体系。陈永婷,邱全等⑤(2016)从人才培

① 宣海德. 我国城市社区体育中"体医结合"问题的研究[J]. 军事体育进修学院学报,2007,26(1):106—108.

② 赵仙丽,李之俊. 构建城市社区"体医结合"体育公共服务的创新模式[J]. 体育科研,2011,32(4):58—63.

③ 郭雷祥,冯俊杰. 在社区实施:"体医结合"促进健康研究[J]. 邢台学院学报,2016,31(4):52—53.

④ 崔杰,朱艳艳等. "医体结合"模式下构建全民健身服务体系研究[J]. 蚌埠学院学报,2015(3):160—163.

⑤ 陈永婷,邱全等. "体医结合"健康服务模式在社区体育中的运用研究[J]. 宿州教育学院学报,2016,19(4):152—153.

养、提供政策、明确运行机制、加大宣传力度等方面提出了相应的对策建议。王海,冯青山等①(2016)在运用共生理论的前提下,认为当下社区体医结合存在生物学意义上的共生模式,应从提高社区体育俱乐部和卫生服务机构的关联度,保证体医结合的共生界面畅通,完善共生环境,从而构建互利共生的体医结合模式。

医保卡健身是体医结合实践的具体尝试领域,然而对于其合法性方面,董新光,张宝峰等②(2015)认为医保卡用于体育健身不符合社会保险法规定。陈金鳌,金奕等③(2016)则认为之所以启用医保卡余额消费健身,是源于国家大层面对于预防医学重视程度较低,体育"健康"符号缺失,医疗保险制度不健全,体育服务产业落后等原因造成的,需要适时的调整和完善现行的医保制度。

随着我国大健康理念的提出,介绍国外发达国家体育在促进健康方面的举措日益增多。如张宝强④(2010)、黄亚茹⑤(2015)、彭国强,舒盛芳⑥(2016)在介绍了美国的运动健康服务体系后给出了加强卫生和体育部门协作,打造医体结合平台;把体力活动纳入健康中国战略指标;协调相关部门的健康责任,构

① 王海,冯青山等.共生理论对"体医结合"模式构建的启示[J].山西大同大学学报(自然科学版),2016,32(2):78—81.

② 董新光,张宝峰.基本医疗保险基金个人账户(医保卡)支付个人体育健身费用的合法性讨论[J].体育学刊,2015,22(4):8—12.

③ 陈金鳌,金奕等.医保卡余额支付个人运动健身消费的困境与消解[J].体育文化导刊,2016(11):15—19+87.

④ 张宝强.20世纪50年代以来美国促进学生体质健康的举措及启示[J].体育学刊,2010,17(3):52—56.

⑤ 黄亚茹,梅涛等.医体结合,强化运动促进健康的指导——基于对美国运动促进健康指导服务平台的考察[J].中国体育科技,2015,51(6):3—9.

⑥ 彭国强,舒盛芳.美国国家健康战略的特征及其对健康中国的启示[J].体育科学,2016,36(9):10—19.

建多方联动的战略服务体系;发挥社会组织作用;建立复合型人才培养体系;细化全民健身计划实施目标等对策。陈立新[①] (2012)在介绍了英国体育政策和健康政策协同的复杂性后,认为单纯的体质健康方面政策的给予并不能达到预期效果,需要相关的政策协同作用。赵彤[②](2014)在分析了美国、日本、澳大利亚等国家的体医结合模式后认为体育和医疗的深入结合将是人类健康需求的大趋势。对于体育和医疗的直接合作,相应的国家都进行了公共宣传、法制建设、公共设施投入及评估机制建设等方面的工作。但在真正的借鉴过程中,应根据我国的实际情况,建立符合我国国民健康发展的体医结合模式。黄亚茹[③](2016)在对"健康日本 21 计划"实施效果分析后,认为我国的体医结合需要建立联动管理机制,强化政府对科学健身的指导作用;加强体力活动指导,督导全民科学健身。南秀玲[④](2018)认为在健康中国视域下,我国体医结合取得了一些成就,表现为:体医结合理念在政策层面获得了支撑,系列会议和培训班的举办进一步凝聚了共识;体医结合人才培养初见成效;体医结合科技创新和资源整合平台建设稳步推进,科研机构的体医结合成果服务行动有所体现;体医结合进社区初见成效。存在的问题主要有:相关政策法规亟待完善,卫生健康部门和体育部门存在壁垒,专业人才

① 陈立新.论体育政策与健康政策协同的复杂性——英国经验借鉴[J].体育与科学,2012,33(6):97—99.

② 赵彤.我国体医结合健身模式现状与对策——以苏州市"阳光健身卡"为例[D].北京:北京体育大学硕士学位论文,2014:35.

③ 黄亚茹,郭静等.加强体力活动指导对提高民众体质健康之作用研究——基于对"健康日本 21"实施效果的考察[J].西安体育学院学报,2016(1):39—47.

④ 南秀玲.健康中国视域下"体医结合"发展问题及策略研究[D].西安:陕西师范大学硕士学位论文,2018.6.

队伍建设存在问题,体医结合产业开发略显迟滞,体医结合国民体质监测体系有待完善,等。针对问题提出了相应的对策建议。冯振伟[①](2019)认为基于体医融合中共生单元缺失、关联孱弱、融合环境匮乏等问题分析,借助共生理论启迪,审视体医融合发展的共生单元、共生模式、共生环境等要素,以探究体医融合共生机制,进而以机制为导引,探寻发展路径。研究认为:理念认同机制是体医融合共生的思想导向,部门协同机制是体医融合共生的组织保障,责任共担机制是体医融合共生的治理策略,资源共享机制是体医融合共生的演进方式。在此基础上提出:完善体医融合的共生单元;增强共生关联,优化融合互惠共生模式;营造正向共生环境,保障共生界面;推广运动处方实践,加强科学健身指导;培养运动健康指导人才;回溯传统体育与中医融合的当代价值等共生发展路径。李璟圆[②](2019)认为,当前"健康中国"和"全民健身"都已上升为国家战略,保障人民健康从以治病为中心转向以人民健康为中心,体育与医疗融合发展势在必行。体医融合是现阶段研究热点之一,直接关乎着人民健康事业,关键是要促进全民健身与全民健康深度融合,其内涵和路径问题必将成为研究体医融合问题的基础与前提,具有重要的理论和实践意义。文章提出了体医融合的实施路径:理念融合、技术融合、业务融合和产业融合。理念融合是先导,技术融合是条件,业务融合是核心,产业融合是结果,四者共同构成了体医融合动态发展过程。

---

① 冯振伟.韩磊磊.融合·互惠·共生:体育与医疗卫生共生机制及路径探寻[J].体育科学,2019(1):35—46.

② 李璟圆,梁辰,高璨,马云.体医融合的内涵与路径研究——以运动处方门诊为例[J].体育科学,2019.39(7):23—32.

（3）体医结合与具体疾病相关研究

吕家爱,陈德喜[1](2016)选择上海市金山区石化社区卫生服务中心管理的 76 名糖尿病患者对他们进行体医结合干预,干预后身体各形态指标(体重、BMI、肺活量、握力、选择反应时和血压)明显改善(均 P<0.05);空腹血糖、糖化血红蛋白和总胆固醇水平较干预前有所下降,空腹胰岛素水平上升(均 P<0.05)。研究认为体医结合模式运动干预能有效地调节和控制糖尿病患者空腹血糖和胰岛素水平。王庆博[2](2016)研究发现,肌肉骨骼系统(MSK)状况是导致残疾最常见的原因,越来越多的人将会受到慢性致残性 MSK 状况的影响,给患者家庭和社会带来沉重的负担。近年来,体育和医学领域针对肌肉骨骼状况的康复服务逐步完善,但体育、医学的关注方向各有不同,各有优势又各有不足。在 ICF 理念下体医结合从 MSK 状况评估、状况干预的体医结合健康服务体系。并提出体育卫生行政部门、行业协会和学会等社会机构要相互协作和配合;社区康复和社区体育要通力合作;康复医学科或康复医院和专业健身机构的合作;专业技术人才培养等实施建议。杨晓林[3](2010)采用体医结合措施对社区肥胖女性干预过程动态观察,选择 3 所大学园社区以体质指数(BMI)≥28 为肥胖筛选出 28—60 岁 60 名肥胖女性为干预对象,采取体医结合干预实验组与对照组,干预后的干预组 BMI、腰臀比、血脂等指标呈现出显著性变化,与干预前和对照组比较均具有统计学意义(P<0.05)。

①　吕家爱,陈德喜.体医结合模式运动干预对糖尿病者控制效果评估[J].公共卫生与预防医学,2016,27(3):88—90.

②　王庆博.试论 ICF 理念下"体医结合"骨骼肌系统康复服务体系的构建[J].福建体育科技,2016,35(6):23—26.

③　杨晓林."体医结合"措施对社区肥胖女性干预的动态观察[J].中国卫生事业管理,2010,27(5):300—302.

最后得出结论:体医结合措施可有效降低社区肥胖女性形态、血糖、血脂等指标,改善体内胰岛素的抵抗作用并降低血胰岛素水平,对高血压、糖尿病的发生有一定的预防作用,达到健康减肥要求。体医结合是一种安全可靠、经济有效的健康减肥措施,适宜在全民健身中推广应用。随后还用同样的体医结合方案对单纯性肥胖儿童血清瘦素和血脂水平进行了研究,同样得出体医结合方案能有效降低体质量,改善单纯性肥胖儿童瘦素和血脂水平,起到调节异常内分泌代谢的作用[①]。

(4) 体医结合与老年人健康相关研究

体医结合与老年人健康相关研究从 2017 年开始才出现,在近2 年成果逐渐增多。纵观现有研究成果,可以分为 3 条线索:其一,以社区为平台,对老年人体医结合的健康服务、老年人健康干预、检测、评价研究;其二,对老年人体医结合实施路径研究;其三,其他方面的研究。

1) 以社区为平台的老年人体医结合研究。在国家大力推进社区医养结合的大背景下,以社区为平台,对老年人体医结合相关研究开始出现。崔鹏(2018)[②]以社区体检中心的 20 位老年人为试验对象,通过 12 周的运动干预,探讨体医结合对老年人健康的积极影响。其中体医结合干预老年人的肺活量无显著性差异,对血压(收缩压和舒张压)干预后具有显著性差异。王雪峰(2018)[③]以湘潭市社区 100 名老年人研究样本,研究老年人医体结合健康

---

① 杨晓林.体医结合方案对单纯性肥胖儿童血清瘦素和血脂水平的影响[J].中华实用儿科临床杂志,2010,25(18):1447—1448.

② 崔鹏,马志君.“体医结合”的老年人健康促进研究[J].科技资讯,2018.7:210—211.

③ 王雪峰,王茜.城市社区老年人“医体结合”健康促进服务需求的调查与分析[J].当代体育科技,2018(15):195—196.

促进服务需要,研究发现,①在慢性病控制方面,老年人医体结合意识缺乏;老年人对社区中是否拥有全科大夫,能够在社区进行诊断、预防、治疗、康复等服务要求以及对功能性器械上的需要较为强烈。②老年人对医体结合公共服务期望值较高,具体表现为社区能够提供全方位、立体式的健康服务体系。③医体复合型人才缺乏,调查的社区中只有 2 个(2%)社区设置有医体复合型人才岗位。针对问题,提出了相应的对策建议。刘宗辉[①](2019)应用软式阶梯访谈法、内容分析法,以方法-目的链为理论基础,对社区老年人体医结合健身模式服务质量评价进行了分析。研究指出,老年群体在社区中最关注的是健身设施、体检报告、体制健康监测数据、运动效果、娱乐效果、强身健体、乐趣和预防疾病。针对老年人的健身服务需求提出了要体医结合专业人才对老年人进行体检,并开具科学的运动处方,以满足社区老年人的健身需求。马宏霞[②](2018)对郑州市 10 家社区养老机构中能够生活自理的 165 名老年人为研究样本,探讨体医结合模式下养老机构体育养老服务问题。在社区养老机构中体医养老服务存在的问题主要有:老年人对体育运动的价值认识程度较高;体育活动处于无组织状态,并且没有一定的规律;体育设施和体育专业指导人才匮乏等问题。提出要加大政府投入,加强养老机构体育健身设施建设、建立健身指导服务站,提供科学的体育养老服务等发展对策。王平[③](2019)以体医结合模式下的有氧运动对城市社区老年人肌力的影

① 刘宗辉.社区老年人"体医结合"健身模式服务质量评价研究[J].湖北体育科技,2019.38(1):30—35.

② 马宏霞."体医结合"模式下养老机构体育养老服务研究[J].河南机电高等专科学校学报,2018.26(6):52—54.

③ 王平,周圣伟.体医结合模式有氧运动对城市社区老年人肌力的影响[J].武术研究,2019.4(8):119—121.

响进行了分析,通过杭州市江干区下沙社区的 120 名老年人进行 30 秒哑铃弯举和 30 秒座椅站立等肌力指标进行干预分析得出:体医结合模式下的有氧运动可有效增加老年人的下肢肌力。

2) 老年人体医结合实施路径研究。老年人体医结合实施路径是学者们当前关注的焦点问题。江志鹏[①](2017)以人口老龄化为研究背景,在分析体医结合内涵的基础上,认为老年人体医结合在改善社区老年人体质健康,推动养老模式转型,促进医学与体育学科交叉发展等方面具有积极的作用。并提出了体医结合的实施路径构思:整合社区资源,破除体育与医疗卫生之间的行业壁垒;健全体制健康监测体系;完善运动处方干预;强化人才培养机制创新等。戴素果[②](2017)认为在健康中国建设进程中为老年人健康促进提供了政策导向,但是目前老年人体医结合还存在着传统思想观念与损失厌恶效应造成的体育锻炼参与障碍、组织障碍、资金障碍等突出问题。为此,提出的深度融合路径是:加强老年健康促进的宣传教育和专业人才培养、大力发展与老年健康促进相适应的体育医疗技术、构建基于老年健康大数据与互联网的信息沟通平台。于国强[③](2018)以健身气功习练效果在老年人体医结合融合中的路径进行探析,指出,健身气功对中老年人身体休复具有积极作用,要想实现休复效果的最大化就要开设运动处方,实现社区与医院的信息互联和资源共享;要进行人才综合培养,实现体育院校与医学院的知识衔接;要依托政策扶持,实现社会资源的优势互

① 江志鹏.人口老龄化背景下"体医结合"实施路径研究[J].福建体育科技,2017(36)4:11—14.

② 戴素果.健康中国理念下老年人健康促进的体医深度融合路径[J].广州体育学院学报,2017,37(3):13—16.

③ 于国强,王永生,赵伟科.健身气功习练效果分析及在"体医"融合中的路径探索[J].山西大同大学学报(自然科学版),2018,34(6):89—93.

补,等路径。周杏芬[①](2018)认为健康中国建设和健康促进的国际大趋势是体医结合产生的背景,而老年人较之其他人群更加需要利用体医结合进行健康促进。老年人健康促进应根据健康知识—态度—行为状况和健康促进需求来进行,应把老年人健康促进的重点逐步从健康知识传授转移到健康行为的形成上来。路径构建具体为:体医结合老兼任健康促进体系理论构建→体医结合老年人健康促进特点和路径分析→行动模式创建→实施策略。其中具体路径为:建设政府主导体医结合老年健康促进体系,完善激励老年人持续实施个人健康促进的公共政策,加强体育促进老年人健康生活方式与慢性病健康管理,强化老年健康促进专业人才队伍培养及行为成效。卢文洲[②](2019)认为我国老年人健康促进的体医结合路径是加强体医结合复合型人才培养、加强社区资源整合、加强政策支持、健全社区老年人体质健康监测体系。戴志鹏[③](2018)从"体医+医疗+养老"的角度构建老年健康干预路径。在干预手段上,采取体育锻炼和康复体育两种不同的体育形式;在干预方法上,中医和西医两种不同医疗类型;在干预平台上,居家社区养老和机构养老两种不同养老方式。在具体路径构建上,采取体医锻炼+中医+居家社区养老干预老年人健康"治未病",采取康复体育+西医+机构养老干预老年人健康"治已病"的干预路径。

3) 老年人体医结合其他主题研究。刘晨[④](2017)认为我国

---

① 周杏芬."体医"结合模式下我国老年健康促进的路径研究[J].苏州市职业大学学报,2018,29(4):85—88.

② 卢文洲."体医结合"模式下我国老年健康促进的路径研究[J].当代体育科技,2019.9(22):215+218.

③ 戴志鹏,马卫平."体医+医疗+养老"干预老年健康的路径构建[J].老龄科学研究,2018.6(9):55—66.

④ 刘晨.人口老龄化背景下"体医"融合发展研究[J].运动,2017(19):3—4.

老龄化速度超过经济发展速度和老年人口规模大,发展速度快是我国人口老龄化发展的主要特征。国外健康促进的理念和方式以及我国出台的相关政策为体医融合发展提供了外部环境助推力。老年人体医融合发展应从医体结合复合型人才培养、体医融合医疗康复器械研发、建立体医结合健康管理机制等方面进行思考。李慧①(2019)对体医融合模式在养老地产中的运用进行研究。认为,体医融合运用到养老产业中是响应"非医疗手段干预健康""健康老龄化"的国家号召。体医融合运用到养老产业中具有天然的条件,这些条件表现在建筑设计、运营模式、开发模式、盈利模式等方面。但是在实践操作中却面临着体医发展不充分,体医合作不畅通,体医功能认识不全面,体医融合操作性法规不健全等问题。故此,体医融合在养老地产中的运用应以落实《健康中国"2030"规划纲要》为行动纲领;应重视老年人体育健身医生的培育;应利用现代网络技术建立老年人健康管理数据库;应积极引导老年人在地产业内休闲健身活动的开展。赵妍研②(2018)从体医结合+医养结合的角度谈老年人健康支持体系发展策略。具体策略为:从老年人健康促进和积极老龄化的角度采取有效措施整合现有零散的医疗卫生、身体教育和养老资源等。

3."结合机制"相关研究

国内的结合机制研究成果颇丰,从结合的对象来看,代表性的有:体教结合机制、科教结合机制、产学研结合机制、科技金融结合机制、医养结合机制等。从研究的范式来看,结合机制研究存在两

---

① 李慧,王凯珍.健康中国建设背景下体医融合模式在养老地产中的运用[J].山东体育学院学报,2019.35(1):1—5.

② 赵妍研,童立涛.我国"体医结合+医养结合"的健康支持体系发展对策[J].大众科技,2018.20(244):118—119+122.

种典型,其一是关注结合机制的作用机理实现,这类研究在期刊文献中较为多见;其二是既关注结合机制本身的内部结构要素,还关注结构要素所形成的机制系统功能实现,这类研究在学位论文研究中较多见。

(1) 关注"作用机理实现"的结合机制研究

关注作用机理实现的结合机制研究与策略、途径研究相类似。强调多个事物相结合后实现 $1+1>2$ 的作用效果。代表性的有医养结合机制、体教结合机制、产学研结合机制,等。1)医养结合机制。陈娜[①](2018)利用协同论与系统论来论述医养结合协同发展机制。认为,医养系统具有较强的突变性,要在两个系统交融发展的过程中实现医养结合供需系统协同发展,在机制路径上应鼓励多元化的医养结合供给模式,实现医养功能的深度契合;应挖掘多样化的养老需求,提供针对性的医养结合服务;要重视医养结合环境因素,强化政府统筹协调;要建立多层次的协同,增强医养耦合效应。王秀花[②](2018)在"互联网+"的背景下探讨居家养老的医养结合机制。认为,在居民养老服务中医养结合存在着医保报销不畅、护理能力不强、管理协调能力不足以及机构合作积极性不高等问题。为此,构建出宣传引导机制、医保报销合理结算机制、管理服务双平台协调运作机制、社区医护服务发展促进机制、相互合作激励机制的医养结合机制体系。刘晓梅[③](2019)对农村医养结合运行机制构建进行了研究。在农村医养工作中两室互建和医疗

---

① 陈娜,袁妮,王长青.医养结合供需耦合协同协同发展机制[J].中国老年学杂志,2016.36:6308—6310

② 王秀花,肖云."互联网+"社区居家养老"医养结合"机制研究[J].山西高等学校社会科学学报,2018.30(3):41—45.

③ 刘晓梅,刘冰冰,成虹波.农村医养结合运行机制构建研究[J].延边大学学报(社会科学版),2019.52(2):99—107+143.

服务外包的形式开展医养结合存在形式单一,资源利用率低等问题。为此,通过村委会等基层组织机构搭建统筹医疗资源和养老资源整合平台,并建立一个统一高效的监管机制能够实现农村医养工作的有效运作。2)体教结合机制。陈丛刊[①](2016)在谈到体教结合管理运行机制时提出,体教结合在实践中存在的问题根本性原因是对体教结合的目的认识不到位,为解决好这一问题就应该建立分层分类的体教结合运行机制:义务教育阶段的体教结合是培养竞技体育苗子,高中阶段的体教结合是培养竞技体育后备人才,大学教育阶段的体教结合是培养优秀运动员。3)产学研结合机制。王鹏杰[②](2015)在谈及我国产学研结合机制的构建时提到,我国产学研结合过程中存在着观念意识、资源整合、管理机制、金融政策、政府作用等方面的缺陷和不足,需要建立以动力机制为核心,以利益机制为纽带,以政策机制为引导,以管理机制为工具,以风险控制机制为保障的产学研结合机制。王静[③](2012)以陕西国际商贸学院的产学研实践为个案,认为产学研结合机制应以市场经济为导向,专业与职业相结合,构建基于工作过程的课程体系;以技能培训为根本,教学与培训相结合,实施新的教育教学模式;以提高教学质量为核心,以培养"双师型"教师为重点,加强教师队伍建设,促进产学研结合机制创新。张来宾[④](2011)在谈及特色型大学产学研结合机制问题时认为,建立新型国家战略以及高校面临的竞争压力与转型挑战是特色型大学产学研结合产生的

① 陈丛刊,卢文云. 论"体教结合"模式的指导思想和管理运行机制[J]. 成都师范学院学报,2016.32(11):12—15.

② 王鹏杰. 论我国产学研结合机制的构建[J]. 学习论坛,2015.31(4):54—57.

③ 王静,顿宝生. 产学研结合创新机制研究[J]. 陕西高教,2012(5):83—84.

④ 张来斌. 创新机制——推动恒业特色型大学产学研结合新发展[J]. 中国高等教育,2012(z1):6—9.

时代背景,为此,要建立产学研互动机制,完善产学研结合的探索与实践机制,发挥政府部门在产学研中的主导作用是产学研结合机制的关键。

(2) 关注"要素、结构、功能"的结合机制研究

期刊文献对结合机制的研究立足于"作用机理的实现"体现出了期刊论文的学术价值。立足于"要素结构、功能"的结合机制研究体现出了机制在人文社会科学领域研究的深意。受论文篇幅影响,硕博论文立足于机制的延伸含义,更能体现出学位论文的价值。在人文社会科学研究领域对结合机制进行研究的学位论文还较少见。杨刚[①](2006)年在研究科技与金融相结合机制时,以科技项目的不同发展阶段为主线,集中探讨了科技研发投入与激励机制(投入激励机制、研发激励机制)、科技成果转化的融资机制、科技与市场对接的实现机制、科技与金融结合的支撑服务机制、科技与金融结合的金融创新机制五个主要机制,并对各个机制的内涵、特点和实现机理进行了详细的探究,最后提出了相应的对策。蒋文娟[②](2018)在总结科教结合协同育人阶段和主要模式的基础上,总结出研究生联合培养、科技英才班和科教融合共建学院三种科教结合模式的现状及存在的问题,从科教结合协同育人的动力机制、运行机制、保障机制分析我国高教结合协同育人机制。

4. 研究述评

(1) 老年人健康促进研究范式与内容与国外相似

受国际健康促进的影响,进入新世纪后,我国在对老年人健康

① 杨刚. 科技与金融相结合机制与对策研究[D]. 长春:吉林大学博士学位论文,2006.4:11.

② 蒋文娟. 我国科教结合协同育人机制研究[D]. 北京:中国科技大学博士学位论文,2018:8.

促进的研究开始增多。老年人健康促进的研究主题、研究方法、主要研究内容等方面基本与国外趋同。表现为:其一,在老年人健康促进的影响因素方面,国外的影响因素模型基本得到了国内学者的认可,并且根据地域实情对老年人健康促进影响因素进行了具体化;其二,体育运动(体力活动)在老年人健康促进中的价值和作用已经得到了认可,如何利用体育运动来促进老年人的健康状态是老年人健康促进关注的重要领域。

(2) 体医结合研究逐年增多,老年人体医结合机制研究处于缺位状态

从 2016 年开始,关于体医结合的研究在随后呈现"喷井式"发展。体医结合研究内容也从最初的体医结合与教育教学研究逐渐向体医结合与全民健身、全民健康方向发展。时至今日,体医结合俨然成为了学术界研究的热门话题。表现为:其一,不论研究数量多,而且成果质量高,在 CSSCI 期刊以及核心期刊上均可见体医结合为主题的研究;其二,形成了具有影响力的研究团队。目前在学术界具有影响力的研究团队主要有:国家体育总局体医融合中心主任郭建军及其团队、安徽师范大学岳建军及其团队、山东大学冯振伟及其团队、北京航天航空大学李璟圆及其团队等。这些团队已经在权威刊物上发表了系列论文,并具有较大的学术影响力。

虽然体医结合研究成果的增多能为本研究提供丰厚的研究基础,但是关于老年人体医结合研究还较为单薄。表现为体医结合的研究不论是在数量上和质量上还是研究主题深入程度上均有较大的提升空间。尤其是在机制研究范式多样化的前提下,老年人体医结合机制研究还处于缺位状态。

(3) 结合机制研究范式多样,二级机制划分启示意义大

与国外相比,在人文社会学研究领域,学者们对机制的理解存

在着较大的差异,从而形成了两种截然不同的研究范式:在学术期刊文献中,有学者对结合机制的研究与策略、对策、途径研究等同,体现的是研究对象如何实现其作用及其机理,这种研究范式在期刊研究中较多见。

虽然体制研究的学位论文在人文社会科学领域较常见,但是结合机制研究则相对淡薄。结合机制涉及到多事物交融发展,其结合机制既要考虑单个事物的特性还要综合考虑多个事物结合后的要素结构、相互关系及功能实现等问题。从结合机制研究的学位论文来看,不论是科融结合还是科教结合均把握住了结合后的要素结构、相互关系和功能实现问题。这为本研究进行老年人体医结合研究提供写作思路上的启示。同时,两篇博士论文对结合机制中涉及到的二级机制进行了具体分析,如科教结合中的动力机制、运行机制、保障机制。

然而,结合机制中对二级机制的划分还得与具体结合对象以及对象存在的状态紧密联系起来,还必须在研究目的的指引下借助成熟的学科理论对二级机制进行科学划分。

第三节　研究对象、主要内容与方法

一、研究对象

本研究以老年人健康促进的体医结合机制为研究对象。涉及的具体机制包括推进机制、保障机制、协同机制和运行机制四个二级机制,而推进机制、保障机制和协同机制是运行机制的基础,运行机制是前三者的最后归宿,是体医结合机制的集中体现。

二、研究方法

（一）文献资料法

国内外研究文献的搜集主要通过以下途径进行：1. 通过华南师范大学、衡阳师范学院、德克萨斯州立大学大河谷分校图书馆藏书检索图书资料；2. 通过中国知网、维普网、Springer、百度学术、Google 学术、UTRGV library（www. utrgv. edu/library/index. htm）、中央及地方政府门户网站等文献检索平台检索相关文献资料。其中，中文检索核心关键词涉及到"老年人体育""健康促进""健康中国""体医结合""体医融合""全民健身/健康""推进/推进机制""保障/保障机制""协同/协同机制""运行/运行机制""区块链"等 20 余个，共检索到中文文献资料近 600 余篇次。外文检索关键词检索关键词涉及到"sport and medicine""exercise and medicine""health promotion""health of the elderly""sports for the elderly""exercise for the elderly""combination of sports and medicine/integration of sports and medicine""exercise is medicine""mechanism""bond mechanism/combination mechanism/recombination mechanism""guarantee mechanism""operating mechanism"，等。共搜集到与本研究相关的外文文献 120 余篇次。并对文献进行阅读、整理、分类，力争在丰富与翔实的文献基础上开展研究。

（二）访问调查法

以"老年人健康促进的'体医结合'"为主题编写出多份访谈提纲（见附录 1），根据研究需要选择不同的访谈对象。主要包括：1. 对体育领域和医学领域内的学者专家、政府官员及相关工作人员进行体医结合宏观层面上的访谈（表 1 - 3）。2. 对正在从事体医结合实践相关工作人员进行访谈,深入了解目前体医结合在实践操作层面存在的问题。3.选取代表性老年人进行访谈,了解老年人群体的健康管控现状、问题以及对体医结合的认识。

表1-3 访谈人员一览表(根据访谈先后进行排序)

序号	姓名	职称	工作单位
1	马*	教授	国家体育总局运动医学研究所
2	李**	教授	国家体育总局体育医院
3	饶*	教授	衡阳师范学院体育科学学院
4	朱*	教授	广州体育学院
5	陈**	教授	南华大学附属第一医院
6	成**	主任医师	衡阳市中医医院
7	** Mata	professor	The University of Texas Rio Grande Valley, College of Health Affairs
8	** Stine	professor	The University of Texas Rio Grande Valley, College of Health Affairs
9	** Castle	manager	The city of Edinburg, Library & Cultural arts
10	黄**	教授	南方医科大学康复学院
11	贾**	教授	中国人民解放军总医院
12	钟**	经理	越秀养老集团
13	张*	经理	广州越秀养老产业投资控股有限公司
14	李**	教授	吉林体育学院
15	** Konrad	professor	Soreha Hospital Education
16	** R·Thompson	professor	Georgia State Universit, college of sports and health
17	郝**	教授	华南师范大学

（三）实地考察法

以方便性和代表性为原则，对俱乐部、三甲医院、街道社区、养老院等场所进行实地考察。深入了解老年人体医结合实践现状及存在的关键问题。利用美国学习的机会，对美国德克萨斯州爱丁堡市老年人体医结合实践进行实地考察。考察地点见下表：（表1-4，相关资料见附录）

表 1-4　具体考察地点情况

类　　别	考察具体地点
社区	衡阳市：红湘路南华社区、先锋路先锋社区、立新二社区、 广州市：石牌社区、穗花一社区、穗花二社区 深圳市：沙头角街道社区、盐田社区、大梅沙社区 上海市：龙柏社区、华阳路街道社区、南京东路街道社区
医院	衡阳市南华大学第一附属医院、衡阳市南华大学第二附属医院、衡阳市中医医院、hospital Muguersa
养老机构	上海九如城康养中心、深圳盐田区社会福利中心、衡阳市珠晖区爱老养护中心
俱乐部	揭阳视力康体医结合俱乐部；life star EMS Micu Inc

（四）案例分析法

在实地考察中选取代表性家庭、社区、医院、养老机构、社会体医结合俱乐部进行典型性案例分析归纳老年人体医结合实践中存在的问题（前五个案例）；其他两个案例是相应论点的佐证材料。具体案例如下：

案例分析1-1：核心家庭（A家庭）体医结合实践

案例分析1-2：深圳市盐田区＊＊＊①[注]街道社区体医结合实践

---

① 注：应访问对象的要求隐去访问单位全名。

案例分析 1－3：衡阳市 *** 第一附属医院（三甲）体医结合实践

案例分析 1－4：上海 *** 康养中心体医结合实践

案例分析 1－5：广东揭阳 *** 训体医结合俱乐部体医结合实践

案例分析 4－1：*** 大学体育科学学院体医结合人才培养与技术开发

案例分析 5－1：** 市部分社区老年人体医结合要素协同情况与问题

（五）比较分析法

对现阶段我国老年人健康促进的体医结合各实践模式实践现状及存在的问题进行比较分析；对深圳市老年人体医结合实施与爱丁堡市老年人体医结合运行进行比较分析。

（六）归纳与演绎法

对在不同模式下的老年人体医结合实施共性问题进行归纳，对存在的共性问题所具有的深层次原因进行演绎分析；对老年人体医结合的要素进行归纳，对老年人体医结合良性运行进行演绎；对老年人体医结合推进路径进行归纳，结合老年人体医结合实践现状，对现阶段的推进主体进行演绎推理；对老年人体医结合保障要素、协同要素进行归纳，对保障要素和协同要素的合理结合进行演绎推理；对老年人体医结合运行内容进行归纳，对我国老年人体医结合运行机制进行演绎。

三、研究主要内容及思路

（一）研究主要内容

1. 老年人体医结合历史与现实问题分析。首先，从纵向历史的角度梳理体医结合思想和实践,以能够为现阶段老年人体医结合发展提供启示;其次,从横向现实的角度分析现阶段老年人体医结合实践现状,归纳出代表性问题,并对问题产生的深层次原因进行剖析,为老年人体医结合机制研究提供实践依据。

2. 老年人体医结合推进机制。推进机制分析从推进的主体要素、推进的动力要素入手,分析不同推进主体下的四条推进路径,结合各推进路径优劣势和老年人体医结合实践现状提出了合乎实情的推进机制。

3. 老年人体医结合保障机制。保障机制分析是从保障要素入手,从硬件和软件要素两个维度剖析老年人体医结合顺利进行的具体保障要素,以问题为导向,提出老年人体医结合要素保障机制。

4. 老年人体医结合协同机制。在分析协同要素所指向的协同维度基础上,对协同过程中存在主要问题进行分析,提出了老年人体医结合具体协同机制。

5. 老年人体医结合运行机制。推进是前提,保障是基础,协同是关键,而运行则是核心,是结合后的具体实践,是体医如何结合的落脚点。在对运行阶段、运行目标、运行内容和运行效果进行理论分析的基础上,以深圳市和美国爱丁堡市老年人体医结合运行机制为个案,对两种不同运行模式的运行机制进行比较分析总结出对我国老年人体医如何结合的启示。

(二) 四个二级机制提出的理论基础及相互关系

社会运行机制理论为本研究划分老年人体育结合四个二级机制提供了理论基础。社会运行机制理论是在静态观察的基础上从动态运行的角度对事物予以观察。我国社会运行学派的开创者郑杭生先生认为,社会运行机制构成复杂,形态各异。根据不同的分类标准将社会运行机制分为不同的类型。根据社会运行机制的形成过程分为自发机制和人为机制;按照社会运行机制的作用领域分为经济机制、政治机制、文化机制、体育机制、医疗机制等;按社会运行的层级分为一级社会运行机制、二级社会运行机制、三级社会运行机制、四级社会运行机制等等。从具体的社会运行层级划分来看,如果把整个社会运行机制作为一级机制的话,二级机制就包括了动力机制、激励机制、整合机制、保障机制和控制机制,而每个二级机制中又包括了若干三级机制。

受社会运行机制理论对二级机制的划分启示,首先,老年人体育结合最终要落实到具体运行,而老年人体医结合的具体运行离不开整个社会运行机制;其次,老年人体医结合在运行过程中根据结合状态的不同其具体运行机制又呈现出自身的特点。这一特点由老年人体医先行结合再运行的逻辑关系决定。

如何结合?首先应解决老年人体医结合的推动力问题(社会运行机制理论中的动力机制、激励机制,激励机制本质上也是解决推动力问题),这便形成了老年人体医结合推动机制;推动过程中离不开保障机制发挥作用,故保障机制也是老年人体医结合机制中的二级机制之一(与社会运行机制理论中的保障机制保持一致);保障机制效应的发挥需要保障要素间形成良性的协同力(社会运行机制理论中的整合机制、控制机制),协同机制恰好能解决这一问题。有了推进的动力、保障力和协同力,老年人体医结合最终要与实践结合,老年人体医结合运行机制是解决在实践中如何结合,是推进机制、保障机制和协同机制的落脚点。它们之间的相互关系见下图:(图

1-1)

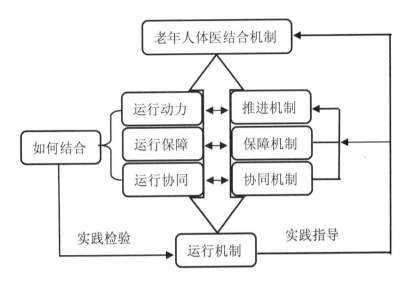

图 1-1　老年人体医结合机制与二级机制关系

(三) 研究思路

从研究内容之间的逻辑关系中不难看出,本研究遵循的是提出问题、发现问题、分析问题、解决问题的研究思路。以问题为导向贯彻于整个研究中。首先,从历史(纵向)与现实(横向)的两个维度对问题进行分析;然后,以现实问题为线索,分析问题产生的深层次原因,根据原因来提出解决问题的思路:

1. 谁来推进? 在拥有多个推动主体的前提下,现阶段应该由谁来推进最合适。(推进机制)

2. 如何结合? 先保障,再协同结合。(保障机制、协同机制)

3. 谁来推进如何结合? 推进机制解决了最佳推进主体的问题,保障机制和协同机制解决了结合的保障问题和协同问题,最后由谁来推进老年人体医如何结合。(运行机制)

具体的研究思路见下图。(图 1-2)

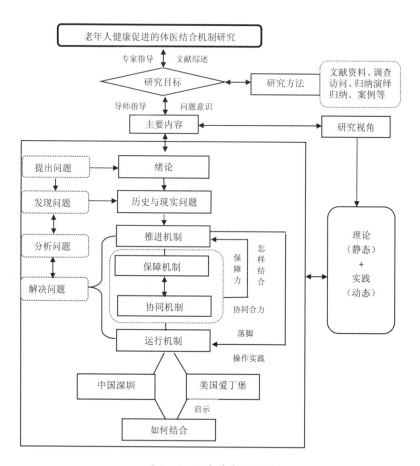

图 1-2   研究基本思路图

第四节   研究创新点及不足

一、创新点

在健康中国、健康老龄化、积极老龄化建设进程中,从推进机制、保障机制、协同机制和运行机制的角度探讨老年人体医结合机制问题。整个研究的创新点体现在以下两个方面:

（一）根据区块链技术的内涵提出共享共司的理念，共享是一个重要的保障机制，而共司则是一个重要的协同机制，在共享共司理念指导下对区块链技术应用于老年人体医结合可能涉及的内容进行初步确定。

（二）四个二级机制功能的发挥均离不开专项政策的引导，根据健康中国建设总体目标的具体内涵，针对老年人体医结合专项政策目标缺失问题，提出了老年人体医结合专项政策的总体目标，提出了到 2025 年、到 2030 年的阶段性政策目标。

二、研究不足

在健康中国建设进程中，老年人体医结合问题是一个复杂的、系统的问题。老年人体医结合在理论层面涉及到哲学、体育学、医学、政策学、人口学等诸多学科基础理论，在实践层面涉及到体制、制度、机制等实践操作。然而，现有研究还较为薄弱，缺乏有价值的借鉴和参考。由于研究精力、时间、研究经费和知识的限制，本研究存在的不足之处在于：其一，体医结合提法具有中国特色，在外文资料检索、收集与分析过程中还需进一步加强；其二，对老年人体医结合实践组织机构的调查没有涉及广大农村地区，这也为后续研究提供了空间。

第二章　老年人健康促进的体医结合
历史与现实问题

　　以问题为导向，以时间为线索，对老年人体医结合历史发展问题和现实实践问题进行分析。问题导向体现于：其一，历史发展问题，从纵向历史角度分析老年人体医结合的历史流变，落脚点是当代老年人体医结合启示；其二、现实实践问题，从横向现实角度分析老年人体医结合的实践现状，落脚点是实践中存在的主要问题；其三，体医结合问题归因，对问题产生的原因进行分析，落脚点是为解决老年人体医结合机制研究提供立论依据。

第一节　老年人健康促进的体医
结合历史追溯与启示

　　古人云："以史为镜可知兴废"，体医结合作为国家力推的新型健康促进方式，需要借助历史的力量。在我国灿烂悠久的历史长河中探寻老年人体医结合的"前世"，为其"今生"提供启示与参考。

一、老年人健康促进的体医结合的实践起点

历史起点问题是史学研究首先应解决的重点问题[1]，对历史起点的探寻是找出体医结合起源为体医结合发展提供参考。

（一）导引、医疗体操向体医结合的历史跨越

1. 体医结合与医疗体操内涵比较

在体医结合概念辨析中发现，绝大多数的学者均认为：体医结合是体育与医学的结合，是促进健康的一种新理念。然而，体育与医学相结合的理念并不是现代社会的产物，在很久以前就已经出现，只是称谓不同而已。在学术研究与实践探索中，大致出现了医疗体育、医疗体操、医疗运动、体育疗法、运动疗法、体育干预治疗、体育保健、保健养生等词汇。然而，这些词汇与"体医结合"既有联系又存在着本质区别。从词义上分析，体育疗法、运动疗法和体育干预治疗只是医学治疗疾病的过程中所采取的治疗手段，强调的是治疗的方法，其潜在主语是医学或医院。而医疗体育、医疗体操、医疗运动均属于整体词汇，但从字面意思上分析，无法看出潜在主体，这与"体医结合"具有一致性。

目前，学界对"医疗体育"的界定并没有得到统一。有人认为"医疗体育"是一门学科，是运用各种体育运动方法治疗创伤和疾病的一门学科[2][3]；有人认为"医疗体育"是一种利用体育锻炼来防

---

① 戚成章.要抓住史学研究中的重点问题[J].历史研究,1982(2):184.

② 钱星博,严静.医疗体育在世界范围内的新发展[J].体育科研,2000,21(2):44—47.

③ 陈文斌.浅谈医疗保健体育[J].郑州铁路职业技术学院学报,2007,19(1):56—57.

治疾病,促进康复的方法①②。显然,第二种观点与体医结合含义更为接近。在学术研究中,与医疗体育相近的词还有医疗体操和医疗运动。日本学者三井悦子便用医疗体操一词来替代医疗体育,认为医疗体操就是为解决治疗、预防和健身所进行的身体运动③。"医疗运动"中的"运动"指的是"身体的运动",可见,"医疗运动"与"医疗体育"在内涵上也具有相似性。

从医疗体育所包含的具体内容来看,医疗体育和医疗体操是一种包含关系。在医疗体育下的医疗体操是指在应用运动疗法时所采取的有医疗作用的体操练习④,而这里的体操是针对某种疾病而编制的成套动作,类似于现代的徒手体操⑤,除了医疗体操外,体育医疗还包括医疗运动、器械体操、气功疗法等⑥。

还有学者认为医疗体育又叫体育疗法,亦称体疗④。从现有研究来看,在具体的使用上,医疗体育和医疗体操并没有明显的区别,利用医疗体育或医疗体操对某种疾病进行有效治疗是一种较为成熟的治疗方法。

可见,医疗体育、医疗体操和医疗运动在使用上并没有明显的区别,均是利用体育手段来预防、管理和促进健康的有效方式,这与"体医结合"的基本内涵以及操作形式上高度的一致。也就是说

---

①　刘兆杰.略述体育疗法在疾病康复中的应用[J].中国科技信息,2005(14):258—259.

②　栗克东.医疗体育[J].卫生职业教育,2004(21):87.

③　三井悦子.从医疗体操史看体育运动的新的医疗可能性[J].体育文史,1997(2):94.

④　卓大宏.中西医疗体操比较研究[C].第六次全国运动疗法学术会议论文集,2002:22—26.

⑤　周脉清.浅析我国古代医疗体操的起源、演变与发展[J].体育科技文献通报,2015(9):94—95.

⑥　作者不详.医疗体操与疾病[J].中国体育科技,1995(11):115.

医疗体育、医疗体操、医疗运动只是在不同时期的不同称谓而已，其本质内涵大致相同的。

2. 体医结合与导引内涵比较

众多学者均认为医疗体育在古代称为"导引术"①②③，这也是"体医结合"与"导引"在内涵上进行辨析的原因所在。

导引一词最早见于战国时期《庄子·刻意篇》，"吹嘘呼吸，吐故纳新，熊经鸟伸，……此导引之士，养形之人，……④"在随后的古典文集中也多见"导引"一词，唐代王冰《素问·导法方宜论》注释："导引，谓摇筋骨，动支节"⑤。南宋罗泌《圣济总录·神仙引导》"引导之法，所以行血气，利关节，辟除外邪，使不能入也"。清朝王先谦《庄子集解》"吹冷呼而吐故，呴暖吸而纳新，如熊攀树而可以自悬，类鸟飞空而伸其脚也。斯皆导引神气，以养形魂，延年之道，驻形之术。⑥"从以上古典文籍中不难发现，导引包括行气、运气的导气令和肢体运动的引体令，也即呼吸运动（导）和肢体运动（引）相结合的一种运动方式。

1973 年长沙马王堆出土的彩色《导引图》图文并茂地记载了

①　梁永汉. 论我国民族传统医疗体育对慢性病和老年病的康复作用[J]. 按摩与导引，1998(3)：29—31.

②　周世荣. 谈马王堆导引图和《诸病源候论》中的导引术式[J]. 湖南中医学院学报，1985(2)：45—47.

③　郝勤. 中国导引术与近代西方体操的比较研究[J]. 体育文化导刊，1990(5)：16.

④　[东汉]柴荣著. 论衡[M]. 文渊阁《四库全书》，上海：上海人民出版社，1999：15.

⑤　严隽陶. 中国传统康复疗法重要组成部分——推拿导引术[C]. 中国康复医学会第五次全国老年康复学术大会上海市康复医学会成立 20 周年暨老年康复诊疗提高班，2008：47—49.

⑥　赵延益，王其慧. 中国古代导引术评介[J]. 武汉体育学院学报，1991(2)：78—83.

西汉早年导引所包括的具体内容:(1)呼吸运动。在文字说明中提到的"印浑"和"笼浑"就与呼吸运动相关。(2)肢体运动。在图中出现了"蹲"、"跪(坐)"、"龙登"、"满政"、"引颈"等肢体运动。(3)器械运动。文字说明中的"以文(杖)通阴阳"讲的就是双手持杖的器械运动。

可见,在具体内涵上,导引与医疗体育也具有较高的相似性。借助医疗体育的中介作用,也能推断出"体医结合"在内涵上与古代的导引术保持着一定程度的相似性。这为后面分析体医结合的时间逻辑和内涵逻辑打下了基础。

（二）体医结合实践起源于战国先秦时期

对导引术的分析中发现,我国是最早使用"医疗体育"的国家①。词汇出现的先后顺序依次为:导引术→医疗体育→体医结合。其实在探寻体医结合时间起点的同时不能依据体医结合词汇出现的时间为起点,而应该以体医结合的内涵为线索,以医疗体育为中介,追溯到导引术的产生。明确导引术的时间起点,能够为体医结合内涵本质的探讨提供时间边域,为更清晰地认识当代社会的体医结合打下基础。

有学者认为导引术起源于原始社会后期和奴隶社会初期的舞蹈②。当人们在生产活动中取得丰收,在战争中取得胜利时,总喜欢用舞蹈来表达思想情感,在长期的舞蹈过程中人们发现跳舞不仅能使自身心情愉悦,还能起到强身健体、防病消灾的作用,这种原始的舞蹈发展成为后面的导引术。如果以此来推断导引术起源于原始社会后期和奴隶社会前期是不确切的,这只是对体育起源

①　李鸿义. 医疗体育与体疗门诊[J]. 科学中国人,1998(12):46—47.
②　张允建,张兴荣. 中国古代体操[J]. 江西教育,1982(8):55—56.

的一种假说,缺乏可靠的史料证据。《吕氏春秋·古乐》记载"昔陶唐之始,阴多滞状而湛积,水道壅塞,不行其源,民气郁瘀而滞者,筋骨瑟缩不达,故作为舞以宣导之"[①]。此段论说的是我国最早的医疗体操"消肿舞"的起源问题,《吕氏春秋·古乐》成书于先秦时期,也就是说距今2000多年前就出现了导引术。

但是,在论述导引一词时发现,最早使用导引一词的是《庄子·刻意》,而该书是战国时期庄子讨论修养的古籍,距今约2500年。由此,也可推断导引术在战国时期就已经出现。

诚然,导引术出现的确切实践暂未得知,但是通过古籍的记载可以推断:在距今2000多年的战国先秦时期,我国古人就已经用体育运动来治疗疾病。体医结合的思想本源在我国有着悠久的历史,在悠久的历史长河之中,思想本源的演变与发展必然对当代的体医结合产生较大的影响。

二、老年人健康促进的体医结合的理论起点

理论起点是历史起点探寻的另外一个方面。理论之于实践的指导价值现实出体医结合理论起点探寻的重要意义。"治未病"理论是老年人体医结合的理论基础。

(一)"治未病"理论的提出与发展

医学中"治未病"的理论源泉来自于我国古代朴素唯物主义哲学思想"防患于未然"。《周易·象传》"水在火上,既济。君子以思患而预防之"[②]。"治未病"一词最早见于《黄帝内经·素问》四气调神大论篇第二:"圣人不治已病治未病,不治已乱治未乱,此之谓

---

① 吴志超. 古导引初探(上)[J]. 体育科技,1979,3(2):75—84.
② 班新能,王翔. 中医"治未病"学术思想浅析及其现实意义[J]. 兵团医学,2009
(3):

也。夫病已成而后药之,乱已成而后治之,譬犹渴而穿井,斗而铸锥,不亦晚乎"①。

现如今,"治未病"被奉为中医学和预防医学的重要理论,并形成完善的理论体系。如果把《黄帝内经》中关于"治未病"的论述界定为其起源阶段的话②[注],汉代的华佗和张仲景可以看作"治未病"思想的继承者和传播者。到了唐汉时期,"治未病"得到了跨越式发展。被世人尊称为"药王"的唐代医药学家孙思邈在继承和发扬"治未病"思想的基础上,提出"上医医未病之病,中医医欲病之病,下医医已病之病"的疾病诊疗三层次③,并提出了治未病主要从养生保健和欲病早治的主张,其"治未病"的思想在他的留世名著《千金要方》中多处体现。

明清时期,"治未病"理论得到了极大的发展,表现为在临床医学实践中灵活运用该理论来处理医学问题。明末清初著名医学家喻嘉言在他的医学著作《医门法律》中多处可见"治未病"的方法和手段,"血痹虚劳篇中对于男子平人谆谆致戒,是望其有病早治,不要等虚劳病成,强调于虚劳将成未成之时,调荣卫,节嗜欲,积贮渐富,使虚劳难成"④。叶桂(天士)的《温热论》中提到"瘟疫病初入膜原,未归胃府,急急透解,莫待传隐而入,为险恶病"。此话道出了治疗疾病不仅要趁早,而且还要对症下药以防止病情突变。此外,清乾隆期间杰出的中医温病学家吴鞠通在治

---

①　蓝毓营."治未病"源流述略[J].上海中医药杂志,2005,39(9):48—49.

②　注:《黄帝内经》的成书年度在学术上存在较大的争议,整体而言有三种观点:其一成书于先秦时期;其二,成书于战国时期;其三,成书于西汉时期。

③　刘健.构建中医治未病养生保健体系探讨[J].中国临床保健杂志,2012,(6):667—670.

④　王思成.中医治未病溯源、内涵与应用浅析[J].世界中医药,2008,3(1):43—45.

疗温热性疾病要求"务在先安未受邪之地",也是对"治未病"理论的深化。

新中国成立之后,"治未病"理论得到了广泛应用。这一理念不仅在医疗实践中随处可见,而且已经在广大民众的健康促进与疾病预防、治疗中得到了广泛的认可。尤其是在人们对健康日渐重视,老年人健康成为社会焦点问题的现代社会,体医结合理念的提出是在新的社会背景下对"治未病"思想的延续和补充。

（二）"治未病"思想的内涵解读

"未"的本义为"没有"、"不";"未病"即为没有病。没有病为何还要治呢？这正是"无病先防"思想的集中体现。随着现代医学技术和理论的不断发展,对"治未病"思想的理解也日渐通透和全面,并逐渐形成了完善的"治未病"理论体系。（图2-1）

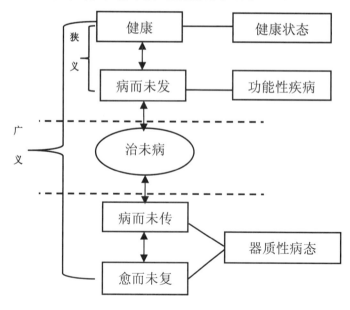

图2-1　"治未病"基本内涵图

"治未病"的基本含义有狭义和广义之分。狭义的治未病是指采取有效措施对机体内可能出现的疾病进行有效的预防,以防止疾病的发生、发展、传变①。在中医学中称为"病欲发而有先兆"。在现代健康观中,治未病是指对健康状态和人体处于健康和疾病的中间状态采取有效措施进行预防,预防的目的是防止人体在一定时间内的活动能力降低,功能性和适应性能力减退。广义的治未病是指包括健康在内的四种状态。状态一:健康状态,中医学中称为未病为无病,此时的治未病的内涵为预防养生;状态二:病而未发,中医学中称为"欲病救萌,防微杜渐,消患于未兆"②,即为亚健康状态,身体机能不符合现代临床医学的诊断标准。此时的治未病内涵为有病早治。状态三:病而未传,中医学称为"既病而尚未殃及之地"③,即已经发生疾病但未发生传变,符合临床医学关于疾病的诊断标准,但未发生病情转移。此时的治未病内涵为治愈现病,杜防他病。状态四:愈而未发,在中医学中称为"瘥后调摄、防其复发",在临床医学中属于"治愈"的状态,但有复发的可能性存在。此时的治未病内涵为调养保健。

由此可见,治未病的基本内涵包括了人体健康状况的不同状态,既包括健康、也包括亚健康,同时还包括了生病和康复,是一个对人体健康状况进行全方位呵护的基本理念。利用体医结合来促进人们的健康水平,其本质与治未病具有一致性。

---

① 贾天奇,李娟,樊凤杰,等. 传统体育疗法与未病学[J]. 体育与科学,2007,28(4):12—14+19.

② 王天芳,孙涛. 亚健康与"治未病"的概念、范畴及其相互关系的探讨[J]. 中国中西医结合杂志,2009,29(10):929—933.

③ 姜良铎. 健康、亚健康、未病与治未病相关概念初探[J]. 中华中医药杂志,2010,25(2):167—170.

三、古代体医结合实践的历史分期及当代启示

在 2000 多年的历史长河中对体医结合实践进行历史分期,其难度可想而知。然而,对体医结合实践历史分期的探讨重点不是分期本身,而是古代体医结合实践与理论对当代体医结合的启示。

(一) 确定历史分期的基本依据

对于史学问题的研究,历史分期是一个不得不面对的问题。历史分期的本质是人们为了使自己的知识得到一种更简单的从而更有说服力的表述而把连续的历史内容依照从某种特定的角度选择的事实和一定的观念体系分为段落①。"段落"的划分不是随意的,而需遵循历史分期的两个前提:其一是分期的依据问题;其二是分期后的命名问题。显而易见的是,关于体医结合思想的历史分期的探讨是在 2000 多年的历史长河中,把客观存在的体医结合放置于当时的历史环境中,探讨其发展的特点;放置于整个时间维度中,探讨其发展的客观规律。

在明确分期目的之后,关于分期后的命名问题似乎显得并不是那么重要。因为,这种命名具有较大的主观性,而体医结合思想与实践本身却是连续发生的,要么以因果互动的方式,要么以偶然或突发的方式,要么以重复的方式进行。而关于分期的依据问题是所有研究历史分期问题必须要解决的前提。否则这种分期将显得毫无意义与价值。

客观事实的存在程度永远是分期体系的一个基本尺度②,体医结合作为一种客观事实存在本身就是历史分期的依据。前述,

① 赵轶峰.历史分期的概念与历史编纂学的实践[J].史学集刊,2001(4):1—6.
② 常金仓.历史分期讨论与发现真理的两种方法[J].齐鲁学刊,1996(2):54—58.

在我国历史古籍中并无"体医结合"这一词汇和说法,从各家的体医结合思想中不难发现,体医结合思想的产生、继承与发扬得益于各时期的养生学家(古代的医学家又称为养生学家)。这就给本研究寻求体医结合思想的历史分期提供了依据。

(二) 具体分期及特点

1. *初步发展——战国至魏晋时期*

(1) 社会背景。前述,体医结合出现于 2000 多年前的战国先秦时期不无道理。战国时期,人类文明进入到百花齐放、百家争鸣的"黄金时期",文化思想得到了空前的发展,德国思想家卡尔称此时期为"轴心时期"。在诸子百家思想的引导下,人们对人体生命的认识日趋完善,进一步加速了体医结合思想的形成与发展,为秦汉时期的体医结合实践奠定了思想基础。到了魏晋南北朝时期,虽然战事频繁,是个分裂割据的动荡时代,但是儒家、道家、佛家思想的相互交融,玄学的兴起以及医学的进一步发展为体医结合发展提供了条件,体医结合实践也未出现断裂。同时,战事对身体的伤害造就了南北朝医学理论的快速发展,医学的发展为体医结合实践提供了可能。

(2) 代表人物及思想。《黄帝内经》是体医结合思想体系形成的奠基之作,该书不仅对病理病因、诊治原则和治疗方法和手段进行了论述,还对身体结构、生命规律进行了详细的阐述。提出了"法于阴阳,和于术数""不治已病治未病"[1]等原则,奠定了体医结合的核心思想和理论根基。秦代名著《吕氏春秋》是百家争鸣思想碰撞的结晶。该著作不仅对体医结合方法进行了阐释还从饮食卫生、意

---

① 陶朔秀. 中华引导术的中医养生学研究[D]. 上海:上海体育学院博士学位论文,2015:6.

气保神等角度阐述了保持健康的重要性。提出的"养生贵动"、"运动与卫生相结合"①的思想丰富了体医结合的内涵。1973 年长沙马王堆出土的西汉《导引图》是研究体医结合的重要史学资料。帛画中呈现的 44 个肢体动作分别独立,虽然未形成自己的系统套路,但是器械动作的引入丰富了体医结合的内涵,同时还对体育动作与病症种类的关联进行了初步说明。13 种病症种类涵盖时令病("引温病""沐候引灵中")、内脏器官疾病("引肤责""引腹中""引烦""引颓")、躯干病("引项""引膝痛""引痹痛")、五官病("引聋""痛明")四种疾病②。13 种病症极大的拓宽了体育与医学结合的深度,为后续体医结合理论和实践提供了思路,东汉《引书》便是最好的例证。《引书》中详细介绍了 110 多种体育方法来治疗 41 种疾病。其中体育动作与病症的关系主要以文字的形式呈现,尤其是对体育动作详细的文字介绍,克服了《导引图》中体育动作静态难以反映动态过程的弊端。

体医结合思想的发展与儒家、道家、墨家的思想渗透密不可分。儒家圣人孔子曰:"知者乐水,仁者乐山;知者动,仁者静;知者乐,仁者寿"③,"仁者静""仁者寿"的观点将体医结合思想上升到了更高的层次——想要达到健康长寿的目不仅要加强身体的锻炼而且还要注重道德情操的修炼。此后的孟子和荀子也继承了这一思想,还加入了"精气"的元素,"存其性,而养其神,根深固柢,长生久视之道"④。道家创始人老子提出了"人法地,地法天、天法

① 王京龙. 近代以来《吕氏春秋》体育思想研究回眸[J]. 山东体育科技,2015,37(5):1—4.

② 崔乐泉. 中国古代体育文化源流[M]. 贵阳:贵州民族出版社,2011:126—127.

③ 李煌明,王耕"知者乐水,仁者乐山"——论《论语》中的两种"乐"[J]. 思想战线,2008(5):135—136.

④ 谢青果. 老子"根深固蒂,长生久视之道"的养生学诠释[J]. 阜阳师范学院学报:社会科学版,2011(1):23—25.

道,道法自然"的主张,这种"自然"主张进一步丰富了体医结合思想内涵。此后,庄子也继承了这一"自然"思想,并提出了"心斋""坐忘"等方法来提高身心境界。与道家截然不同的是墨家思想,墨家创始人墨子主张运动。墨子主张的"兼相爱,交相利"的思想代表的是社会下层人士,他主张简单、易便的体育锻炼方式,如走路、爬山等。同时,墨子本人还是这种简易运动方式的践行者,以至于在他80岁时还被认为"视其颜色,常为五十许人"。

（3）医学实践。这一时期的医学家不仅丰富了体医结合思想还在实践中运用、推广体医结合思想,如前述华佗创编的五禽戏,陶弘景对五禽戏做出详尽说明,张仲景主张的按摩治疗。此外东晋时期的名医葛洪在他的《抱朴子》中提出的"养生以不伤为本",对当代体医结合思想也是一种启迪。

（4）特点分析。该时期的体医结合思想受"大家"思想的影响呈现出百花齐放的局面,丰富了体医结合思想内涵,提高了体医结合的起点。在活动形式上以"戏法"为主线,对后世的体医结合实践产生了较大影响。

2. 融合发展——隋唐至金元时期

（1）社会背景。隋唐五代至金元是体医结合融合发展的时期。隋唐五代时期,社会安定繁荣,随着社会经济、文化的兴盛发展,与世界各国交往频繁,体医结合融合发展达到了前所未有的高度。同时,统治阶级对健康养生的重视也加速推动了体医结合理论与实践的前行。到了宋辽金元时期,虽然政权更替频繁,然而和平友好一直是这个时期的主旋律。尤其是蒙古族建立元朝,实现了多民族从冲突走向统一,带来了文化的相互渗透和交融发展。

（2）人物代表及思想。隋唐五代道家思想的鼎盛发展以及印度佛家思想的传入,对体医结合思想和实践产生了较大的影响。在此时期,道家在养生行动上摒弃了外用的"外丹术",强调的是精气神的"内丹术",所以道家的"存想、坐忘"是当时的主要功法,如唐代著名道士马承祯提出的"忘杂、安神、意守"①。晚唐女道士胡愔将道教修炼与医理相融通,著有《黄庭内景五脏六腑补泄图》②,不仅阐述了五脏六腑的生理、病理特点,而且还从强化人体五脏六腑机能的角度出发提出了相应的炼养方法与措施,是典型的体医结合示例。隋唐的繁荣发展,加速了佛家思想的传入与渗透。被称为"东土释迦"的佛教代表人物智顗提出调身、调息、调心三要素,采取"半跏坐""全跏坐",由静入动,遵循"入定、住定、出定"三个步骤养息身心③,为后面出现的"天竺国按摩婆罗门法"打下了基础。北宋道教代表人物张柏端在《悟真篇》提出"性命双修"的观点,在身心修炼方面提出了"筑基""炼精化气""炼气化神""炼神还虚"四步法也是对体医结合实践过程的高度概括。

体医结合的高度发展与统治阶级的大力提倡密切相关。唐宋时期,统治阶级极力推崇养生,形成了自上而下全民养生的社会风气。宋代多次由官方主持史书、医书、道经进行整理、校正和汇编,为古代体医结合理论体系的形成打下了基础。宋徽宗时期由御医根据民间医方和内府秘方汇编而成的《圣济总录》收集了"转肋舒足、上朝三元"等体医结合的内容。北宋政府系统整理道教文献汇编形成《道藏》,为后面的"著作佐郎"张君房编写《云笈七签》打下

---

① 范铜钢.养生奠基功法技术挖掘及整理研究[D].上海:上海体育学院博士学位论文,2016.6.

② 郝勤.中国体育保健史上的重要里程碑——唐代胡愔《黄庭内景五脏六腑补泄图》研究[C].全国体育科学大会,1997:275.

③ 魏刚.传统体育养生思想史研究[D].苏州:苏州大学博士学位论文,2013:9.

了基础。《云笈七签》122 卷汇集了大量的体医结合实例,提出了"导引除百病,延年益寿"的观点①。《云笈七签》虽是道教著作,但是具有官方背景,尤其是涉及到的体医结合功法和效果材料,具有较大的参考价值。

除了道家主张"静坐""炼气"的运动方式之外,"各家"还积极探索不同的运动方式用来防治不同的疾病。北宋著名道教人士陈抟所创的"陈希夷十二月坐功"就是按照每个节气的阴阳之气的特点和人体经络血气运行的规律,以一年中二十四节气为线索配之相应的运动方式来防病治病。"十二月坐功"结合了中医运气、经络血气以及运动养生理论,配合生动直观的图形,动作简单,操作性强,具有较大的推广应用价值。南宋时期的"八段锦"分为"文八段"和"武八段"。"文八段"又称"坐式八段锦",以集神、叩齿、漱咽、摩运、吐纳等方法为主,辅以相对简单的头颈、上肢以及躯干的运动;"武八段",又称"立式八段锦",则以形体的运动为主,辅以咽津、行气之法②。文武八段锦操作方法简单易学,为后人在此基础上进行相应的改良打下了基础。宋代司仪郎蒲虔贯结合自身的实践体会创编了"小劳术"③,可"不择时节,亦无度数",操作简单,疗效显著,对后世产生了较大的影响。

（3）医学实践。隋朝太医令巢元方极力推崇体医结合来治疗疾病,《诸病源候论》是体医结合的集大成之作。书中将疾病按照不同性质进行分类,共记载疾病 67 种,在描述病症之后,引证运动之法来治疗该病。如在"偏风侯"中就引证"一手长舒,令掌仰,一

---

①　叶秋治.《云笈七签》初探[D].北京:中国社会科学研究院博士学位论文,2014.5.

②　李鸿江.文武八段锦[J].按摩与导引,1992(3):30—33.

③　魏燕利.道教导引术历史研究[D].济南:山东大学博士学位论文,2007.6.

手捉颏,挽之向外,一时极势二七……",又云"一足踏地,一手向后长舒努之,一手捉涌泉急挽,足努、手挽,一时极势。左右易,俱二七。治上下偏风、阴气不和"①。唐代名医"药王"孙思邈也是体医结合的推崇者与实践者。在《千金要方》和《千金翼方》中运用摩运、炼养以及肢体活动来治疗疾病。如在临床实践中运用西域传入的"天竺按摩法",肢体活动采用"禹步"等。受道教思想影响主张"气",主张"长息法"对体医结合实践也产生了较大影响。在金元时期,被尊称为"金元四大家"的刘完素、张从正、李杲、朱震亨是该时期医学发展的代表人物,也是体医结合的倡导者和践行者。刘完素强调人的主观能动性对防病治病的重要性,主张运用"内丹术"和"气息调养"来保养疗病;李杲、朱震亨主张"静功";张从正将体医结合视为防病治病的重要方法,在《儒门事亲·解利伤寒》中记录了用体医结合疗法来治疗风寒、时气等疾病。

尤其要说明的是,在这个时期出现了专门针对老年人养生保健的医学家和相关著作。宋代医学家陈直撰写的《养老奉亲书》详细介绍了老年人修身养性、药物与食疗、按摩等内容②。元代医学家邹铉在《养老奉亲书》进行了续增,合编为《寿亲养老新书》,继续将体医结合视为老年人防病治病的重要方法。元代医学家王珪在著作《泰定养生主论》中不仅强调体医结合是一种重要的御病疗疾之道,而且提出了体医结合是从幼到老,终其一生的行为,这对后世的体医结合发展具有极大的启示作用。

(4)特点分析。该时期的体医结合理论进一步丰富和完善,

---

① (隋)巢元方撰,黄作阵点校.诸病源候论[M].沈阳:辽宁科学技术出版社,1997:12.

② 吴晓慧,林色奇,刘红宁.《寿亲养老新书》学术思想探析[J].江西中医药,2018,49(8):7—9.

运用于医学的体育运动方法丰富多样,并且简单实用,体育运动与医疗的融合层次更深。此外,体医结合理论与实践随着文化交流走向世界,拓展了本土体医结合思想国际影响力的同时也受到了国外体医结合思想的冲击与检验,其融合程度达到新的高度。尤其是对老年人健康的关注,为后世解决老年人体医结合问题提供了思路。

3. 定型发展——明清时期

(1)社会背景。明、清是我国封建时代的最后两个王朝。明清时期很好地继承和发扬了前朝优秀的文化、科技成果,整体上处于国家统一、政治稳定、经济相对发达,文化科技繁荣昌盛的局面。尤其是印刷术在明清时期的发展,使得体医结合思想的传播更加便利与高效。

(2)人物代表及思想。明清时期体医结合的代表人物与思想较之以前均有较大的突破。主要呈现出两个方面的特征:其一,对体医结合思想和实践的重视突破了医学家、养生学家的人物身份界限,诸如教育家、戏曲学家、藏书家等均极力推崇体医结合思想。其二,能够采取批判的态度来看待前人的体医结合思想和实践,并且能够"去伪存真"地结合自己的观点,这也是明清时期体医结合思想能够定型并形成体系的主要原因之一。在这些大家当中,具有代表性的有明代著名戏曲家、藏书家和养生学家高濂和明末清初的思想家、教育家颜元。

明代高濂的体医结合思想主要集中在他的著作《遵生八笺》中。《遵生八笺》是一部集前人养生思想的大作,涵盖了饮食起居、医药卫生、花鸟游逸、琴棋书画、身体运动等几乎所有对人体健康有益的内容,尤其是对养生的基本原理进行了系统的阐述,在当时产生了较大的影响力,并被多国翻译。就体医结合实践而言,高濂按照一年中的四季和二十四节气为线索,汇编整理了"陈希夷十二月坐功"、八段锦、祛病延年六字诀以及道家的练气法。倡导体育运动,认为体育运动是"宣导血气,通畅经络"的重要方法,可以用来提高人体免疫力,达到防病治病的效果。

一明朝末年思想家、教育家颜元不仅继承和发扬了孔子教育思想,还在教育实践中主张"习动、习学、习行、致用",倡导德育、智育与体育并重。在总结前人体医结合思想的基础上,抨击宋明理学的"穷理居敬""静坐冥想"的修炼方式,积极倡导运动养生。认为:"动则筋骨辣,气脉舒""一身动则一身强,一家动则一家强,一国动则一国强,天下动则天下强"①。倡导体育在教育和保健养生中的重要作用,在当时的社会环境背景下是一个巨大的突破,对现代体医结合实践也具有较大的启示作用。

(3)医学实践。明清时期,体医结合能定型并形成较为完备的体系,与该时期出现的医学思想与实践密不可分。

明代医学家周履靖著有多部书典,其中最能体现体医结合思想的当属《夷门广牍》(共一百二十六卷)中的《赤凤髓》②。《赤凤髓》共分为三卷,第一卷主要介绍练气功法,如调气、炼气、行气、闭气、咽气和行气六字诀的吹、呼、嘘、咽、呵、嘻等。第二、三卷主要讲身体运动与疾病,主要讲述五禽戏、八段锦、华山睡功等身体功法与相应疾病的防治,并以图文并茂的形式呈现,便于理解与传播。

明代名医万全纳前人经验,继家学,著医学书籍无数,书籍内容涵盖内科、儿科、眼科、妇科等,他的体医结合思想在《养生四要》

---

① 王平.对我国民族传统体育文化冲突的理解与探析[J].体育世界:学术版,2007(10):52—55.

② 韩丹.导引强身的要籍——《赤凤髓》[J].体育文化导刊,1992(4):38—40.

中体现得较为明显。尤其是他主张利用体医结合来调节人体心理健康，拓宽了体医结合的实践范畴。他认为："只要不思声色，不思胜负，不思得失，不思荣辱，心无预恼，形无劳倦，而兼之以导引，助之以服馆，未有不长生者也"①。

清代名医沈金鳌主张利用体医结合"却病"，在其专著《杂病源流犀烛》中详细收录了用于治疗各种疾病的体育运动，他说"其所导、所运，皆属却病之法"②。在书中首次提出了健身导引术和医疗导引术的区别，这对后世进行体医结合研究提供了新视角。

除上述具有代表性的医学专家之外，明清时期出现了一批医学家著作对体医结合思想进行了论述。如明代王文禄的《胎息法》、朱权的《活人心法》、胡文焕的《格致丛书·养生导引法》、冷谦的《修龄要旨》、龚廷贤的《寿世保元》、王圻的《三彩图绘》、龚居中的《福寿丹书》等；清朝马齐的《陆地仙经》、龙乘的《寿世青编》、汪昂的《医方集解》、徐文弼的《寿世传真》、万厚贤的《贮香小品》、冯曦的《颐养诠要》、颜伟的《方仙延年法》、潘伟如的《内功图说》，等。以上各位的体医结合观点和实践极大地丰富了体医结合思想，为体医结合思想体系的形成打下了坚实的基础。

值得一提的是，继元代老年人养生著作《寿亲养老新书》之后，在清代同样出现了关注老年人健康的大作——《老老恒言》。该书继承了前人的养生思想，针对老年人的饮食起居、日常活动与生活进行了系统的讲解，其主张的老年人养生要"顺应自然"对现代体

---

①　李景远，李志更.浅谈《养生四要》中的养生观[J].中国中医基础医学杂志，2010(1)：22—23.

②　黄健.古代医学名著中的气功(十)——《杂病源流犀烛》中的"导引"与"运动"[J].2012(3)：13—14.

医结合思想和实践是一种启示。

（4）特点分析。从初步形成到融合发展,体医结合思想与实践发展至明清时期已经初步定型,并形成了自身的理论体系。理论体系的形成得益于集大家之所长,而且惯用批判的观点来看待前人的成果。这时期体医结合内涵更充实,体育、健康、疾病的关系更明朗。医疗技术的发展以及科学技术的运用使得体医结合思想和实践更加科学化。

（三）古代历史分期的当代启示

就像是面对所有的历史分期问题一样,分期的最终目的还是要认清事物,还原事物的真相,在揭示真相的过程中能为现在乃至今后有所启迪。体医结合思想和实践在我国有着悠久的历史传统,置身于特定的社会历史环境中均有代表性人物思想和实践尝试,均体现出鲜明的时代特色。正如法国文豪雨果所言"历史是过去传到将来的回声,是将来对过去的反应",在历史分期中归纳总结出古代体医结合思想与实践对当代体医结合的发展启示具有重要价值。

1. 体医结合思想传承离不开思想家、医学家、养生学家等名人大家的影响

在初步发展阶段对儒家、道家、墨家思想的汲取,到融合发展阶段对佛家思想的渗透与影响均为体医结合思想的形成与发展奠定了意识形态基础。各个时期的医学家、养生学家是推动体医结合前行的主要动力。如医学代表"外科圣手"华佗、药王孙思邈、医圣张仲景、陶弘景、巢元方、"金元四大家"等。体医结合发展至后期还有教育家、戏剧家等社会各界名流的极力推崇。利用名人大家的影响力给体医结合思想进行宣传造势是现阶段扩大体医结合影响力的重要方式。

2. 体医结合理论影响的深度与广度离不开科学技术的不断进步

"科学技术是第一生产力",科技水平的发展与当时社会经济文化的发展保持同步。在体医结合历史三个分期中不难发现,印刷术水平的不断进步促进了体医结合思想推广的深度和广度,这一点在明清时期体现得尤为明显。当代的科技水平已经达到了相当高的程度,如何科学利用当代科学技术扩大体医结合影响力,形成广泛的群众基础,还需进一步的探讨。

3. 体医结合实践的深入程度离不开体育运动形式的多样化

体医结合需要体育运动的主动参与,体育运动形式的多样化程度是体医结合紧密程度的前提和基础。从体医结合的各个分期实践来看,从道家的"坐功",到华佗的五禽戏,从"文、武八段锦",到"小劳术"无不体现着体育运动形式的多样性对体医结合实践的影响。

4. 体医结合实践的深入发展离不开医疗的临床实践

医疗临床实践是检验体医结合效果的最有效手段。体医结合临床实践效果越好,越有利于体医结合实践推广。华佗推广五禽戏,孙思邈运用"天竺按摩法"和"儒步",巢元方在《诸病源候论》中引证体育运动来治疗疾病均可说明体医结合中临床实践的重要性。

5. 体医结合整体的发展离不开所处社会的政治、经济、文化发展水平

从一般意义上来说,任何事物的发展不能脱离当时社会的政治、经济、文化的整体水平而单独存在,必然受到当时所处整体社会环境的影响。虽然在三个分期中,体医结合处于封建社会时期,但是由于经济发展水平以及文化上的差异致使体医结合思想与实

践呈现出了各自鲜明的特点。与此同时,政府对体医结合的重视也能在一定程度上影响体医结合发展的程度和方向,这在隋唐时期表现得尤为突出。现阶段,我国社会的政治、经济、文化的高速发展必然为体医结合发展提供良性的外部环境。

6. 我国的体医结合理论与实践离不开国外养分的滋补

隋唐的对外交流有助于汲取国外经验促使体医融合局面的形成。良好的外交政策以及兼容并包的社会环境有利于体医结合在思想上的碰撞,也有利于体医结合在内容与形式上的突破与创新,佛教文化的传入便是很好的例证。

第二节　老年人健康促进的体医结合现实需要与实践

"现实"即客观的事实或真实的即时物①。对现实问题的探究,是以研究目的为导向,探寻出老年人体医结合现实存着的亟待解决的"真问题",以期为老年人体医结合机制找到逻辑起点。

一、老年人健康促进的体医结合现实需要

需要是人对对象事物所展现出来的主观心理倾向。马克思指出,人的需要即他们的本性,人类活动的产生始于人类的需要②。人和他的需要总是处于永恒的自我生成途中,在自我生成

---

① 百度百科. 现实[EB/OL]. https://baike. baidu. com/item/%E7%8E%B0%E5%AE%9E/399579? fr=aladdin. [2018—09—12](2014—02—13).

② 鲍忠豪. 论马克思主义的社会需要理论[J]. 马克思主义研究,2008(9):64—73.

的整个过程中,人在不同的生成阶段所面对的对象并不相同,由此产生的对象化活动也存在较大的差异。人的对象化活动过程既是人的本质力量展示的过程也是人自我生成的过程。人的对象化活动分为两种,其一是实在对象化;其二是象征对象化①。老年人对体医结合的需要是对体育与医疗两大实物对象化后的结果,而健康则是实物诉求之后内隐的对实现自我方式的表达。随着对象化认识和实践的不断加深,需要与对象化活动均会发生改变。在老年阶段,满足人生存第一需要的劳动已经不占主导地位,劳动的削弱与异化让老年人更倾向于急切需要的对象——健康。老年人围绕健康所进行的对象化活动又集中指向于实体化对象。医疗是健康的"话语专家",体育是健康促进的有效手段。值得注意的是,老年人对体医结合的需要绝不是对医疗系统和体育系统需要的简单叠加,而是老年人对体医结合价值的整体性认识。

老年人对体医结合的需要呈现出层级性,既有老年人对体医结合的基本属性需要更有对体医结合实践活动开展后效果的需要,还有老年人对体医结合价值诉求的需要。古特曼将这三个维度的需要称为属性需要、结果需要和价值需要②。老年人体医结合属性需要、结果需要和价值需要情况见下表:(表2-1)

---

① 李文阁.需要即人的本性——对马克思需要理论的解读[J].社会科学,1998(5):29—32.

② 注:根据古特曼的观点,产品或服务的属性包括具体属性和抽象属性,前者是指具体的、可感知的,而后者是指间接的、无形的信息综合;产品或服务的结果属性包括功能性结构和心理社会性结果。功能性结果是使用后能立即产生的结果,而心理结果指使用后带来的心理想法;价值属性包括工具性价值和终极性价值,是指使用后所形成的最终心理价值或目标。

表 2-1　老年人体医结合属性-结果-价值需要①[注]

属性需要	比例(%)	结果需要	比例(%)	价值需要	比例(%)
运动处方	23.40	保健效果	30.20	强身健体	27.50
体检报告	22.10	运动效果	27.00	预防慢性疾病	24.60
健身设施	14.30	自我了解	22.20	延年益寿	20.30
指导方式与时间	13.00	娱乐效果	12.70	兴趣满足	14.50
风险评估	10.40	社交关系	8.00	社交人缘	8.7
服务人员	9.10			不给家人添麻烦	4.3
健康检测数据	5.20				
参与人员	3.00				

（一）老年人体医结合需要一维分析

1. 属性需要。从老年人体医结合属性需求维度来看,老年人对运动处方、体检报告、健身设施需要排在前三位。运动处方是老年人体医结合实践活动开展的技术核心,科学的体医结合实践依靠运动处方得以实现。老年人对运动处方的需要强烈,说明运动处方还不能满足老年人体医结合实践的实践需要。老年人对体检报告的需求强烈,反映出老年人群体有对自身健康状况及时了解的需要,而体检报告是开具老年人运动处方的首要环节。对健身设施的需求则能反映出当前老年人体医结合开展的硬件设施条件相对不足的现实。对指导方式和时间的需要说明老年人对体医结合专业人员指导有一定需求,希望做到科学指导,指导时间能满足自身的要求。老年人对风险评估的需要则体现出对体医结合实践安全性有一定的需要。而对服务人员的需要则说明老年人对老年人体医结合知识掌握情况不佳,在实践中需要服务人员尤其是专

---

① 注:根据对社区老年人需要调查情况进行整理。刘宗辉. 社区老年人"体医结合"健身模式服务质量评价研究[J].湖北体育科技,2019.38(1):30—35.

业人员对实践进行科学指导。对健康监测数据的需要反映出老年人对自身健康状况了解的重视，这种需要还希望引起相关职能部门的重视，将个人健康数据录入到相关数据库中。对参与人员的需要说明老年人体医结合实践有待形成群体实践效应。

2. 结果需要。老年人对体医结合实践后的保健效果、运动效果以及自我了解需要排在前三位。体医结合中"医"的元素确保了保健效果的产生，而"体"的元素则保障了运动效果，说明老年人对体医结合的整体性认识到位，这与后面的价值需求维度反映出的结果基本吻合。自我了解需要则再次反映出老年人对自身健康状况的重视，符合老年人对自身健康及时了解的心理预期。而对娱乐效果和社交关系的需要则反映出体医结合在具体实践过程中应突破身体健康管控的局限，还应重视体医结合对老年人心理、社会适应健康功能的开发。

3. 价值需要。从老年人对体医结合价值维度来看，反映出老年人对体医结合的整体性价值认识较为全面，涉及到健康范畴的三个层次。对强身健体、预防慢性疾病以及延年益寿的需要排在前三位，符合老年人群体对体医结合的心理诉求。

（二）老年人体医结合需要多维分析

1. 属性需要与结果需要维度。整体而言，老年人希望通过体医结合实践来满足自身健康的需要，尤其是对身体健康需要表现最为明显。具体而言，运动处方需要与保健效果需要对应时，反映出运动处方的本质价值属性，这一价值属性在老年人体医结合实践后得到了验证。老年人对健身设施关注时，对体医结合的运动效果和娱乐效果更加重视，说明体医结合设施的完善不但可以科学地实施体医结合实践，还可以对运动、娱乐有较好的促进效果。对体检报告和运动处方关注较多时，对体医结合的保健效果需要最为强烈。说明老年人期望通过体医结合来实现身体健康的同时还对自身的健康状况有强烈的了解需要。

2. 结果需要与价值需要维度。整体而言,老年人希望通过体医结合实践后不仅要满足自身健康的价值追求,还有长辈对晚辈关爱有加的社会价值追求(不给家人添麻烦)。具体而言,保健效果与强身健体、预防慢性疾病、延年益寿连接对应时,说明体医结合在得到保健效果时还可以满足老年人强身健体、预防慢性疾病以及延年益寿的心理价值追求。尤其是运动效果与强身健体、预防慢性疾病进行需要对接时,说明体医结合是一种预防老年人慢性疾病的有效手段。当自我了解与强身健体进行需要连接时,说明老年人对自身健康状况的了解需要较为强烈,而这是开展科学老年人体医结合实践的前提。

3. 需要的三维分析。通过老年人对体医结合属性需要、结果需要和价值需要的分析,老年人对体医结合的需要主要表现在运动处方、保健效果、强身健体、体检报告、运动效果、预防慢性疾病、健身设施、自我了解、延年益寿等方面。并呈现出以下特点:1)老年人对体医结合技术需要最为明显,尤其是对体医结合促进健康的安全性提出了要求;2)老年人体医结合首要指向于老年人的身体健康,然后才是心理健康和社会适应健康;3)老年人对自身健康的了解需要较为强烈。与此同时,老年人对体医结合需要内容的指向在一定程度上反映出了体医结合在实践中存在的问题。

二、老年人健康促进的体医结合实践探索

老年人体医结合实践是老年人体医结合需要诉诸现实的综合表现。通过实践现状的分析,其目的是归纳出老年人体医结合实践中存在的典型性问题。当前,老年人体医结合实践主要在家庭、

社区、医院、养老机构、社会体医结合俱乐部等实践场域内进行。

（一）家庭体医结合实践

家庭体医结合实践是在居家养老的背景下，以家庭为实施平台所开展的体医结合实践行为的一种实践模式。家庭体医结合实践，就优势而言，可及性是优势的具体表现。就劣势而言，主要有：其一，受场地器材的制约，体医结合实践活动范围和形式必然受到限制；其二，对于功能性体医结合器械购买而言，体医结合实践给家庭经济提出了较高的要求；其三，在体医结合实践过程中，同伴的"不在场"给老年人体医结合实践活动的持久性提出了要求；其四，如果缺乏专业人士的指导，体医结合效果可能会受到影响；其五，家庭成员的体医结合意识不强，也可能会对老年人体医结合实践产生影响。

家庭是社会的细胞，要想全方位掌握家庭体医结合实践具体情况具有较大的难度。为此，期望通过个案分析满足扩大化推理要求进而分析出家庭体医结合所面临的代表性问题。

案例 1－1：核心家庭（A 家庭）老年人体医结合实践基本情况

选择一个核心家庭，这是因为核心家庭所形成的代际关系能为老年人体医结合提供相对有利的条件，如经济和家庭成员支持等。为了深入了解家庭中老年人体医结合实践情况，选择一个与笔者熟知家庭为个案（A 家庭）。

A 家庭由两位老人夫妇和儿子、儿媳、孙子（1 岁）五人组成。两位老年人均为单位退休人员，儿子和儿媳在同一个企业单位工作。家庭收入在当地为中等偏上水平。其中男性老年人退休前为单位领导，由于长期吸烟和饮酒引发身体的多种慢性疾病，比较严重的是肺气肿和高血压。2018 年住院治疗 2 次，住院科室均为呼吸内科。2018年2月份,委托其儿子在新华书店购买了尤虎主编的《九种体质太极拳养生》(内附 DVD)、王代友主编的《日常养生太极拳》等书籍,并根据书籍和录像习练太极拳。2018年4月由于天气转暖,肺部感染病情严重,住在衡阳市附属第二医院(三甲医院),住院10天。在住院期间,每天上午主治医生进行查房时,多数情况下交代要进行适当的体育运动,但老年人均未按医嘱进行体育锻炼。出院后配合药物,继续习练太极拳。太极动作主要以上下肢拉伸运动和吐纳吸气为主,对减轻病情有一定的帮助作用。2018年10月,受天气转凉的影响,第2次住院,住院天数为15天。出院后经儿媳朋友介绍,开始用"艾灸"对病情进行控制。控制病情效果显著,并开始慢慢放弃太极拳的习练。

男性老年人所在单位工会每年会对其进行身体健康、生活近况进行慰问,但是这种慰问仅只是一种单位福利性质的访问。老年人所在小区物业、社区也会对 A 家庭进行入室访问,但是这种访问也仅仅只是一种例行公事式的访问,访问之后并没有结果的反馈。

案例中发现,家庭体医结合实践在有意或无意中进行着,说有意是案例中的老年人积极主动地寻求体医结合对健康的管控,说无意是案例中老年人并没有意识到自己进行的健康管控手段就是体医结合。说明该老年人对体医结合内涵认识还不够深入。整体而言,家庭体医结合实践取决于家庭成员的支持和当事人的主观意愿,而疾病是触发老年人体医结合行为产生的一个关键因素。

具体来说,家庭体医结合实践存在的主要问题是:1.家庭体医结合实践与外界联系不够紧密,体医结合信息的获取途径较窄,较被动;2.老年人对体医结合健康促进的效果认可度不高。表现为:其一,体医结合实践处于老年人的一种自发状态,缺乏专业人员的有效指导;其二,外界(社区、单位)对体医结合健康促进方式的宣传教育力度不够;其三,老年人对"愈而未复"的状态下借助于体医结合缺乏针对性,反映出老年人体医结合意识淡薄,知识贫瘠;其四,老年人对体医结合健康促进的效果尤为重视,(与前面研究吻合)当效果不明显极易放弃或中断体医结合实践。

(二) 社区体医结合实践

社区是老年人日常生活的主要区域,社区体医结合实践是利用社区医院和社区养老机构在医疗卫生保健专业人员、技术设备等方面的优势,充分发挥社区在医学体检、体质监测、体育保健、养生保健等方面的基本职能,促进社区内老年人达到维护健康、预防疾病、科学养生、延年益寿为目标的行为集合[①]。社区体医结合实践进一步强化了老年人医疗保健、健康管理、科学健身高效地在社区的推进,使社区老年人能获得长期的健康保障,是实现"老有所养、老有所依、老有所乐、老有所安"的重要途径,也是实现"积极老龄化""健康老龄化"的重要阵地。

通过对上海、广州、衡阳的部分社区实地考察发现,绝大多数的社区老年人体医结合实践尚处于起步状态。研究选取深圳市某社区作为个案进行分析。

案例 1－2:深圳市盐田区 * 街道社区老年人体医结合实践基本情况[②]**

*** 街道社区基本概况:*** 街道社区 2002 年 6 月正式挂牌成立,2018 年街道总人数为 48865 人,共 6847 户。

---

① 王刚军,李晓红,张叶红.供给侧改革视角下社区体医结合的可行性探讨[J].佛山科学技术学院学报(自然科学版),2017.35(6):76—79.

② 注:应街道办工作人员要求,隐去其具体的街道社区名称。

　　社区结构设置:设有党委办公室、组织宣传办公室、武装部、社会事物管理科、安全生产监督科、人口与计划生育科、城市管理科、社会治安综合治理办公室、劳动保障办公室、文化站等11个部门和1个老年协会组织。

　　社区体育医疗服务设施:健身主题跑道2条、广场2个,社区公园9座,社康中心2间,无社区医院和综合性体育馆。

　　社区老年人体医结合实施情况:从机构部门设置来看,该社区的社会事物管理科和文化站共同行使老年人体医结合的宣传、教育和监管职能,具体活动则由老年协会负责。从老年协会2018年进行的活动来看,主要负责政治宣传、法制宣传、精神慰问、文化活动组织等,而关于老年人体医结合的活动相对较少。整体而言,社区老年人体医结合实践活动处于一种自发状态,有组织的体医结合实践活动不多见。但是,2018年11月12日举行的"长者趣味运动会"吸引了近百名老年人参与了投篮、夹弹珠、乒乓球、纸牌拖拉机四个项目,取得了良好的效果,说明老年人具有较强的体医结合兴趣基础。

　　案例中,处于自发状态是我国绝大多数社区体医结合实践现状的真实写照。社区内开展老年人体医结合存在的代表性问题有:其一,社区体医结合体制建设大都处于缺位状态,现有机构设置不能较好地履行老年人体医结合的职责,社区有效的体医结合监管机制并没有建立;其二,社区工作人员体医结合意识淡薄,老年人存在着体医结合参与热情高,但自主实践意识淡薄的矛盾;其三,体医结合场地设施不能满足体医结合实践要求;其四,缺乏体医结合专项经费支持;其五,体医结合专业人才缺失,参与体医结合服务人员素质水平参差不齐;其六,社区实施老年人体医结合的承受力还不够。表现为:社区作为基础政府代表,其工作内容和工作范围很大程度上受上级部门指示,在社区工作内容庞杂以及岗位编制较少的情况下,缺乏上级部门的上传下达,老年人体医结合在大多数社区中实施存在一定的难度。

(三) 医院体医结合实践

医院(尤其是三甲医院)开展老年人体医结合实践拥有绝对的话语优势。与此同时,医院还拥有先进的医疗设备、专业医疗人才、完善的诊疗制度,较之于其他实践模式拥有绝对的话语与资源优势。但是,医院也存着"懂医的人不懂体育"的尴尬。虽然体育医院或运动医院能克服这一尴尬,但是相较于数量众多,分布更广的三甲医院而言,体育医院或运动医院又面临着老年人体医结合可及性问题。

正如国家体育总局体医融合中心主任郭建军所言,体医结合的实践尝试要从"三甲医院高水平专科医生开始"[①]。2018 年,全国三甲医院共 722 家,以方便和就近性原则选择衡阳市 ** 大学第一附属医院作为个案分析。

案例 1-3:衡阳市 **[②][注] 大学第一附属医院(三甲)老年人体医结合实践

** 大学第一附属医院简介: ** 大学第一附属医院(下简称"附一医院")成立于 1943 年,是集医疗、教学、科研、预防和康复于一体的国家首批授予的三级甲等医院。附一医院占地 107 亩,在职员工 2725 人,编制床位 2315 张。医院设置有 43 个临床科室和

---

① 太极辽运动处方. 体医融合的背景、内涵及领航践行者[EB/OL]. https://baijiahao. baidu. com/s? id=1607047182661606526&wfr=spider&for=pc. [2018—07—26](2019—05—22).

② 注:应调研单位相关领导的要求,隐去部分真实信息。

8个医技科室,没有专门设置老年科室。

附一医院体医结合实施情况:从门诊部门设置情况来看,与老年人体医结合门诊相关的科室共有3个:1)医疗美容科下设的针灸按摩治疗中心;2)体检中心及下设的健康教育室;3)门诊康复科。走访调查发现,3个科室老年人就诊率不高,其中针灸按摩治疗中心和门诊康复中心的就医对象主要为住院老年人,而体检中心及健康教育室的主要服务对象也是各单位例行体检人员。通过对老年人就诊率较高的科室(心血管科、呼吸内科、泌尿科)坐诊医生的调查访问,对老年人出现的健康问题诊断和处方的开具主要以医学手段为主,较少涉及体育因素。通过对老年人住院率较高的科室进行跟踪调查发现,各主治医生和护士均有较高的体医结合意识。在跟踪呼吸内科李医生及其团队对住院病人进行每日例行查房的过程中,团队中有专人负责问询住院老年人是否进行运动康复,如果老年人接受运动康复便在康复科进行相应的康复治疗。然而,绝大多数的住院老年人均不大愿意接受运动康复治疗。

附一医院康复科主要对老年人开展物理治疗、运动治疗、作业治疗、语言治疗、矫正器应用治疗,科室能够对老年人开具运动处方的人数为4人。4人的学术背景均为医学院校毕业。

三甲医院已经在积极地进行着老年人体医结合实践,但老年人体医结合实践范围不大,没有形成具有影响力的实践效果。究其原因主要是:1.在医院就诊和住院的老年人对体医结合干预病症的认知度和实践积极性不高;2.医生和护士对体医结合的认知较高,能够较好地回答出老年人体医结合实践开展的价值与意义,但是在实践过程中并没有对抵触体医结合干预治疗的老年人采取有效措施,如对老年人进行体医结合作用的宣传与教育,致使老年人在医院进行体医结合实践的整体效应不佳;3.能够开具运动处方的医生数量偏低,致使依托运动处方为技术核心的体医结合实践处于自发状态;4.三甲医院进行老年人体医结合实践呈现独立运作的状态,缺乏与社区医院、家庭的有机联系,所倡导的"医联体"在该三甲医院系统内并没有形成;5.三甲医院将运动干预治疗排除在医疗报销范畴之外一定程度影响着老年人体医结合实践。

（四）养老机构体医结合实践

养老机构代指社会中的各类敬老院、福利院、养老院、老年公寓、护老院、护养院和护理院等。随着国家对养老事业的重视,我国不同所有制性质(公办公营、公办民营、民办民营)的养老机构大约有4万余家。养老机构为老年人提供提供饮食起居、清洁卫生、生活护理、健康管理和文体娱乐等综合性服务,养老机构提供的养老服务具有"全人、全员、全程"的特点,这为老年人体医结合实践提供了场域空间。

不论是公办还是民办养老机构,为老年人提供养老服务均具有公共事务的性质,两者最大的区别在于公办养老机构代表政府,注重政府公共职能的发挥,淡化经济效益。在经济利益的驱使下,民办养老机构对养老服务质量更加重视。研究选择上海地区较具代表性的民办养老机构作为个案进行分析。

案例 1 - 4:上海 *** 康养中心老年人体医结合实践

*** 康养中心简介:下简称("** 康养中心")是江苏 *** 集团于 2017 年在上海闵行区七莘路成立的一家民办民营性质的养老机构。 ** 养老中心建筑面积 4710m²,由两栋 4 层楼房构成,共有床位 200 余张,房间面积 16—55m²,分为单人间、双人间和四人间三种类型。 ** 康养中心以"家文化"为理念,为老年人提供"医、康、养、护"四合一养老服务。 ** 康养中心的配套设施有:康复医学科、康复室、治疗室、药房、手工书画阅览室,等。

　　康养中心体医结合实践情况:1.操作制度。1)治疗师依据作业处方为长者进行作业治疗或者指导功能训练;2)治疗师应熟练掌握本科室所有的设备性能、正确使用及维护方法;3)治疗前认真检查设备状态,认真向长者交代训练方法、注意事项和自我观察方法,治疗过程要密切观察、了解患者的情况和反应,以达到最佳的治疗效果;4)认真了解长者各种状况,做好详细的训练记录,定期参加康复训练评定,及时调整治疗训练方案;5)治疗师要不断吸取国外先进的治疗训练技术和方法,以提高治疗水平。2.人员配备。康养中心体医结合实践人员配备为4人,其中2人为康复中心主任和副主任,主任廖*荣为香港理工大学物理治疗博士,副主任刘*为南京医科大学康复医学院副教授。2人为治疗师,对体医结合进行具体的实践操作,1人具有康复医学背景,1人为普通协助工作人员。3.体医结合设施。体医结合设施主要有老年人康复助行器(平衡杠)2套、理疗床位1张、康复脚踏车1台、挂壁式上肢牵引器械1套、上下肢康复训练器1台,等。4.体医结合实践。体医结合实践根据老年人意愿和治疗师对老年人病情的估测实施相应的运动康复训练。从训练的基本情况来看,主要以自理能力较强的老年人为主,极少对高龄、失能、失智老年人进行体医结合康复训练。

　　案例中发现,相伴于养老服务而行的体医结合实践在养老机构中具备明显的初级阶段的特征。具体表现为:其一,完善的、自上而下的实施制度并没有具体落地,缺乏行业规范的指导,老年人体医结合实施制度建设和具体的实践操作流程呈现出较大的随意性。其二,老年人以及康复人员体医结合意识还较淡薄,表现为老年人积极寻求体医结合管控健康的意识不高,康复人员积极利用体医结合管控老年人健康的主动性不足。其三,专业的体医结合人员匮乏,2 名操作人员无法满足老年人体医结合实践需求。其四,老年人体医结合相配套的场地器材较贫瘠;表现为器材数量与功能无法满足老年人体医结合需求。其五,利用体医结合促进老年人健康的范围还较为狭窄,范围集中在老年人病理疼痛缓解,而对慢性疾病进行干预的体医结合方法不多。

（五）俱乐部体医结合实践

体医结合俱乐部是一种新兴的体医结合实践模式,是以供需为导向,遵循市场运行基本规律,为老年人提供体医结合相关服务的盈利性机构。相比于其他老年人体医结合实践模式,体医结合俱乐部能够集中相对优势的各类资源,根据老年人体医结合切实需要,并集中指向于老年人体医结合实践效果。目前,体医结合俱乐部大致分为两种,一种为综合性体医结合俱乐部,这类俱乐部能够为老年人提供多种健康需求的体医结合服务,如疾病治疗、康复治疗等;另一种为单项性体医结合俱乐部,即为老年人某一种具体病情提供相应的体医结合服务。利用方便性原则选取广东揭阳＊＊＊训老年人体医结合俱乐部为个案进行分析。

案例 1－5:广东揭阳＊＊＊训老年人体医结合俱乐部实践

广东揭阳＊＊＊训体医结合俱乐部成立于 2015 年 12 月 25 号,公司前身为"鹏程视力康复中心",2019 年 6 月由 4 位股东出资成立佳特视训公司。公司股东之一是广东揭阳某职业技术学院的 C 教授,由于 C 教授是体育专业出身,出于自身专业兴趣和爱好,公司主要经营范围的是利用体医结合进行视力康复。对于老年人群而言,主要业务范围是老年人的青光眼、飞蚊症、视力保健、视力健康等。公司成立之初只有 4 名视力康复师,由于 C 教授本人掌握了老年人视力康复的核心技术,聘请的 4 为康复师均有医学背景,C 教授把老年人视力康复的基本操作流程教给 4 为康复师。当客户人数不多时,主要由 4 位康复师为老年人提供服务。业务开始之初,经营效益并不理想,由于掌握了核心技术,康复效果日渐显著,2015 年 9 月—2019 年 6 月期间,服务客户 100 多人。

受到 2018 年 8 月 30 日教育部等八部委颁发的《综合防控儿童青少年近视实施方案》的通知的影响,公司规模不断扩大。康复技师人数从原来的 4 人增加到 8 人,公司注册资金 40 万元(4 位股东每人出资 10 万元)。在原有针对老年人视力康复的基础上,与中小学合作形成了学校灯光照明服务、视力课程建设、儿童青少年近视防控、白领视力健康、老年人视力健康等综合性视力健康服务体系。

对于体医结合俱乐部而言,老年人体医结合实践效果是俱乐部的生命线,体医结合技术掌握是核心,政策、人员、资金是保障。4 年服务 100 人可见该体医结合俱乐部整体实践效应表现不佳。通过与 C 教师的访谈发现,造成实践效应表现不佳的原因在于:其一,老年人体医结合市场准入标准缺位,市场门槛低,冠以老年人体医结合的各类俱乐部大量出现,在没有掌握核心技术的前提下,俱乐部生存周期较短。其二,行业规范标准缺位,使老年人体医结合实践行为出现较大的随意性。其三,完善的老年人体医结合市场机制尚未建立,表现在体医结合俱乐部在资金筹集、技术转化与开发、工商注册、市场监督与管理、人员聘用、市场定价等方面缺乏相应机制。

(六) 实践模式的比较分析

从数量来说,家庭体医结合实践较之于其他模式在数量上具有一定的优势。但是家庭体医结合实践在很大程度上取决于家庭成员的支持度和家庭的经济状况。从效果上来看,体医结合俱乐部较之于其他实践模式有一定的优势,但是在老年人体医结合意识不高的前提下,体医结合俱乐部的生存发展状况不容乐观。从话语上看,医院模式在老年人体医结合实践效果上最具话语权,受到医保制度的影响,医院老年人体医结合实践效果并不理想。对社区模式而言,受到"上传下达"工作机制的影响,社区在老年人体医结合实践中承受力还不够。对于养老机构而言,受到养老机构本质功能的影响,向老年人体医结合功能延伸的速度还较为缓慢。可见,理想的实践模式还需进一步探索。

第三节　老年人健康促进的体医结合实践问题

老年人体医结合实践在不同实践模式下呈现的问题具有个性化,个性化问题反映出老年人体医结合在特定场域内所遭遇到的实施困境。通过个性化问题的归纳,从而演绎出老年人体医结合共性化问题对于体医结合发展具有针对性意义。

一、老年人体医结合实践主体意识淡薄

老年人体医结合实践意识是老年人体医结合存在、发展的前提和基础,是体医结合实践行为产生的前导环节。老年人体医结合意识淡薄包括老年人作为体医结合实践对象的体医结合意识淡薄和体医结合服务供给主体的体医结合意识淡薄两个方面。

（一）老年人群体体医结合实践意识低下

从老年人群体体医结合实践意识的内部构成来看,老年人体医结合实践意识包括:其一,需要意识,需要是产生行为实践的初

始动因和原始动力;其二,动机意识,实践行为的产生还需要适宜条件的内驱力;其三,兴趣意识,兴趣属于动力意识的一种表现形式,兴趣意识能够让体医结合实践行为的产生更加合乎情理;其四,信念意识,老年人群体要有体医结合有效性的价值信念,这是实践行为得以实现的支持力量;其五,坚持意识,体医结合有效性的实现需要体医结合实践行为长时间的坚持,这又是有效性实现的内在规定。

　　从老年人体医结合需要与实践现状来看,存在着"体医结合效用价值认识的正向性和实践行为产生的反向性之间的矛盾"。这或许能从老年人体医结合实践意识的内部构成要素中找到答案。受传统健康管控方式的影响,健康维护、生病住院、以药养医、治疗为先已经在老年人群体中形成了一种潜意识。这就导致老年人群体虽然并不否认体医结合对健康促进的益处,但是在健康管控实践中无需这种方式来维护自身健康,这是矛盾产生的原因之一。原因之二,有了需要,无动机。动机的产生除受自身因素影响之外,还受到外界环境的影响,诸如家庭成员的支持、场地器材的可及性、社区体医结合活动开展、体医结合专业人员的服务指导等因素。原因之三,即便有了动机与兴趣,体医结合实践效果产生的长期性需要有坚定的信念意识和坚持意识。正如南京医科大学第一附属医院、中国康复医学运动疗法专业委员会顾问励建安在第十七届运动疗法大会上所言"就如同跑马拉松上瘾一样,运动需要长时间的坚持"。缺乏长时间的坚持老年人体医结合实践便会零散而难成规模。

　　(二) 服务供给主体的实践意识有待提高

　　从体医结合服务供给主体来看,社区、医院以及公办养老机构代表政府行使公共服务供给的职责,在长期的条块管理以及定式工作思维的影响下,老年人体医结合实践作为一种新型的服务供给方式是一个慢慢接受的过程。在实施的初级阶段表现出意识上的淡薄、行动上的迟缓是一种客观规律。对于民办养老机构以及体医结合俱乐部而言,虽然将老年人体医结合效益当做其发展的主要目标,但是在无固定实践模式参照的情况下,对老年人体医结合实践如何进行,怎样进行等操作性问题还处于混沌状态。这在一定程度上打击了该类实践主体的积极性。

从深层次分析,体医结合实践意识淡薄与体育部门和医疗卫生部门长期以来的工作思路有一定关系。就体育部门而言,"竞技运动"的体育发展思维占据主导地位,权威媒体的报道对金牌理念的宣扬也影响着民众对于体育的认识。虽然全民健身实施已有 20 多年,但是体育作为有效的健康促进方式在认识上还存在着不足[①]。对于医疗卫生部门而言,"前不设防,后不设管"的健康管控意识还普遍存在,"重医疗,轻运动"仍然在医疗卫生部门的健康管理理念中占据主导。就体医结合自身而言,虽然体医结合促进老年人健康理念在古代已经出现,但是与当代医疗卫生的健康促进方式相比,体医结合在促进老年人健康的整体效应上体现还较渺小。只有体医结合的充分,才能更加有效地提高实践主体的老年人体医结合实践意识。

二、老年人体医结合实践的安全性问题

老年人体医结合实践首要解决的是安全性问题。这是因为:其一,由于老年人的生理机能处于衰退期,对体医结合实践具有更高的安全性要求。其二,体医结合实践强调运动和医疗手段对健

---

① 焦现伟,焦素花. 现代体育"业余精神"溯源:在传统与现代之间的重生[J]. 体育与科学,2017,38(2):61—71.

康的干预,而运动与医疗均存在着安全隐患。如果不能破解体医结合实践的安全性问题,老年人便无法放下顾虑,全身心投入到体医结合实践中去。

解决体医结合实践的安全性问题仅靠体育无法实现,因为运动的风险无法控制;而仅靠医疗也无法实现,因为医生无法对运动进行有效的指导和监控。然而,现在的尴尬处境是"懂医学的人不懂体育,懂体育的人不懂医学"①②③。

从老年人体医结合实践安全性的内容来看,包括三个维度:其一,体医结合实践之前的安全检查,即对老年人体医结合实践之前的潜在风险进行有效评估,诸如心脏的安全、血糖的安全、血压的安全等。这一部分内容需要懂医学的专业人士来完成。其二,体医结合实践进行中的安全监控,即对运动方式、时间、强度、频率、间歇时间进行有效监控,这部分需要懂体育的专业人士来完成。其三,体医结合实践之后的安全跟踪,即对实践之后的生理、生化指标进行跟踪评估,这部分则需要懂体育和懂医学的人共同参与。

三、老年人体医结合实践的有效性问题

安全是前提,有效是核心。老年人体医结合实践的有效性是指老年人通过体医结合实践能够真实改善老年人的健康状况。老年人体医结合实践的有效性是体医结合的生命线。调查已经显示,老年人切实关注的是体医结合有效性问题。

---

① 金晨.走出"体医结合"第一步—体育对接健康中国的路径研究[J].河北体育学院学报,2017(6):49—55.

② 陈远莉.健康需求引领下我国"体医"健康促进融合发展研究[J].四川体育科学,2018,37(6):29—33.

③ 冯振伟,韩磊磊.融合·互惠·共生:体育与医疗卫生共生机制及路径探寻[J].体育科学,2019,39(1):35—46.

　　解决体医结合的有效性问题,技术结合是关键。体医结合中的技术结合是利用医疗卫生技术和体育运动技术来确保有效性的正常实现。在老年人病谱发生变化的当代社会,实践已经充分证明了医疗卫生技术对于老年人疾病管控具有显著的效果,并且已经在老年人群体中达成了共识。这就决定了技术结合中重点需要解决体育技术能否有效促进老年人的健康问题。在普遍的观念中,"动则受益",体育运动就一定能有效促进健康吗? 显然并没有得到科学证实。再者,老年人选择体育运动的目的也只有少数人是为了"防病治病"。《2014 年全民健身活动状况调查公报》显示,50—70 岁人群是参加体育锻炼的高比例人群,也是慢性病的高发人群,但是只有 9.9％的人参加体育运动是为了防病治病[①]。运动不一定能有效促进健康,但是科学的运动就一定能有效促进健康。可见,技术结合中对体育技术提出了更高的要求。

　　利用体育技术来解决体医结合有效性问题具体指向运动处方。运动处方中的运动方式、动作技术、运动强度、运动频率、运动时间、运动间歇方式无不体现着体育技术的因素。然而,运动处方的个性化给体医结合的有效性增加了难度;同时,能够为老年人开具运动处方的专业人士匮乏也给体医结合的有效性增加了难度;再者,竞技体育中丰富的体医结合技术转化效率低下也给体医结合的有效性增加了难度。

四、老年人体医结合实践的可信度问题

　　老年人体医结合实践的可信度是指体医结合之于老年人健康

---

　　① 国家体育总局. 2014 年全民健身活动状况调查公报[EB/OL]. http://www. sport. gov. cn/n16/n1077/n1422/7300210. html,(2015—11—16)(2019—05—11).

促进有效性的可信程度。本质上,老年人体医结合的可信度指向于体医结合实践的有效性,表现为科学的运动处方是否对老年人健康促进的可信程度。

在老年人长期形成的健康管控思维定式中,话语权更多地掌握在医院的医生手中,而且医院规模越大,医生的级别越高,对老年人健康的话语权便越重。而体医结合干预老年人健康不仅要听取医院医生的建议,而且还要听取体育专家的建议。显然,体育专家对于健康的话语权比医生低得多。在三甲医院的体医结合实践中不难发现,能够给老年人开具运动处方的医生并不多,门诊医生、住院医生对于体育运动的理解仍然处于大众化水平[①]。虽然在门诊诊断、住院治疗以及健康体检的过程中绝大多数医生均会建议患者要多进行体育运动,但是如何运动? 怎样运动? 并没有给出具体的意见。这样只会让老年人群体形成运动对自身健康有益的意识效果,并不能形成体医结合促进健康的实践效应。

打破医生在老年人健康促进上的绝对话语权,让懂体育的专业人士分享健康话语的比重,形成医生与体育人士共事健康话语的局面,是老年人体医结合需要解决的关键所在。

五、老年人体医结合实践的持续性问题

老年人体医结合实践的有效性与持续性有着必然的联系。老年人体医结合实践的持续性是有效性的保障。没有持续性,体医结合实践的有效性便会打折扣。持续性是指老年人体医结合实践行为在时间维度上的规定和要求。老年人体医结合实践效果的显

---

① 郭建军. 健康中国建设中体育与医疗对接的研究与建议[J]. 慢性病学杂志,2016,17(10):1067—1073.

现靠短时间突击是无法实现的,需要长时间的刺激叠加和积累。

老年人体医结合实践的持续性外在表现为老年人群体运用体医结合来进行健康促进的持久性。从案例中不难发现,老年人体医结合实践的持久性受到多种因素的制约和影响,诸如老年人自身主观因素、其他健康促进手段的替代与冲击等。从老年人体医结合服务供给主体来看,所能提供老年人体医结合服务的种类和质量同样是影响老年人群体体医结合实践持续性的关键性因素。

第四节　老年人健康促进的体医结合实践问题归因

老年人体医结合实践过程中出现的代表性问题是影响老年人体医结合各种因素相互影响与制约的外在表现,而外在表现则是由一定原因造成的联系着事物之间的先后相继、彼此制约的一对范畴①。鉴于实践问题产生原因的复杂性和多样性,在研究目标指引下,从老年人体医结合的结合要素归因、结构归因和关系归因三个方面进行分析。

一、老年人体医结合要素归因

要素归因便是从体育系统和医疗卫生系统内部结合要素的角度出发,对老年人体医结合实践问题原因进行探寻。老年人体医结合实践主体意识淡薄指向于实践主体要素,老年人体医结合实践的安全性、有效性、可信度以及持续性指向于具体结合要素。主

---

① 顾维红. 原因与结果[J]. 中学历史教学研究,1997(3):14.

体要素和具体结合要素恰是体医结合表现的重要两个方面。

（一）实践主体要素原因剖析

实践主体要素包括老年人作为体医结合实践主体和组织机构作为老年人体医结合服务供给主体两大类。

从实践活动哲学的角度来看，所有的实践活动无外乎实践主体、实践客体、实践手段和实践结果四个要素①。实践主体要素是老年人，实践客体是体医结合本身。实践手段是老年人作用于体医结合的一切中介条件。包括了物质工具、各种技术和方法、组织机构、社会环境、文化传统等。实践结果是老年人主体借助中介手段施加于体医结合后的结果呈现。四个要素中，实践主体要素表现于：其一，老年人群体体医结合知识较为贫乏，这在老年人体医结合实践的家庭案例中得到证实。其二，老年人群体体医结合实践动机有待进一步激化，这在医院、养老机构的老年人群中表现得尤为明显。综合表现为老年人群体体医结合实践行为范围较为狭窄。就体医结合本身而言，主要原因表现在：一方面，受药物、手术等健康管控手段的影响，体医结合本身的实践效应还未完全激化；另一方面，体医结合寻求外部支撑力不强，家庭、社区、医院、养老机构在实施老年人体医结合过程中单打独斗的现象较为严重。综合表现为体医结合之于老年人健康促进的话语地位不高。就实践手段而言，主要原因表现在：其一，老年人体医结合物质条件在数量、治疗以及可及性上存在问题；其二，体医结合技术方法的应用与转化效率不高；其三，组织机构配备不够健全；其四，整个社会环境和文化传统对老年人体医结合的支撑度不高。最终综合表现为老年人体医结合实践结果不理想。

---

① 王永昌.实践活动论[M].浙江:浙江大学出版社,2016.02:9—10.

对于老年人体医结合服务供给主体而言,实现优质服务的要素大体上有四个:1.规范地执行政策法规;2.运用现代的、科学的工作方法;3.热情周到的服务;4.得到多数客户的拥护和支持①。从执行政策法规的情况来看,目前,中央层面的老年人体医结合专项政策法规体系尚处于缺位状态,所以实践组织机构执行政策法规便无从谈起。在运用现代的、科学的工作方法上,目前还处于探索阶段,如养老机构中的体医结合服务局限于缓解疼痛的按摩、针灸、理疗。在热情周到的服务方面,与老年人体医结合组织机构从业人员的综合素质有关。虽然在体医结合俱乐部能够实现热情周到的服务,但是在社区、医院、养老机构里时常出现"脸难看、办事难""医院工作人员服务态度恶劣""虐待老人"的新闻报道。至于得到多数客户的拥护和支持,俱乐部案例中4年100人左右的服务对象说明老年人对体医结合的拥护和支持并不理想。

(二) 具体结合要素原因剖析

根据体医结合概念,老年人体医结合要素可分为硬件要素和软件要素两个方面。硬件要素主要是指老年人体医结合过程中的场地、器材和设施设备;而对于软件要素而言,涉及到除硬件要素之外的其他一切要素。但从老年人体医结合需要和实践现状来看,由于人力要素、技术要素、信息要素的原因所产生的实践问题表现得较为突出。

就硬件要素而言,依托于全民健身计划的各类活动中心、全民健身路径等场地设施已经初具规模,但是仍然存在着场地器材无法满足群众健身需求的客观事实②。在可用性上,仍然缺乏专门

---

① 王家琦.提倡优质服务[J].人口与计划生育,1995(6):59.
② 李慧娜,孙留中,等.贵州省全民健身场地设施现状与需求研究[J].曲阜师范大学学报:自然科学版,2015(1):110—114.

针对老年人的场地器材设置与分布。并且,老年人体医结合对场地器材的针对性提出了更高的要求。虽然,目前出现了大量的针对老年人保健康复的器材生产公司,所生产的保健康复器材呈现出人性化、功能化、科技化的特点,但是这样的保健康复器材往往价格昂贵,老年人经济能力无法承担,器材设施的可用性受到影响。

就软件资要素而言,体医结合,人是最活跃、最能动的要素。现阶段老年人体医结合专业人力资源匮乏是不争的事实。表现为:其一,体育院系和医学院校人才培养彼此独立,加深了"懂体育的人不懂医学,懂医学的不懂体育"的矛盾;其二,在现有实施组织机构中,不同组织、部门之间受行业保护主义影响,人才流动缺乏有效的对话机制,体育服务和医疗卫生服务在促进老年人健康的过程中各自为政,凝聚力不足,人才的合理流动受到限制。就技术要素而言,在体育技术体系中,注重对竞技体育技术的开发与研究,而针对老年人体育技术的研发则相对滞后。同时,竞技体育中积累了大量的健康促进技术,但是此类体育技术的民用性转换相对滞后。在医疗技术体系中,技术本身就是健康促进的"代名词"。在利用医疗卫生技术对老年人疾病防治的过程中,对医疗卫生技术的过度依赖,缺少体育活动的生命体征诊断与运动处方非医疗技术的干预。同时,在老年人疾病管控的习惯性思维下,缺乏针对不同老年人身体状况、疾病种类的科学健身指导和医务监督指南,技术共享与应用困难。就信息要素而言,信息是载体,是中介。老年人的健康状态是制定个性化运动处方的前提,医疗部门汇集了大量的关于老年人健康相关信息。同时,体育部门也汇集了老年人体力活动生命体征相关信息,这些信息是诊断疾病的重要信息依据,也是开具运动处方的重要信息依据。但是,由于体育部门和医疗卫生部门信息沟通不畅,信息流动共享受阻。

二、老年人体医结合结构归因

体育系统和医疗卫生系统是两个独立的运行系统,体医结合要求两个独立的系统改变原有的内部结构体系,并根据老年人体医结合需要对两系统中某些结构进行重新搭配与安排。搭配与安排不当极易造成老年人体医结合实践出现问题。

(一) 体育系统和医疗卫生系统存在着结构性排斥

结构性排斥外在表现为体育系统和医疗卫生系统在组织机构设置上彼此独立,关联性差,内在表现为体育系统和医疗卫生系统职责功能聚合不够。

在组织机构设置上,体育系统遵循着国家体育总局—地方性体育局的组织机构布局,而医疗卫生系统则遵循着国家卫健委-地方卫健委的组织机构设置。两个系统,两套组织体系,给体医结合增添了难度。即便老年人体医结合要求体育系统和医疗卫生系统在组织机构上作出相应的调整,但由于长期的条块分割所形成的组织设置惯性,致使体育系统和医疗卫生系统各司其职、互不干涉的现象较为突出,较难找到二者结合的切入点。

对于体育系统而言,受"奥运争光计划"的影响,上至国家体育总局,下至地方性体育局,对体育事业职责的体现集中在竞技体育人才选拔、竞赛和训练上,体育事务参与、认识和布局均是在体育系统内,其工作思维和方式相对封闭。虽然体育职能部门有开展"全民健身"的职责要求,但是依然存在着全民健身参与不足、全民健身科学化水平低、科学健身指导以及体育的健康应用基础薄弱、体质健康的常态化监测与干预机制未全面实践等问题①。就医疗卫生系统而言,其主要职责是满足人们健康需求。在"前不设防、后不设管、生病找医生"健康管控方式催生下,医生对于老年人健康的非医疗干预还停留在观念层面。医生的治疗观念以"医学补救"为价值取向还普遍存在,过分依赖医学诊断与治疗,医疗手段与方式呈现出带有浓厚的医学气息。体育系统与医疗卫生系统的职责功能聚合不够,关联性不强。

在健康的话语体系中,体育系统表现出积极向医疗卫生系统靠拢的意愿。体育系统发起的体育医疗服务还需借助医疗卫生的保障作用才能实现更好地为体育事业发展服务②。由体育系统主动发起的体育医疗服务体系构建还处于理论研究阶段,体育系统向医疗卫生系统结合的行动还较缓慢。通过对医学专家的访谈发现,他们认为医体结合比体医结合更适合老年人体医结合实践。可见,在医疗卫生体系内部人员对体育系统向医学系统结合体现出排斥心理。这便给老年人体医结合实践落实带来了难度。

(二) 老年人体医结合外在制度设置的滞后

外在制度是"外在地设计出来并靠政府行动由上而下施加于社会的规则"③。外在制度的设计大都是有政府及代表政府的相关职能部门通过法律、法令、条例、办法等顶层设计来完成。外在制度设计的滞后主要表现在以下几方面:

1.法律制度的不健全。纵观现阶段政府部门颁发的各类文件中,暂时还没有清晰、明确、具体对老年人体医结合的相关规定,

---

① 冯振伟.韩磊磊.融合·互惠·共生:体育与医疗卫生共生机制及路径探寻[J].体育科学,2019(1):35—46.

② 姜锡珠.充分发挥医疗卫生保障作用更好地为体育事业发展服务[J].口岸卫生控制,2011,16(4):50—53.

③ 赵晓奔.制度、技术创新与产业协同演化研究[D].南昌:江西财经大学博士学位论文,2019.6:8.

尤其是老年人体医结合目标体系、实施步骤、结合方法等方面的规定还处于缺位状态。虽然在体育、医疗卫生以及老年人相关的法律文件中已经流露出老年人体医结合的意图,但是这些法律文件分属不同的管理系统,并且法律条款相对分散,法律效力支持度不够。法律制度的不健全会造成一系列的"不良后果",如形成老年人体医结合审视制度、监管制度、协同以及评价反馈制度运行的不畅。

2.审视制度迟滞。老年人体医结合对于健康中国建设的重大意义毋庸置疑,其巨大的产业效应理应激发政府和社会对老年人体医结合的高度重视。但是,审视制度的迟滞使得政府部门、体医结合实践主体对于老年人体医结合重要意义认识还不够全面、清晰。尤其是体育系统和医疗卫生系统的权责难分、资源垄断、利益保护主义下的权利寻租等尖锐问题缺乏足够的现实审视。虽然依靠社会资本运行的老年人体医结合实践组织表现出较高的热情,但是由于缺乏政府积极引导的市场机制,作为新兴体医结合组织参与老年人体医结合的公平性、公正性遭到破坏。甚至社会资本参与老年人体医结合还会受到现有条块审视制度的限制。

3.监管制度执行不力。在老年人体医结合制度结合中,监管制度处于核心位置。这是因为:其一,法律制度效力的发挥需要监管制度的保障并且评价反馈制度以及问责机制也需要监管制度的介入;其二,不仅在老年人体医结合相关制度建设方面而且在整个全民健身领域,制度设计与建设同样呈现出数量少、内容宽泛、操作性差等特征①。目前,对老年人体医结合谁来管理? 如何管理?

---

①　陈华荣.实施全民健身国家战略的政策法规体系研究[J].体育科学,2017,37(04):74—86.

管理的边界在哪里？诸如此类问题目前还没有确切的答案。虽然在老年人体医结合实践中存在着对实践主体的监管问题，但是对实践主体的监管依然难以逾越体育、医疗等监管部门既得利益的"制度局限"。利用现有法律制度进行监管，依然出现"有法不依、执法不严、违法不究"的怪相。更有甚者，为维护自身系统利益的最大化，为监管设置制度壁垒。现在的老年人体医结合实践就如同新课改初期的体育课，"喊起来重要，做起来次要"。

4. 反馈制度效率低下。体医结合作为老年人健康促进的新模式，在实践过程中要体现出反馈制度的重要价值。从案例分析中也不难发现，目前老年人个体的体医结合需要无法通过"自下而上"的有效途径进行反馈。同时，由于体医结合刚刚起步的现实局限，良性体医结合氛围在"自上而下"的信息传递过程中也无法做到真实、有效、及时、准确。诸如，老年人体医结合作为政府提供的公共服务，理应设计有"听证制度"，但是在老年人体医结合实践过程中鲜有见到类似的制度设计。尤其是在农村地区、经济欠发达地区，老年人体医结合要突破现有制度局限难度较大。

从目前老年人体医结合实践暴露出的问题来看，影响老年人体医结合实践的因素不止以上四个方面的制度问题，其他比如还涉及到养老制度、医疗卫生制度、医保制度、群众体育制度等多个方面，这就需要政府从顶层制度设计着手，结合老年人体医结合实际，发挥政府的主观能动性，自上而下地推动老年人体医结合的顺利进行。

三、老年人体医结合关系归因

老年人体医结合中体育系统和医疗卫生系统到底是怎样的关系？两者关系处理不清极易造成老年人体医结合实践困境。在老年人体医结合具体实践中,关系归因主要体现在老年人体医结合领域和实践模式关系不清两个方面。

（一）老年人体医结合领域关系不清

将老年人体医结合领域简单理解成老年人领域、体育领域和医疗卫生领域的结合显然是机械的。在现代社会综合体中,没有一个单独存在的领域,领域与领域之间总是产生着这样或者那样的联系。显然,精细划分出老年人体医结合领域是一个复杂、系统的工程。

领域即学术思想和社会活动范围,一种专门活动或事业的范围、部类或部门[①]。学术思想是学科的构成要素之一,是学术知识的主体内化表现。从学科领域的角度看,老年人体医结合也不能局限于人口学、体育学、医学三个学科领域的知识结合。老年人体医结合本质上是一种跨学科知识的结合。老年人体医结合涉及到的学科大致还有:哲学、经济学、教育学、社会学、管理学、哲学、计算机科学、科学学等诸多学科知识的结合。然而,在众多学科知识分类体系中,哪些学科知识参与到结合中? 参与结合的判断标准是什么? 各学科知识间结合的串接点是什么? 这些问题在学术研究过程中并没有得到很好地解决。

从社会活动范围来看,老年人体医结合实践暴露出的问题主要集中在家庭、社区、医院、养老机构、体医结合俱乐部内等实践场域内。各活动场域缺乏内在关系的梳理,表现为老年人体医结合实践中家庭与社区、社区与医院、医院与养老机构等实践场域之间的关系处理不清楚。

---

① 百度百科. 领域［EB/OL］. https://baike. baidu. com/item/％E9％A2％86％E5％9F％9F/4662537? fr=aladdin. ［2019—05—22］(不详).

从部类或部门的范围来看,老年人体医结合作为一种社会实践活动,归属于哪个或哪类部门监管显得尤为重要。监管归属不清导致的后果是监管主体混乱、职责不清、监管边界迷糊。老年人体医结合是跨部门监管的典型代表。但是在众多部门中哪个才是真正意义上主导监管部门,哪些部门是辅助支撑部门还较为模糊。

(二) 老年人体医结合实践模式关系不清

模式即主体行为的一般方式①,模式是理论与实践关系体现的中介环节。现阶段,老年人体医结合实践集中在家庭、社区、养老机构、医院、体医结合俱乐部等空间场域内。显然在这些场域内开展老年人体医结合的条件存在着较大的差异性,开展条件上的差异使得老年人体医结合实践结果呈现也存在着差异。然而,在这些实践主体内,老年人体医结合到底该如何结合并付诸实践并没有一个统一的方式,这是实践模式关系不清的具体表现。

老年人体医结合实践模式关系不清在实践中表现在:其一,不仅行为主体间缺乏有效的联动机制而且在各实践主体内部就老年人体医结合应该在哪些要素上进行结合还缺乏共识;其二,即便是老年人体医结合已经在上述空间场域内进行着,由于缺乏统一的实施目标和针对老年人体医结合的具体操作步骤,致使老年人体医结合内部机制并不明朗;其三,在老年人体医结合实施的初级阶段,到底应该是以哪种实践模式为主,还缺乏对实践模式的最优化考量。虽然在 2017 年由国家体育总局牵头成了"医体整合联盟",但是对于模式构建的理论基础以及模式运行的实践机制并没有得到充分的重视,医体整合联盟实质上也是医疗系统和体育系统两

---

① 百度百科. 模式[EB/OL]. https://baike. baidu. com/item/%E6%A8%A1%E5%BC%8F/700029? fr=aladdin. [2019—09—21](不详).

家之间资源的整合。

　　从老年人体医结合实践模式与外部结合实践模式的关系来看，国内外实践模式并没有建立有效联系，国内外老年人体医结合并没有成熟的实践模式可供借鉴。体医结合实践模式与其他领域的结合实践模式有效的借鉴价值也没有得以体现。如从2011年开始，以产学研相结合为代表的结合实践模式不论是在学术层面还是国家政策层面均得到了空前的重视。产学研相结合要在企业、高校和科研机构中展开，随着研究的不断深入，还提出了"政产学研"、"政产学研金用"等多种实践模式。无论这种"三螺旋"也好，还是"多螺旋"也罢，对于老年人体医结合而言，涉及到老年人这一特殊群体，简单模仿重复"螺旋"实践模式可能很难有重大突破。

本 章 小 结

　　从历史与现实两个维度探讨老年人体医结合的"前世今生"，以便为后续研究打下基础。老年人体医结合的历史追溯是从纵向历史的角度探寻体医结合的发展脉络，为老年人体医结合的当代发展提供历史借鉴；对现实问题的分析是从横向现实实践的角度分析老年人体医结合的现实需要和实践现状，剖析出实践中存在的典型性问题以及问题产生的原因以能为后续研究提供支撑。从现阶段实践现状看，老年人体医结合实践还处于初级阶段。表现出老年人体医结合意识淡薄，老年人体医结合实践的安全性、有效性、可行度、持续性问题较为突出。在实践中所暴露出来问题主要原因有结合要素、结合结构以及结合关系三大方面的原因。故此，如何破解这些问题，以实现老年人体医更好地结合，既需要从整体上把握老年人体医结合稳步推进的问题，还需从具体结合要素的角度探讨老年人体医如何结合的问题。

第三章　老年人健康促进的体医结合推进机制

老年人体医结合推进机制是指推进主体促使老年人体医结合不断向前发展所采取的措施与方法的总称。首先,对老年人体医结合推进系统进行理论分析;然后,在推进机制运行的视角下,对推进机制的路径及路径选择进行分析,找出现阶段老年人体医结合推进过程中的最优推进路径;最后,根据最优推进路径提出适当的推进机制。

第一节　老年人健康促进的体医结合推进动力探寻

从实践现实来看,老年人体医结合推进机制的运行离不开推动力的支持。老年人体医结合推动力也是触发和产生老年人体医结合实践活动的驱动力。可见,在老年人体医结合推进机制的分析中,首要问题便是对老年人体医结合的推动力进行探寻。

一、老年人体医结合推动力性质与推动状态

（一）老年人体医结合推动力的二种性质

马克思主义辩证唯物主义认为：事物发展的总方向是前进的、上升的，但是事物发展的具体道路又是曲折的、迂回的；前进性与曲折性相结合使整个事物发展过程呈现出螺旋式上升或波浪式前行①。老年人体医结合的上升和前进离不开各种推动力的交互作用。根据动力力学原理可知，老年人体医结合推动力既有上升与前行的推动力也有下降与后退的逆向动力，还有老年人体医结合的自身重力（根据动力力学原理，自身重力是一种逆向动力，结合程度越深，重力越大）。可见，老年人体医结合推动力包括了前行与后退两种性质的力。

社会运行机制理论认为，适宜充足的动力包含三个维度，即力的向度、力的量度和力的协和度②。力的向度指的是力的方向，力的量度指的是力的大小，力的协和度指的是力与力之间的协同作用的程度。动力的三个维度决定着老年人体医结合运行的状态与轨迹。运行状态与轨迹大致会出现三种状态。

（二）老年人体医结合推动的三种状态

在前行推动力与后退动力的相互作用下，老年人体医结合运行呈现出前进、停滞和后退三种状态。

当前行推动力大于后退动力时，老年人体医结合向前运行。在这种状态下，应着重考虑前行推动力过剩的情况。动力过剩是老年人体医结合运行的极端情形，即前行推动力的提供远远超过了老年

---

① 陈铁民. 前进与后腿的辩证法[J]. 福建论坛,1983(2):62—66.

② 郑伦仁. 大学学术权力运行机制研究[D]. 重庆:西南大学博士论文,2012.4.

人体医结合自身发展的需要,推动力出现富足。动力过剩不仅不利于老年人体医结合的发展,而且还有可能对老年人体医结合发展起反向作用。诸如在社会中同时出现大量挂着"体医结合"招牌的各种名目的健身俱乐部、康复中心,貌似推动力供给主体增多了,但由于其实践效果不佳,对体医结合机制的整体运行也会起到损害作用。

当前行推动力小于后退动力时,老年人体医结合出现倒退,体医结合作为健康促进的手段,其作用在老年人群体中普遍淡化,甚至遭到了弃用。造成这一状态出现的原因是动力不足。故此,推动主体应采取有效的推动措施,提高前行推动力之间的协同度,增加前行推动力的量度,向前行推动力大于后退动力的情形转化。

当前行推动力等于后退动力时,老年人体医结合停滞不前,前行推动力和后退动力之间形成一种平衡状态。动力平衡在老年人体医结合运行的初级阶段并不是一种理想状态,推动主体应采取措施,以便出现前行推动力大于后退推动力的情形。

二、老年人体医结合推动力识别

识别老年人体医结合推动力目的是找出动力源,实质上是定位出推动主体。从动力力学基本原理可以得出,老年人体医结合推动力主要来源于体医结合内生推动力和外生推动力两个方面。

（一）老年人体医结合的内生推动力分析

内生推动力是老年人体医结合自身产生的驱动力。辩证唯物主义认为,事物的发展可以按照自身发展的客观规律进行,在发展进程中不断产生量的积累和规模、质量和功能的变化[①]。从体医

---

① 虞重干,王斌. 竞赛规则与竞技运动之关系[J].上海体育学院学报,1995(4)：88—89.

结合实践的角度看,内生推动力是推动老年人体医结合的关键动力,包括老年人和实践组织对健康的需要两种类型。

1. 老年人群体对健康的需要是源动力

老年人是体医结合的具体对象,老年人对健康的需要是老年人体医结合的逻辑起点。根据马斯洛需要层次理论,健康的需要是人追求需要等级的高级形式,需要的主体是人,是人的本性体现。对健康的需要是老年人低层次需要得到满足之后所展现出来的心理倾向。如果老年人低层次需要尚未得到满足的前提下,便无法触发老年人群体对高层次健康的需要。老年人对健康的需要是"刚需",有着比其他群体更强烈的需求感。在强烈健康需求驱动下,老年人群体便会乐于投身到体医结合实践活动中,使得老年人体医结合愈发通畅与繁荣。在老年人体医结合现实需要中可以发现(第二章),老年人对健康的需要呈现出身体健康需要迫切,而心理健康和社会适应健康需要相对较弱。

2. 实践组织对健康的需要是助推力

除了老年人群体有着强烈的健康需要外,各实践组织也有对健康需要的诉求。对家庭而言,在中国传统孝道价值观念的指引下,晚辈对长辈的最大心愿便是健康长寿,这种情形下的健康需要主体指向于家庭成员,即晚辈家庭成员基于孝道价值引导下对长辈的健康需要。对于社区、医院、养老机构等体医结合实践组织而言,他们对健康的需要不仅仅是组织本身所赋予的公共服务属性,而且这些组织机构对健康的需要主要通过机构中的不同身份和职务的工作人员表现出来,健康的需要转嫁到工作人员身上要求他们提供优质的体医结合服务,以实现老年人健康促进的目标。因此,对于这些体医结合实践组织而言,健康即生命线,没有了对健康的需要其健康话语权也就失去了生存的空间。对于完全受制于市场机制的体医结合俱乐部而言,老年人健康同样是其追求的目标,如果俱乐部所提供的体医结合服务不能很好地实现健康,其追求经济效益的目标便无法实现,体医结合俱乐部也便失去了生存的根基。由此可见,实践组织对健康的需要是内生动力产生的助推力,只是各实践组织对于健康需求的表达方式存在着差异而已。

（二）老年人体医结合外生推动力分析

外生推动力是除老年人体医结合自身之外能够对其产生影响的外部驱动力。辩证唯物主义还认为,事物的发展总是会受到外部条件的影响和制约,在事物发展的不同阶段,其受到外部条件影响和制约的程度也是变化的。就老年人体医结合而言,外生推动力在老年人体医结合发展的不同阶段扮演着不同的角色。探寻出老年人体医结合的外生推动力对于在宏观上把握老年人体医结合将有裨益。

1. 老年人对健康需要的迫切与不平衡、不充分发展之间的矛盾是源动力

根据辩证唯物主义的观点"矛盾是事物发展的源泉和动力"①[注]②,事物发展的根本原因在于事物内部的矛盾性③,事物内部的矛盾性是事物发展的根本动力。习近平总书记在十九大

---

① 注:有学者认为并不是所以矛盾都是事物发展的动力,虽然矛盾是普遍存在的,但是事物间不同性质的矛盾对事物的发展的作用并不都是动力。物质世界或具体事物的相反状态之间也存在着矛盾,如热与冷的矛盾、运动和静止之间的矛盾,等。而这些矛盾并不是事物发展的动力。王孝哲. 所有矛盾都是事物变化发展的动力吗?[J]. 江汉论坛,1998(8):48—50. 徐必珍,刘怀玉. 不能笼统说矛盾是推动事物发展的动力[J]. 哲学动态,1994(1):35.

② 徐丹阳. 正确理解和解释"矛盾是事物发展的源泉和动力"[J]. 中学政治教学参考,2011(13):56—67.

③ 张云飞. 借助《矛盾论》深入理解新时期社会主要矛盾的变化[J]. 新视野,2018(2):19—23.

报告中提出了新时期我国社会发展的主要矛盾转化为"人民日益增长的美好生活需要和不平衡不充分的发展之间的矛盾"①。这是在中国特色社会主义发展到新的历史阶段下对社会发展客观规律高度概括的产物,对我国社会发展的各个方面具有普遍的指导意义。具体到老年人体医结合,老年人对美好生活的要求更强烈、更迫切,而老年人对美好生活的需要是建立在健康的基础上。故此,老年人对健康需要的迫切感构成了体医结合发展矛盾的一个方面,而社会所能提供的老年人体医结合不平衡不充分发展构成了矛盾的另一方面。"不平衡"主要体现在所能提供老年人健康服务的领域不平衡、区域不平衡和群体不平衡三个方面;"不充分"主要体现在所能提供的老年人健康服务整体水平还较低,在总量上不充裕。

从老年人健康需要的内容来看(第二章,老年人体医结合的价值需要),主要集中于身体健康、心理健康和社会适应健康三个维度。就身体健康而言,医疗保健是刚性需要,需要等级最高,具体表现为:其一,老年人对医疗保健的需要逐渐增强(第二章,老年人体医结合的结果需要);其二,在无病状态下,老年人对健康的需要等级同样较强;在亚健康或处于慢性病状态下,老年人对健康管理的需要等级增加明显。其三,老年人对自我保健的需要较为明显,希望做到早发现、早诊断、早治疗②。同时老年人对健康需要还呈现出年龄、城乡、养老方式等方面的差异。调查研究表明,80 岁以上老年人对于医疗保健的需要更明显,而且对生活自理能力的需

---

① 赵士发,张昊.《矛盾论》与新时期中国社会主要矛盾问题探析[J].湖南社会科学,2018(2):33—37.

② 孙欣然,孙金海,陈立富,等.老年人健康需求特点与健康管理对策[J].中国老年学杂志,2018.38(11):5364—5367.

要也与年龄呈正相关①。整体而言,老年人在医疗保健方面的需要存在着城乡差异②。在养老方式上,机构养老中的老人对身体健康的需要更为强烈。除此外,机构养老中的老年人较之于居家养老的老年人整体健康状况要差,因此他们对医疗、社会保障、老年人服务和社会尊老的需要程度最为强烈③。就心理健康和社会适应健康而言,我国85%的老年人存在着不同程度上的心理问题,诸如焦虑、抑郁、强迫和人际关系淡化④。因此,老年人对归属感和自尊心需要较为强烈⑤。同时老年人对心理健康和社会适应健康呈现年龄差异。低龄老年人的失落感和孤独感较低,心理健康状况良好;高龄老年人的心理健康自评能力较差,与中低龄老年人相比,高龄老年人在认知、情绪情感和意志方面均存在显著性差异⑥⑦。通过调查还发现,不同类型老年人对健康服务的需要也存在着较大的差异。一类老人对健康教育、精神慰藉和人际关系需要最强烈;二类老人对医疗护理和精神需要表现最强烈;三类老人对日常照料、疾病护理和精神需要最强烈;四类老人对日常照料需要最为强烈。(表3-1)

---

① 张广利,瞿皋.城市高龄空巢老年人特殊需要分析[J].华东理工大学学报(社会科学版),2011.26(1):8—17.

② 张琳.我国中老年人健康需要实证研究——基于性别和城乡的分析[J].财经问题研究,2012(11):100—105.

③ 张河川,芩晓钰.云南不同养老方式老年人健康需要的对比研究[J].中国老年学杂志,2009.29(7):865—867.

④ 辛红菊,张晓君,卢秋玲,等.合理情绪疗法在老年人心血管疾病心理护理中的作用[J].中国老年学杂志,2008.28(6):604—605.

⑤ 刘颂.近10年我国老年心理研究综述[J].人口与社会,2014.30(1):44—48.

⑥ 李可.成寿寺空巢老人的社会支持及心理健康状况的关系[J].中国老年学杂志,2014.34(13):3718—3720.

⑦ 王粤湘,邓小妮,张秀华.广西511名老年人生活与健康需求的调查研究[J].现代预防医学,2008.35(23):4645—4647.

表 3-1 不同类型老年人对健康服务需要情况 n(%)①[注]

需要内容	具体项目	一类老年	排序	二类老年	排序	三类老年	排序	四类老人	排序
医疗护理需要	疾病护理	324(39.71)	7	284(69.61)	3	212(88.33)	3	210(96.33)	1
	预防保健	685(83.95)	3	251(61.52)	6	123(51.25)	8	103(47.25)	7
	家庭病床	10(1.23)	10	238(58.33)	7	232(96.67)	1	203(93.12)	2
日常照料需要	养老机构	5(0.61)	11	216(52.94)	10	98(40.83)	10	168(77.06)	5
	家政服务	126(15.44)	9	321(78.68)	2	228(95.00)	2	196(89.91)	3
精神慰藉需要	心理咨询	676(82.84)	4	218(53.43)	9	185(77.08)	5	126(57.80)	6
	关爱陪同	318(38.97)	8	352(86.27)	1	208(86.67)	4	195(89.45)	4
人际关系需要	结交朋友	623(76.35)	6	275(67.40)	5	145(60.42)	6	86(39.45)	9
	参与活动	629(77.08)	5	188(46.08)	11	15(6.25)	11	6(2.75)	11
健康教育需要	健康宣传	732(89.71)	1	278(68.14)	4	126(52.50)	7	96(44.04)	8
	健康讲座	715(87.62)	2	228(55.88)	8	108(45.00)	9	48(22.02)	10

对于"不平衡"而言,与老年人健康需要相关的保健、预防、康复、护理、安宁疗护体系尚不健全有关。老年医疗卫生服务机构、康复医院、专业康复机构、护理医院等机构在数量上不足且呈现地区分布不均②,呈现出城市优于农村、东部好于西部的局面。对需

---

① 注:一类老人是指能够完全自理或低龄老人;二类老人是指中龄或失独、空巢老人;三类老人是指孤寡或半自理老人;四类老人是指完全不能自理或高龄老人。数据来源于罗盛对山东省廊坊市城市社区居民的调查。罗盛,张锦,李伟,等.基于对应分析的城市社区不同类型老年人健康服务项目需求研究[J].中国卫生统计,2016.33(5):880—882.

② 国家卫健委.关于印发"十三五"健康老龄化规划的通知[EB/OL].http://www.nhc.gov.cn/jtfzs/jslgf/201703/63ce9714ca164840be76b362856a6c5f.shtml.[2019—09—22](2017—03—17).

要特殊关照的老年人,如丧失自理能力、失智以及需要安宁康护等方面的健康服务明显不足。同时,农村老年人在监护服务数量和质量方面与城市老年人存在明显的不平衡。

就发展"不充分"而言,主要表现在老年人健康服务的整体水平低,数量上没有优势。目前,我国老年人健康服务体系为老年人提供健康服务的整体水平还较低,能力亟待加强。截止到2016年,我国为老年人提供健康服务的机构仅有2.8万个,床位数只有680万张,机构养老比重为2.94%①。而美国等发达国家,专业老年人职业机构比例超过30%。

老年人健康需要的层次性、多样性与医疗服务不平衡、不充分的发展构成了老年人健康促进矛盾的两个方面。他们两个方面彼此独立,而又相互促进,是体医结合推进的源动力。

2. 体育系统和医疗系统改革是体医结合的直接动力

"改革是社会发展的直接动力"是邓小平同志关于社会发展"改革动力论"的核心观点。社会矛盾的普遍存在需要改革来缓解、消除,改革是社会矛盾进展的内在要素②,改革是解决社会主义社会基本矛盾的根本途径和方法③。社会发展客观规律是生产力和生产关系,经济基础和上层建筑发展之间的规律。"改革是解放生产力"④,"生产力是最积极、最活跃的因素"⑤,生产力的提高

---

① 中国老龄产业协会."十三五"老年人健康服务将升级[EB/OL]. http://www. sohu. com/a/208148835_100023055.[2019—09—22](2017—12—02).

② 康文斌. 社会改革在历史动力系统中的地位、作用和意义[J]. 晋阳学刊,1993(2):3—9.

③ 田月秋. 改革是社会主义社会发展的直接动力[J]. 云南社会科学,2000.增刊:31—33.

④ 陆云彬."改革也是解放生产力"观点述评[J]. 实事求是,1992(6):62—64.

⑤ 赵政. 生产力发展是社会进步的决定理论[J]. 毛泽东思想研究,1998(S1):81—83.

必然引起生产关系发生变化,生产力和生产关系的变化必然导致经济基础和上层建筑做出相应的改变以应对这种变化。这一改变的过程便是改革的过程。习近平主席指出"改革进入攻坚区和深水区,需要解决的都是难啃的硬骨头"①。体育系统的改革和医疗系统的改革就是两块难啃的"硬骨头"。

对于体育系统改革而言,习近平主席指出,加快建设体育强国,就要把握体育强国梦与中国梦息息相关的定位,把体育事业融入实现"两个一百年"奋斗目标大格局中去谋划,深化体育改革,更新体育理论,推动群众体育、竞技体育、体育产业协同发展②。此话道出了当前我国体育系统改革的目标是实现体育强国梦;改革的重点内容是群众体育、竞技体育和体育产业的协同发展。逾越改革困境就是要充分把握"人民日益增长的体育需要与体育发展不平衡、不充分之间的矛盾"。随着社会的发展,人民对体育的需要日渐强烈。而我国体育事业改革发展中还存在着地域间、城乡间、行业间、人群间发展不平衡,竞技体育、群众体育、学校体育、体育产业发展不平衡,冬季项目和夏季项目发展不平衡,公共体育服务供给不充分,体育促进全民健康的作用发挥不充分,体育社会组织发展不充分等各类不平衡不充分的问题③。

对于医疗卫生系统改革而言,医疗卫生系统的改革直接指向于全民健康。健康需求是刚性需求,更加突出了医疗卫生系统改革的迫切性。在健康中国建设背景下,医疗卫生系统的改革同样存在着"人民对医疗卫生系统的需要与供给不平衡、不充分发展之

①　陈常国.改革要有敢于[啃硬骨头]的精神[J].前进,2017(8):64.

②　易剑东.当前中国体育改革的批判性思考[J].体育学研究,2018(4):14—23.

③　李建明.加强体育理论创新,推动体育事业新发展[J].体育文化导刊,2019(2):1—3.

间的矛盾"问题。由于我国老年人口基数大,近年来老年人口对健康需求总量呈上升趋势。如何有效破解供给不平衡、不充分的问题是医疗卫生系统改革所面临的客观现实难题。在农村地区,经济落后地区,在城乡结合部,医疗卫生专业力量不足,设备不足,机构数量不足的客观现实依然存在①;对老年人健康需求服务了解不充分,层级医疗卫生系统发展不充分,整体医疗卫生系统改革不充分(既不公平,又效率低下②)等问题。

习近平总书记指出:"改革开放是中国人民和中华民族发展史上一次伟大革命,正是这个伟大革命推动了中国特色社会主义事业的伟大飞跃"③。体育系统和医疗系统的改革是建设中国特色社会主义事业的重要组成部分,体医结合是体育系统和医疗系统改革下的产物,两系统的改革为能够为体育与医疗进行深度合作提供直接推动力。

3. 万亿级养老产业是体医结合的助推力

养老产业是指以老年人为对象,以养老服务为内容,主要通过市场化运作配置养老资源向老年人提供商品和服务,由老年市场需求拉动而兴起的综合性产业④。具体而言,养老产业包括养老服务、养老产品和养老产业链三个核心部分。我国自 20 世纪末步入老龄化社会,伴随养老问题而行的养老产业一直受到政府的高度重视,2000 年中共中央国务院发布《关于加强老龄工作的决定》首次提出"老年服务业的发展要走社会化、产业化发展道路……培

①　顾昕. 政府转型与中国医疗服务体系的改革取向[J]. 学海,2009(2):38—46.
②　孔德斌. 医疗卫生利的政府职能转型[J]. 行政论坛,2007.79(1):78—82.
③　王家宏,鲍明晓,谭华,袁威. 聚焦改革开放 40 年:中国体育改革与发展的思考[J]. 体育学研究,2018(6):64—73.
④　刘昌平,殷宝明. 发展养老产业,助推老龄经济[J]. 学习与实践,2011(5):25—31.

育和发展高龄消费市场"①。随后,每年的中央政府工作报告中均将养老产业作为政府年度工作重点。从"十五"(2001—2005)建设开始,一直到"十三五"建设,国务院均会发布"中国老龄事业发展计划刚要"。

自 2019 年以来,国家相继发布相关政策助推养老产业发展:2019 年 4 月,国务院办公厅发布《关于推进养老服务发展的意见》;2019 年 9 月 3 日国务院办公厅发布《养老服务领域基层政务公开标准指引》;2019 年 8 月 23 日民政部印发《关于进一步扩大养老服务供给促进养老服务消费的实施意见》;2019 年 11 月 1 日卫健委、发改委等 8 部委联合发布《关于建立完善老年健康服务体系的指导意见》;2019 年 12 月 5 日,自然资源部发布《关于加强规划和用地保障支持养老服务的指导意见》;2019 年 12 月 6 日,卫健委颁布《老年医学科建设与管理指南(试行)》,明确规定有条件的二级及以上综合性医院要开设老年医学科②。

由此可见,在政策的积极引导下,不论是国家力量还是社会资本纷纷瞄准了养老产业这个潜在的亿万级市场。据《2019 年中国养老产业发展白皮书》指出到 2023 年中国养老产业将达到 12.8万亿③。老年人体医结合在养老产业中属于养老服务的范畴,在巨大的养老产业带动下,老年人体医结合必然得到蓬勃发展。

4. 健康中国建设是体医结合的战略助力

2016 年习近平总书记指出要将健康融入所有政策,人民共建

① 刘军,徐万标. 生产力发展和人口老龄化趋势研究——关于我国老龄化问题的思考[J]. 经济研究参考,2014(10):77—88.

② 政策来源于中华人民共和国中央人民政府官网,http://www.gov.cn/[2019—12—29].

③ 赛迪顾问. 2019 中国养老产业发展白皮书[EB/OL]. https://www.useit.com.cn/thread—25747—1—1. html. [2019—12—22](2019—12—15).

共享，强调没有全民健康就没有全面小康，要把人民健康放在优先发展的战略地位[①]。全民健康问题不仅是民生问题，也是政治、经济问题，更是社会发展问题。因此，健康中国建设战略的提出不仅关乎全民福祉，还关乎国家政治、经济、文化、社会的可持续发展，具有重要的战略意义。

全民健康是健康中国战略发展目标的重要内容，随着我国社会老龄化程度的加剧和疾病谱的变化，全民健康遭受了巨大的挑战。老年人是健康需求的重点群体，同样存在着看病难、看病贵、因病致贫、健康不公平的现象[②]。从医疗卫生系统的改革难题中不难看出，制约老年人健康需求的问题还较多，这在一定程度上影响了健康中国战略目标的实现。老年人体医结合与健康中国战略目标相契合，是健康中国战略目标实现的重要抓手。因此，健康中国战略目标为老年人体医结合提供了战略推动力。

5. 建成全面小康社会是体医结合的目标拉力

"小康社会"是邓小平同志在上世纪80年代初为规划中国经济社会发展蓝图时提出的国家发展战略构想。进入21世纪，党的十五届五中全会首次提出我国已经进入全面建设小康社会，加强推进社会主义现代化的新的发展阶段[③]。"建设小康社会"在相当长的一段时间内成为国家建设的风向标。2015年在党的十八届五中全会上首次提出"创新、协调、绿色、开放、共享"的五大发展理

① 秋实. 全民医疗保障是全民健康的基础[J]. 中国社会保障，2016(9)：1—3.

② 华颖. 健康中国建设：战略意义、当前形势与推进关键[J]. 国家行政学院学报，2017(6)：105—112.

③ 百度百科. 全面建设小康社会[EB/OL]. https：//baike. baidu. com/item/%E5%85%A8%E9%9D%A2%E5%BB%BA%E8%AE%BE%E5%B0%8F%E5%BA%B7%E7%A4%BE%E4%BC%9A/9901602? fr = aladdin. [2019—09—09](不详).

念,以保障实现全面建成小康社会的目标①。在文字表述上,由"建设小康社会"变成"建成小康社会",一字之差,但意义深远。"建成小康社会"是今后国家建设的主要目标。建成小康社会有10项根本标志,具体包括了经济建设、文化建设、生态文明建设和社会建设5项内容。就社会建设而言,"人人享有基本医疗卫生服务",是社会建设的重要内容。

"人人享有基本卫生服务"是对医疗卫生系统在社会建设中所应发挥作用的基本要求,也是医疗卫生系统改革的目标所在。建成小康社会目标的确立指引着健康中国建设,健康中国建设又要求医疗卫生系统和体育系统改革紧紧围绕全民健康而进行,老年人健康整体状况的客观现实和挑战又要求老年人在健康促进的方式、手段上进行创新。在这样的逻辑顺序下,就能厘清出老年人健康需要是源动力,体育系统和医疗协同改革是直接动力,亿万养老产业是助推力,健康中国建设是战略助力,建成小康社会是国家目标拉力。在老年人健康的逻辑主线穿引下,五力合一共同形成了老年人体医结合的外生动力系统。(图3-2)

(三) 内生推动力与外生推动力相互关系及推进阶段

如果说内生推动力是促使各主体要素产生体医结合行为强弱的要素集合的话,那么外生推动力就是确保体医结合行为产生的外部保障。外部保障的强弱与老年人体医结合所处的政治、经济、文化、制度等因素有关。故此,外生推动力具有以下特点:其一,具有普遍性。不仅是老年人体医结合离不开特定历史时期的政治、经济、文化、制度背景,而且社会中的任何事物均不能脱离它们而

---

① 百度百科. 全面建成小康社会[EB/OL]. https://baike. baidu. com/item/%E5%85%A8%E9%9D%A2%E5%BB%BA%E6%88%90%E5%B0%8F%E5%BAB7%E7%A4%BE%E4%BC%9A/6944177? fr=aladdin. [2019—09—09](不详).

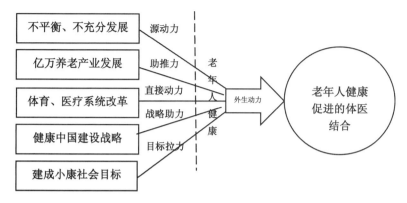

图 3-1 老年人健康促进的体医结合外生推动力

单独存在。可见,外生推动力是内生推动力存在的前提。其二,具有相对稳定性。老年人体医结合实践的整个历史演变过程是伴随着社会历史的发展而不断变化,虽然老年人体医结合实践行为在特定的社会历史条件下存在着差异(如前面探讨过的体医结合历史阶段划分问题,体医结合的不同状态问题),但是在某一特定时期内,外生推动力所处的政治、经济、文化、制度具有较强的稳定性,也正是因为有这种稳定性的存在才能确保内生推动力正常功能的发挥。

不可否认的是,老年人体医结合的整体发展是内生推动力和外生推动力相互作用的结果。在老年人体医结合发展的不同阶段,内生推动力和外生推动力产生着不同的动力大小,扮演着不同的角色。

1. 老年人体医结合初级阶段。此阶段表现出外生推动力强势、积极主动的一面,而内生推动力则表现出弱势、消极的一面。外生推动力强势、积极的一面表现为:国家层面能为催生老年人体医结合提供外部的政治、经济、文化、制度保障,具体做法是将老年人体医结合写入相关的政策法规文件中,为老年人体医结合进行舆论造势,体现出较强的国家意志。内生推动力弱势、消极的一面则表现为:体医结合实践主体意识不强,行动迟缓,内部要素协同状况不佳,体医结合实践的安全性、有效性、可信度和持续性问题突出。在此阶段,前行推动力的大小在很大程度上取决于外生推动力。同时,在此阶段也急需发挥外生推动力强势积极主动的优势以能够在较短时间内形成老年人体医结合的集中效应。

2. 老年人体医结合中级阶段,称之为真正意义上的体医结合阶段。此阶段,外生推动力仍然对老年人体医结合发展起到主导作用,但是内生推动力不再是被动消极,而是能够体现出积极主动的特性,这是因为老年人体医结合在某些方面还存在着结合不充分、不理想的情况。在此阶段表现为前行推动力和自身重力之间的协同度更高,形成外生推动力为主导,内生推动力为辅助的推进局面。

3. 老年人体医结合高级阶段,称之为体医融合阶段。这是老年人体医结合发展的理想态。在此阶段,老年人体医结合的真正意义和时代价值得到彻底彰显;老年人群体形成了良好的体医结合健康促进习惯和行为;实践主体能够提供优质、有效的老年人体医结合服务,社会组织积极介入到老年人体医结合实践中。从融合的表现来看,制度建设完善高效、资源融合共享畅通、领域融合积极主动、实践模式固定清晰。表现为前行推动力和自身重力之间的协调度达到理想化,体医结合之于老年人健康促进的价值功效得以完全彰显。

第二节　老年人健康促进的体医结合推进路径与困境

通过推动力的识别,找到了老年人体医结合的推动主体。老年人体医结合的推动主体有政府、市场和个人或基层体医结合民间组织。依据推动主体在老年人体医结合推进过程中所起的作用,老年人体医结合推进路径有四条,即中央政府为推进主体的"自上而下"式推进,地方政府为推进主体的"从中至下"式推进,个人或基层体医结合组织为推进主体的"从下至上"式推进,市场为推进主体的"市场机制"式推进。对四天推进路径进行分析,找出最优推进路径。

一、"自上而下"式老年人体医结合推进路径与困境

自上而下的推进表现为外生推动力起主导作用的一种推进方式。自上而下的推进方式是中央政府在公共事业管理职能的体现。这是因为,不论是体育事业、医疗卫生事业还是养老服务事业均具有公共事业的性质。中央政府基于自身政治利益的诉求将老年人体医结合发展纳入到国家发展事业的整体规划当中,通过党的决议、法律法规以及行政措施等强制性手段推动老年人体医结合的发展。在推进过程中,中央政府根据指令性政策将老年人体医结合事务下达给地方政府部门,地方政府根据自身的发展实情制定具体的实施方案,协同实施要素,以形成"政府主导、社会广泛参与"的老年人体医结合推进景象。

(一) 老年人体医结合"自上而下"式推进路径利弊权衡

自上而下的推进路径,中央政府把控着老年人体医结合的主动权和决策权,决定着整个老年人体医结合的深度与广度。遵循着"中央——地方——基层"的推进行为逻辑,通过相关政策信息的传递来实现推进目标。故此,自上而下的推进方式强调两个关键点:其一,中央政府法规政策的制定;其二,地方政府根据指令性文件对老年人体医结合实施过程和目标进行细化。地方性法规政

策作用于基层老年人体医结合实践组织，从而实现自上而下式体医结合推动目标。在这样的推进逻辑下，政府是在国家政治、经济、文化发展的现实背景下，对老年人体医结合现象和问题的即时审视。可见，中央政府及相关部门对待老年人体医结合的重视程度是老年人体医结合推进路径实现的前提。2014 年颁发《国务院关于加快发展体育产业促进体育消费的若干意见》、2016 年国家颁布《健康中国 2030 规划纲要》、2019 年国务院颁发的《体育强国建设纲要》和《关于实施健康中国行动意见》等法规政策中均体现中央政府对老年人体医结合的重视。

利用国家力量推行老年人体医结合具有一定的优势同时也存在一定的弊端。优势表现在：依靠国家的行政力量层层推进可以在短时间内收到良好的实践效应，形成良性的老年人体医结合氛围。而人们对行政强势力量的天然反感，往往容易出现执行上的偏差，使基层老年人体医结合实践偏离预定的发展轨道。不可置否的是，在老年人体医结合的初级阶段，自上而下的推行路径选择具有一定的优势。但是，仅仅依靠外部的政策法规往往无法对复杂的老年人体医结合现实问题进行全面而综合的考量，政策法规的保障作用也无法做到面面俱到。

（二）老年人体医结合"自上而下"式路径推进困境

发挥政策法规的保障力是自上而下推进的前提。如果上层政府部门对老年人体医结合相关政策制定不清晰，老年人体医结合实践便会不明朗。从近年国家颁布的相关政策来看，具体针对老年人体医结合的专项政策还处于缺位状态，即便在下述政策文本中依稀能捕捉到老年人体医结合的影子，其条款表述也较为含糊。（见表 3-2）

从政策文本表述来看，老年人体医结合相关政策文本分布较为分散、表述含糊。但是，从政策文本表述中已经体现出体医结合在健康中国建设的重要意义。老年人作为健康中国建设中的重点关照人群，专项政策的缺失是自上而下式推进困境的真因所在。

　　老年人体医结合政策能够为老年人体医结合发展提供指导思想、结合原则、阶段任务、结合内容、评价指标等全方位的定向指导。而中央层面老年人体医结合专项政策的缺失，使地方政府无法根据地方实情制定系列的，详尽的地方性老年人体医结合具体实施方案，最终在基层实施过程中出现混乱。

表3－2　近年国家相关政策文本中关于体医结合的代表性条文表述①[注]

政策法规名称	颁布时间	颁布机构	具体内容
《国务院关于加快发展体育产业促进体育消费的若干意见》	2014年10月	国务院	促进康体结合。加强体育运动指导，推广"运动处方"，发挥体育锻炼在疾病防治以及健康促进等方面的积极作用。
《健康中国2030规划纲要》	2016年8月	国务院	加强体医融合和非医疗健康干预。 发布体育健身活动指南，建立完善针对不同人群、不同环境、不同身体状况的运动处方库，推动形成体医结合的疾病管理与健康服务模式，发挥全民科学健身在健康促进、慢性病预防和康复等方面的积极作用。
《关于支持社会力量提供多层次多样化医疗服务的意见》	2017年5月	国务院办公厅	促进体育与医疗融合，支持社会力量兴办以科学健身为核心的体医结合健康管理机构。

---

　　①　注：政策信息全部来源于中华人民共和国中央人民政府门户网，http://www.gov.cn/.［2019—12—22］.

（续表）

政策法规名称	颁布时间	颁布机构	具体内容
《国务院关于加快发展体育产业促进体育消费的若干意见》	2019 年 9 月	国务院办公厅	实施"体育＋"行动，促进融合发展。 推动体医融合发展。将体育产业发展核心指标纳入全国卫生城市评选体系。鼓励医院培养和引进运动康复师，开展运动促进健康指导，推动形成体医融合的疾病管理和健康服务模式。完善国民体质监测指标体系，将相关指标纳入居民健康体检推荐范围。为不同人群提供有针对性的运动健身方案或运动指导服务，推广科学健身，提升健身效果。加强针对老年群体的非医疗健康干预，普及健身知识，组织开展健身活动。（卫生健康委、民政部、体育总局负责）
《关于实施健康中国行动的意见》	2019 年 6 月	国务院	推动形成体医结合的疾病管理和健康服务模式。 实施老年健康促进行动。老年人健康快乐是社会文明进步的重要标志。面向老年人普及膳食营养、体育锻炼、定期体检、健康管理、心理健康以及合理用药等知识。健全老年健康服务体系，完善居家和社区养老政策，推进医养结合，探索长期护理保险制度，打造老年宜居环境，实现健康老龄化。到 2022 年和 2030 年，65 至 74 岁老年人失能发生率有所下降，65 岁及以上人群老年期痴呆患病率增速下降。

（续表）

政策法规名称	颁布时间	颁布机构	具体内容
《关于印发体育强国建设纲要的通知》	2019 年 8 月	国务院办公厅	打造现代产业体系。完善体育全产业链条，促进体育与相关行业融合发展，推动区域体育产业协同发展。建立运动处方数据库，培养运动医生和康复师，建设慢性疾病运动干预中心。

二、"从中至下"式老年人体医结合推进路径与困境

从中至下的推进同样是一种外生推动力起主导作用的推进方式，这是因为，地方政府是具体执行向社会提供公共服务职能的部门。地方政府会根据地方实情以及中央政府相关政策导向制定出适合在本地区实施的地方性政策法规。故此，从中至下的老年人体医结合推进路径同样能够实现"政府主导，社会广泛参与"的推进图景。

2017 年在《健康北京十三五规划》和《健康北京 2030 规划纲要》等政策的指引下，北京市卫生计生委就与北京市体育局联合签订了《体医融合发展战略协议》。协议主要从以下五个方面来规划北京市体医结合发展：其一，实施市民体质监测工程，让市民更有针对性地选择适合自身的健身项目；其二，体育人员与医务人员合作开具运动处方；其三，对中医医务人员进行培训，作为社会体育指导员指导市民健身；其四，建设市民体质和健身的大数据平台[①]。

---

　　① 杨金伟.北京实施体医融合发展战略[N].健康报,2017.11.9.

2019年3月,深圳市卫健委、文化广电旅游体育局联合深圳市教育局下发《关于实施体医融合行动计划的通知》(下简称通知),这是地方性政府关于如何实施体医结合的代表性文件。通知提出探索在社康中心设立运动健康指导门诊,让市民在家门口就能得到体质检测及运动干预等健康服务。通知提出组织全市体育老师参加运动医学相关专业培训,并将培训纳入教师的继续教育学时中;要开展运动处方培训点,逐步对全科医生、健康管理师、社会体育指导员、健身教练等从业人员开展运动处方的培训,着手解决体医结合过程中的"医生不懂体育,体育人员不懂医疗"的矛盾。4月1日,深圳市慢性病防治中心就开展了"运动是良医"培训班,通过培训社区医生能够开具基本的运动康复处方,能够对从大医院转诊到社区医院的老年人慢性病患者进行运动处方的康复治疗①。

从北京、深圳颁布的地方性专项体医结合政策法规文件来看,能够对地区实施老年人体医结合起到积极的推动作用。随着健康中国建设进程的不断深入,从中至下式的推进路径将发挥更大的功效。

(一) 老年人体医结合"从中至下"式推进路径利弊分析

从中至下的推进路径,地方政府把控着老年人体医结合的主动权和决策权。淡化了地方政府的机械执行角色,使被动执行变成主动实施,遵循着"地方——基层"的行动逻辑,通过制定地方性政策法规来实现老年人体医结合的推进目标。然而,从中至下的推进路径的通畅与否与地方性法规的本土适应性密不可分。从中

---

① 刘梦婷,深卫信.深圳打响体医融合"第一枪"全科医生或开出运动处方[EB/OL].深圳新闻网,http://www.sznews.com/news/content/2019—04/09/content_21609668.htm.[2019—04—09](2019—05—22).

至下的推进省去了政策执行中间环节的缓冲效应,能够把国家意志较完整、较直接地传达给基层实施组织。从中至下的推进路径能够很好地保证地方性政策的顺利推进,这是从中至下推进路径的优势所在。另外,地方性政策法规的制定能更好地贴切本地区的实际情况,能集中针对本地区实施老年人体医结合的突出问题,比起"一刀切"的全盘式推进,能够在技术、资源、话语、制度、领域、模式上体现出结合优势。同时,也能够在短时间内形成老年人体医结合的集中效应。这在北京和深圳的老年人体医结合实施中已经得到证实。

只是,从中至下的推进不仅需要地方政府具备前瞻性眼光和创新尝试的勇气和魄力,还应具备勇于承担地方性政策"流产"所产生的后果。同时,从中至下的推进对老年人体医结合的人力、物力、财力提出了更高要求。另外,当实施效果不佳时,容易对老年人体医结合氛围产生不良的影响。

(二)　老年人体医结合"从中至下"式路径推进困境

与从上至下的推进路径相比,即便是有了明确的地方性政策法规支持,从中至下的推进也不是一帆风顺的。从北京市发布的《体医融合发展战略协议》来看,只是对体医结合提出了推进方向性的建议,并没有对具体如何结合提出细节化措施,这样就使得地方性政策法规文件的实践效力大打折扣。而深圳市颁布的体医结合专项政策虽然围绕运动处方的核心矛盾进行了较为详尽的措施布置,但是在推进过程中仍然面临着政策监管制度、反馈制度建设缺位的尴尬。

此外,从中至下的推进对地方政府的财政能力以及协同能力提出了更高的要求。地方政府基于对财政压力的考虑,执行部门基于自身部门利益考虑,对地方性政策法规的执行力较难保障。

三、"自下而上"式老年人体医结合推进路径与困境

自下而上的推进表现为内生推动力起主导作用,它是以老年人体医结合实践个人、群体以及实践组织机构(不包括完全受市场机制影响的营利性医院、养老机构和社会体医结合俱乐部)为动力源,学术上称之为"民促型"推进方式。自下而上的推进路径遵循的逻辑是:老年人个体、群体以及实践组织机构通过自身的体医结合实践,将实践需求借助有效的信息反馈渠道,传达给政府部门,当需求信息总量足以引起政府部门重视时,政府部门通过颁布体医结合政策法规,实现老年人体医结合的良性发展。自下而上的推进同样能回归"政府主导,社会广泛参与"的愿景。

(一) 老年人体医结合"自下而上"式推进路径的优劣剖析

老年人体医结合自下而上的推进目标实现取决于三个因素:其一,基层老年人体医结合个体、群体及实践组织机构的积极性、主动性和自律性;其二,由下而上信息传递反馈渠道的通畅性;其三,上层政府部门对老年人体医结合信息处理的敏感性。三个因素中,第一个是后续两个要素存在的前提,是自下而上推进路径的起始点。这个起点具体是指老年人体医结合实践的"社会精英"和"民间老年人体医结合组织"①[注]。自下而上的老年人体医结合推进路径最大的特点在于具有扎实的群众基础和理想的体医结合社会氛围,能够节约大量的政府资源;缺点在于路径实现周期长,难

---

① 注:马克思·韦伯根据经济、权力和声誉三个标准来划分社会精英显然在老年人群体中并不合适,帕累托关于能力和才干为依据的社会精英划分标准较适合关于体医结合老年人社会精英的界定。老年人体医结合中的社会精英是指:在老年人体医结合实践中展现出与体医结合相关的能力突出的个人。民间体医结合实践组织则是指独立于政府、市场体系之外的非营利性组织。

度大,易受外界环境的影响。

（二）老年人体医结合"自下而上"式路径推进困境

从推进实现条件来看,自下而上推进路径除了与基层实践个体、群体和组织机构有关之外,还与上下联动的推动力传导中介要素有着直接关系。如果基层实践组织机构的信息不能流畅地传导给政府部门,政府部门便不能行使对老年人体医结合的主体职责。从老年人体医结合实践家庭个案可以得知,基层实践组织的相关信息并不能有效地传递到政府相关职能部门。上下联动的信息沟通协同机制并未有效建立,这是自下而上推进路径面临的主要问题。

同时,自下而上的推进路径的关键点还是在于政府相关职能部门对老年人体医结合信息处理的敏感性。虽然体医结合作为当前健康中国建设的重要抓手已经受到了政府部门的高度重视。但是老年人体医结合如何在政府层面有效推进还缺乏足够的措施与方法。可见,自下而上的推进路径并不通畅。

四、"市场机制"下老年人体医结合推进路径与困境

市场机制是利用市场竞争的方式实现资源配置,利用"优胜劣汰"的天然法则实现资源和利益的相对集中。市场机制就像一只"无形的手"影响着老年人体医结合资源和利益的优化整合,从而推动老年人体医结合的整体发展。与养老产业相伴而行的老年人体医结合由于其绿色、环保、有效、经济等特点迅速成为了养老产业新的经济增长点。受市场机制控制的老年人体医结合实践组织在推动老年人体医结合整体发展中开始发挥作用。

（一）"市场机制"推进老年人体医结合的天然瑕疵

社会中出现了大量的受市场机制影响的私立医院、民营养老机构和体医结合俱乐部。相比较于家庭、社区、公立医院和养老机构，受利益驱动的影响，此类实践组织更能体现出老年人体医结合实践的主动性和积极性。它们能够充分利用现有的资源围绕体医结合效果而展开实践活动。这样的体医结合实践活动可以很好地弥补家庭体医结合行为的自发状态，避免或减少社区、公立医院和养老机构体医结合行为的被动状态下所产生的不良后果。

然而，依托市场机制推进同样存在着天然的缺陷，这是由市场机制本身所具有的缺点所决定的。表现为：其一，依托市场机制推进的老年人体医结合要改变体医结合的公共服务性质，由公共产品转向为私人产品。老年人体医结合服务的非竞争性和非排他性发生改变。其二，依托市场机制推进的老年人体医结合无法实现资源的优化配置。老年人体医结合服务性质的改变，在体医结合实践过程中可能会出现强者愈强、弱者愈弱的"马太效应"，最终出现体医结合资源的垄断现象。其三，依托市场机制推进的老年人体医结合实践存在着自发性、盲目性的缺陷。在"万亿级"养老产业的经济利益驱使下，社会资本纷纷瞄准老年人体医结合产业这份大蛋糕，在成熟的商业模式尚未建立，核心技术尚未完全掌握的情况下，社会资本的介入具有一定的盲目性。现阶段，冠以老年人体医结合名义的俱乐部短期内大量涌现又很快销声匿迹便是例证。其四，依托市场机制推进的老年人体医结合处理市场失效的能力较差，这与市场机制本身所具有的调节能力滞后性和不确定性有关。其五，由于市场准入标准低，所能提供的老年人体医结合服务参差不齐，对于那些不能提供优质老年人体医结合服务的组织而言，可能会造成部分老年人对体医结合效果的信任危机，从而不利于老年人体医结合氛围的形成。

（二）"市场机制"下老年人体医结合推进困境

虽然依靠市场机制推进老年人体医结合已经开始发挥作用，但是效力体现并不明显。市场机制推进老年人体医结合的基本原理是：在公平竞争的市场环境下，通过供求价格平衡来实现资源的优化配置①。然而在老年人体医结合实践中，价格机制和供求机制给老年人体医结合推进制造了困难。

就价格机制而言，老年人体医结合商品的价格是由供给、需求和市场价格决定。目前，老年人体医结合市场定价机制缺失，使得供给方在定价过程中随意性比较大。在俱乐部案例中，为老年人提供视力康复的体医结合俱乐部一个疗程的价格高达8800元，这超出了绝大多数老年人的经济承受能力。民营养老机构为老年人提供的体医结合服务价格在50—200元不等。在老年人经济创造能力低下的情况下，高昂的价格限制了老年人体医结合的推进速度。

就供求机制而言，存在的主要问题是潜在的老年人体医结合需求并没有得到实现。社会资本的无理性介入，使得供大于求的现象较为突出。同时，在供应方无法掌握老年人体医结合核心技术的前提下，所能提供的体医结合服务效果必然不理想。这样就在供求关系中出现矛盾循环，依托市场机制推进老年人体医结合必然大打折扣。

依托市场机制推进本质上是利用市场机制的竞争机制实现老年人体医结合资源的合理流动，最终实现老年人体医结合资源优化配置的效果。我国实行社会主义市场经济体制，在资源配置过程中，政府仍然发挥着宏观调控的作用。在老年人体医结合推进

---

① 吴照云.中国航天产业市场运行机制研究[M].经济管理出版社,2004:40.

过程中,即便利用市场机制推进也无法脱离政府宏观调控影响。同时,在健康中国建设进程中,老年人体医结合具有明显的公共事务的属性,仅仅依靠市场机制的调节无法使体医结合在健康中国建设中发挥应有的效用。故此,现阶段老年人体医结合推进还应该是以政府推进为主。

第三节　老年人健康促进的体医结合政府推进机制

通过老年人体医结合不同推进路径的分析,各路径在老年人体医结合发展的不同阶段所起的作用存在差异。在老年人体医结合实施的初级阶段,需要依托中央和地方政府职能的有效发挥以保证老年人体医结合的整体推进,以尽快实现老年人体医结合在健康中国建设、构建友好型老年社会。

一、老年人体医结合中央政府推进机制

老年人体医结合中央政府推进是一种自上而下的推进策略。老年人体医结合具有公共事业性质,以中央政府为推进主体,是因为:其一,中共面临诸多领域的改革,大都是一种自上而下式的中央政府主导型改革,中央政府具有丰富的自上而下式推进的经验;其二,中央政府可以依靠强有力的行政力量在全国范围内统一化地推进老年人体医结合。但是,与地方政府相比,中央政府处理公共事业的问题更多更复杂,在中央政府处理公共事务能力有限的情况下,结合老年人体医结合实践尚处于起步阶段的客观事实,动用有限的中央政府资源来推进老年人体医结合难度较大。这也是目前没有出台针对体医结合专项政策的原因之一。在中央政府层

面,利用现有政策和制度资源将老年人体医结合融入其中,更加符合当前国情。

（一）政策融入机制

2013 年第八届国际健康促进大会便把"健康融入所有政策"（Health in All Policies,HiAP）作为大会主题[①],HiAP 被定义为改善人群健康和健康公平为目标的公共政策制定方法[②]。目前在国外积累了丰富的实践经验。2016 年 8 月在全国卫生与健康大会上习近平总书记就提出"将健康融入所有政策"的主张。此后,HiAP 正式在我国政策制定过程中得以应用。

从 2016 年《健康中国 2030 纲要》颁布实施以来,在随后的很多政策中均见"健康"字眼。尤其是在 2019 年,《国务院关于实施健康中国行动意见》《健康中国行动组织实施与考核方案》《健康中国行动（2019—2030 年）》《国家积极应对人口老龄化中长期规划》《体育强国建设纲要》等系列政策的颁布立即引发了社会各界的高度关注。让人们看到了中央政府建设健康中国、积极应对人口老龄化的决心,同时也昭示着健康中国、健康老龄化、积极老龄化进入到实质化阶段。老年人体医结合是以健康为主线,以实现老年人整体健康,促进健康老龄化为最终目的。可见,老年人体医结合政策融入机制具有扎实的理论基础和现实依据。

将老年人体医结合融入到现有政策,应在明确政策目标的指引下采取循序渐进的融入原则进行。可以从以下几个方面着手:

---

① 袁雁飞,王林,等.将健康融入所有政策理论与国际经验[J].中国健康教育,2015,31(1)56—58.

② 胡琳琳.将健康融入所有政策:理念,国际经验与启示[J].行政管理改革,2017(3):64—67.

1. 明确老年人体医结合的政策目标。只有在目标明确的前提下才能找到政策融入的切入点。虽然现有政策体系中没有对老年人体医结合的具体描述,但在 2019 年 6 月颁布的《关于实施健康中国行动的意见》中有对老年人健康目标的具体描述是"到 2022 年和 2030 年,65 至 74 岁老年人失能发生率有所下降,65 岁及以上人群老年痴呆患病率增速下降"[①]。老年人体医结合政策目标应该为健康中国建设总体目标服务,并能较好地契合老年人健康目标。

2. 以健康政策、体育政策、老年人政策以及医疗卫生政策为依托循序渐进地融入。2019 年发布的《体育强国建设纲要》以"大力推动全民健身与全民健康深度融合"为指导思想,对战略目标、具体任务、政策目标、重大工程进行了详尽部署。在《国家积极应对人口老龄化中长期规划》中也对战略目标、具体工作任务进行详细安排。这都为老年人体医结合政策的融入提供了依据。

3. 加大老年人体医结合实验、实践的力度,扩大老年人体医结合在健康中国建设中的话语分量。同时,中央政府相关政策制定职能部门要转变观念,进一步认识老年人体医结合在健康中国建设中的地位与价值。

(二) 制度共享机制

共享是制度发展的落脚点,制度共享的实现有两个基本条件,其一,需要基本制度的基础规定;其二,需要具体制度的保驾护航[②]。

---

① 中华人民共和国中央人民政府. 国务院关于实施健康中国行动的意见[EB/OL]. http://www. gov. cn/zhengce/content/2019—07/15/content＿5409492. htm. [2019—09—22](2019—07—15).

② 刘铮,许胜飞. 共享发展需要制度支持[J]. 改革与战略,2016,32(9):7—10.

基本制度便是指我国的经济制度,我国的经济制度是"坚持公有制为主,鼓励、支持和引导非公有制经济发展"[①]。我国已经成为"世界第二大经济体"证明了我国的经济制度具有强大的创造力和生命力。我国的经济制度为老年人体医结合制度共享提供了基础。

对于具体的外在制度而言,日趋完善的法律制度为老年人体医结合政策融入提供了基础。在体育、医疗卫生、民政领域内的群众体育制度、医疗卫生制度以及养老制度也在不断完善中。如在《健康中国行动组织实施和考核方案的通知》中明确提出成立"健康中国行动推进委员会"并作为健康中国建设的组织机构;2019年7月国务院办公厅正式批准由民政部牵头,21个部门和单位组成的"养老服务部际联席会议制度"正式成立。在中央政府推进老年人体医结合过程中,利用中央政府行政力量实现老年人体医结合制度与健康、养老、体育、医疗制度的共享提供了可能。这样既节约了中央政府资源又避免了制度建设的重复,最终实现双赢。

二、老年人体医结合地方政府推进机制

以地方政府为推进主体是在中央政府资源相对有限的前提下充分发挥地方政府资源优势,激发地方政府在公共事务领域的能动性和积极性。地方政府作为贴近社会和公众的公共权力机构[②],推进的速度与深度直接决定着老年人群体享受体医结合服

---

① 百度百科. 中国经济制度[EB/OL]. https://baike.baidu.com/item/%E4%B8%AD%E5%9B%BD%E7%BB%8F%E6%B5%8E%E5%88%B6%E5%BA%A6/6416050? fr=aladdin. (2019—05—22)[不详].

② 谭英俊. 地方政府公共事务合作治理能力建设的路径选择[C]. 中国行政管理学会2011年年会暨"加强行政管理研究,推动政府体制改革"研讨会论文集,2011.

务的有效实现。地方政府在推动老年人体医结合进程中所起到的作用越来越大,是体医结合整体性推进中的关键变量。

与中央政府相比,地方政府在政策制定数量、制度建设的完善度上有一定的滞后性。充分发挥地方政府在推进老年人体医结合的主动性和能动性,可以从政策的融入与制定、制度的共享与共建、与第三方进行合作等方面进行思考。

(一)政策融入与制定机制

地方政府既是中央政策的执行主体也是地方政策的制定主体。在中央政策的要求下,地方政府也纷纷出台健康政策、养老政策。以深圳市为例,近年来,深圳市政府颁发了系列健康和养老政策。(见表3-3)

表3-3　近年深圳市政府颁发的健康、养老代表性政策一览表①[注]

序号	时间	政策名称
1	2010 年	《深圳市社区健康服务改革实施方案》
2	2011 年	《深圳市养老设施专项规划(2011—2020 年)》
3	2013 年	《深圳市生命健康产业发展规划(2013—2020 年)》
4	2013 年	《关于加快发展老龄服务事业和产业的意见》
5	2016 年	《深圳市养老服务业发展"十三五"规划》
6	2017 年	《健康深圳行动计划(2017—2020 年)》
7	2017 年	《深圳市全民健身实施计划(2016—2020 年)》
8	2018 年	《深圳市社区健康服务机构设置标准》
9	2018 年	《深圳市民办养老机构资助办法》
10	2019 年	《关于实施体医融合行动计划的通知》

深圳市作为国家特批的经济特区以及粤港澳大湾区的组成城

---

① 注:信息来源于深圳市政府门户网站,http://www.sz.gov.cn/zfwj/.[2019—12—22].

市,在跟进国家健康、养老政策的同时,积极利用自身的优势探寻出具有深圳特色的健康、养老发展之路。发挥体医结合在健康中国、积极老龄化上的应然价值上已经走在前列。这为老年人体医结合政策融入奠定了基础,为形成具有深圳特色的老年人体医结合实践样式奠定了基础。地方政府在推进老年人体医结合的过程中同样是"摸着石头过河"。可以肯定的是,将老年人体医结合融入相关政策是地方政府推进首先要解决的问题。故此,地方政策在政策融入与制定过程中可以从以下几个方面进行考虑:

1. 在政策融入与制定过程中要明确中央政府与地方政府的独享权力和共享权力,为地方政府提供权力保障。

2. 明确政策制定的主体部门,成立"联席会议",为协同制定提供条件。

3. 对老年人体医结合发展目标(短期、中期、长期)、组织机构、实施步骤、具体操作、监管评价指标进行全面论证。

(二) 制度共享与共建机制

地方政府是直接与社会公民打交道的推进主体,地方政府对老年人体医结合需求有着更清晰更全面的了解,也最能把老年人体医结合的价值追求输入到地方政治系统中并转化为制度安排,更易把老年人体医结合需求制度化、规范化。一般而言,地方政府的制度安排与创新有三种方式:其一,地方政府作为中央政府的代理者进行配套的制度设置安排;其二,地方政府根据本地区发展的整体性要求在职权范围内自发地进行制度创建;其三,地方政府与非政府主体合作进行制度创新①。而第一种方式可以通过制度共

---

① 陈天祥.中国地方政府制度创新的角色及方式[J].中山大学学报(社会科学版),2002(3):111—118.

享的方式实现,第二种可以通过制度创新的方式实现,第三种则可以通过与第三方合作的方式实现。

就制度共享来说,地方政府已经建立了较为完善的制度体系。诸如在体育、医疗卫生、民政领域已经实施了全民健身、医疗卫生的信息征集制度、听证制度、全民健身组织管理制度、评价制度;医疗卫生行业综合管理制度、市场准入制度、医保制度、养老制度、救助制度等。日渐完善的体育、医疗卫生、民政制度体系为老年人体医结合的制度共享提供了基础。

就制度创建而言,首先,应转变地方政府在老年人体医结合中的职能定位,从"社会之上走向社会之中";其次,地方政府推进老年人体医结合过程中要树立"利用制度解决问题"的创建思路。对于新建立的制度应集中解决老年人体医结合实践过程中存在的典型性问题。故此,地方政府推进老年人体医结合的制度创建可以优先考虑的外在制度为:法律完善制度,多元主体协同制度,组织实施监管、评价反馈制度,信息传递与共享制度等。

(三) 第三方合作机制

地方政府能力的有限性和公共事务的无限性要求地方政府开辟出新的老年人体医结合推进思路。地方政府在公共事务领域开展与第三方合作已经取得了丰富的实践经验。对于养老事务而言,2013 年颁布的《国务院关于加快发展养老服务业的若干意见》《国务院关于促进健康服务业发展的若干意见》以及 2015 年颁布的《关于推进医疗卫生与养老服务相结合的指导意见》中都透露出鼓励社会力量参与健康服务业和医养结合机构建设。这为地方政府采取与第三方合作的方式推进老年人体医结合提供了政策依据。

地方政府在寻求与第三方合作的过程中,既要充分利用现有与第三合作的经验还要充分考虑到老年人体医结合实践的特殊性。从老年人体医结合组织机构实施情况来看,成熟的第三方老年人体医结合实践模式并没有出现。深圳市利用实施《关于实施体医融合行动计划的通知》的契机,以老年人心脏病为突破口与盐田区人民医院合作成立"心脏康复之家",与"体质监测与运动健身指导站"合作成立"深圳市体医融合脊柱健康服务站"都是地方政府寻求第三方合作的积极尝试。对其他地方政府积极寻求第三方合作推进老年人体医结合具有较大的启示意义。

整体而言,地方政府与第三方合作推进老年人体医结合的过程中,应对以下几个方面进行考虑:

1. 建立合适的激励机制。要充分利用地方政府的公共权力与资源优势,企业的效率优势,医院的话语优势,社区的实践优势,养老机构的老年人力资源优势,志愿者组织的慈善优势,建立合适的激励制度,鼓励第三方参与的积极性。

2. 建立合适的审视机构。对开展合作的第三方进行必要的、科学的论证分析。在论证过程中要引入领域专家咨询制度、社会意见听证制度和意见反馈制度。对第三方合作伙伴的公示制度和合作伙伴的竞争制度。为了保证论证的科学性和合理性,还可引入第三方评估机构的综合评估制度。

3. 建立合适的监管机制。第三方组织有追逐私利的天性,这就需要地方政府建立有效的监管机制来预防逐利行为的过度发生。故此,在开展合作的过程中地方政府要建立完整的事前监督、事中监督和事后监督的完整体系。在事前监督中,要对开展合作的对象进行资质、能力的论证;在事中监督中,要对合作对象开展老年人体医结合实践进行全程监督,以确保合作对象能按时按质地完成合作任务和目标;在事后监督中,在严格按质合约的前提下,采取公平、公正、效益等原则对老年人体医结合综合绩效进行评估。

4. 政府工具选用机制。在公共事务领域,政府工具有多种类型。根据萨瓦斯的观点,依政府介入的程度将政府工具分为:"政府服务、政府出售、合同外包、特许经营、政府协议、自由市场、志愿服务、自我服务、凭单制、补贴"①。在以上政府工具的实际应用中,合同外包、特许经营和凭单制是重点考虑的政府工具。政府工具的选择宜采取可行性、可及性、合法性等原则进行。如江苏省在2013年实行的"医保卡购买健身"的尝试就是凭单制政府工具应用的代表,但因其合法性、可及性上存在着问题被国务院叫停。

地方政府与第三方合作推进老年人体医结合既无政策引导也无成熟的模式经验可供借鉴,推进过程并不顺畅。但相信随着健康中国建设进程的不断深入,老年人体医结合实践经验不断丰富,地方政府与第三方合作将会成为未来老年人体医结合的主力推进模式。

本 章 小 结

在老年人体医结合实践问题引导下,从宏观角度分析老年人体医如何结合。首先,对老年人体医结合的内生推动力和外生推动力进行了有效识别,并对内外生推理力的相互关系以及三个结合阶段进行了分析。根据推动主体的不同,存在着四条典型的推

---

① 陈江,吴文梅.公共服务型政府与公共服务的有效供给[J].行政与法,2006(4):35—38.

进路径。结合老年人体医结合的现实情况,以地方政府为推进主体的从中至下的推进路径更有利于体医的结合。但是,不论推动主体是谁,老年人体医结合的程度始终影响着推进速度与进程。故此,地方政府推进路径实现的前提便是老年人体医结合的紧密度,而紧密度又与老年人体医结合保障机制密不可分。

第四章　老年人健康促进的体医
结合保障机制

保障机制是揭示老年人体医结合过程中涉及的各要素、相关关系以及作用机理实现的总和，是保障老年人体医结合顺利进行的具体方式。保障机制的分析是从内部探寻老年人体医结合的具体保障要素。保障要素的充分与否直接影响到老年人体医结合的深度、广度和紧密度。故此，保障机制应紧紧围绕保障功能的顺利实现而展开。

第一节　老年人健康促进的体医结合保障要素探寻

在社会学领域，保障是指作为社会成员之间的某种意义上的交互动态的有限支撑和支持，是用保护、保证等手段与保护对象构成的可持续发展的支持体系[①]。保障的内涵包括：其一，保障的主

---

① 百度百科. 保障[EB/OL]. https://hanyu. baidu. com/zici/s? wd=％E4％BF％9D％E9％9A％9C&query=％E4％BF％9D％E9％9A％9C&srcid=28232&from=kg0&from=kg0. [2018—12—22](不详).

体和客体;其二,保障的内容;其三,保障实现的基本条件,即文明、财富和法治建设的完善①。可见,老年人体医结合保障要素主要涉及到保障主体要素、保障客体要素和保障内容要素三个方面。保障主体要素是回答谁来保障,保障客体要是回答保障谁,而保障内容要素则是回答保障主体对客体实施保障的具体指向。显而易见,保障要素中的客体要素是老年人体医结合本身。因此,保障主体要素和保障内容要素是分析的重点。

一、老年人健康促进的体医结合保障主体要素探寻

老年人体医结合具有准公共服务的属性。随着政府职能的转变,政府不再是准公共服务的唯一提供者,供给主体呈现出多元化②。多元化供给主体体现于:其一,社会中介组织、非盈利组织(第三方组织)也能成为老年人体医结合供给主体;其二,虽然市场提供的是私人服务,但是在政府允许下,市场也可以为老年人提供体医结合服务。至此,政府、社会和市场便构成了老年人体医结合的保障主体系统。

(一) 政府在老年人体医结合保障中的职能定位

这里所讲的"政府"是一个抽象的概念,不仅指前面所提及的作为整体的政府还指代政府职能组织或部门。

一般而言,政府的职能是由政府的规模、结构、组织形式、管理方式等要素决定的。政府的职能反映了政府的基本方向、根本任务和在特定时期内所起的主要作用③。政府在老年人体医结合保

① 李雨.农民工就业保障机制研究[D].杨凌:西北农林科技大学博士学位论文,2013:7.

② 张尚仁,王玉明.论社会公共事务管理主体的多元化[J].广东行政学院学报,2001,13(4):5—10.

③ 王峰,陶学荣.政府公共服务职能的界定、问题分析及对策[J].甘肃社会科学,2005(4):231—234.

障中的职能其实质是国家行政机关在老年人体医结合中所承担的责任和应发挥的功能。由于政府涉及的工作范围较为广泛,不仅涉及到纵向层级政府还涉及到横向政府部门,这便形成了一个错综复杂的政府职能体系。

政府职能的形成与变迁不仅是一个历史演进的过程还与人们的认识存在着较大的关联。具体而言,对于政府职能的认识主要存在着双职能说、三职能说和多职能说①。中世纪科学家阿奎那认为政府的职能包括两个方面:其一是维护社会秩序,其二是推进社会公共福利②。马克思、恩格斯认为政府的职能主要体现在政府的统治职能和社会管理职能两个方面。洛克和孟德斯鸠认为政府具有立法职能、行政职能、司法和对外职能。亚里士多德却认为政府具有军事职能、司法职能和议事职能。我国学者施雪华认为政府具有阶级统治职能、社会管理职能、社会服务职能和社会平衡职能四个方面③。虽然政府职能在不同时期、不同学者认识会有差异,但是不管在任何情况下,政府的职能内涵能保持相对稳定,只是在特定时期职能重心可能会产生偏移。

政府所具有的职能是政府在老年人体医结合过程中作用体现的逻辑起点。正如学者认为政府在准公共服务中具有保障的职能④。政府作为老年人体医结合保障主体要素之一,保障职能的发挥依赖于政府在公共服务中所发挥的管理职能和服务职能两个方面。

---

① 贾博.政府基本职能:制度创新[J].学习论坛,2001(3):45—46.

② 阿奎那,著,马情槐,译.阿奎那政治著作选[M].上海:商务印书馆,1963.6:187.

③ 施雪华.政府权能理论[M].浙江:浙江人民出版社,1998.6:188.

④ 金大军,赵晖.政府职能梳理与重构[M].广州:广东人民出版社,2002.3:13.

政府的公共管理职能主要体现在:为解决老年人体医结合问题,维护、增进和分配利益而进行的计划、组织、协同、控制等活动。体现了政府在老年人体医结合利益分配中"掌舵人"的角色,保障了利益的分配,杜绝出现垄断现象,从而实现在信息不对称情况下的激励相容。政府在老年人体医结合公共管理职能主要通过组织制度供给、法律法规引导、引导协调沟通等途径实现。第三章对政府推进机制进行分析也正是政府公共管理职能的具体表现。

虽然有学者提出政府的公共服务职能属于公共管理职能的一部分,但是政府的公共服务职能更加强调的是服务产品的供给和满足供给对象的需求。从政府职能发生演变的历程来看,政府的管理职能和服务职能指向不同的方向。政府的公共服务职能主要体现于政府在老年人体医结合服务过程中所扮演的"划桨人"角色。这种角色主要表现于:其一,政府根据老年人体医结合客观需要所制定的法律法规、组织制度为结合提供外部条件保障;其二,代表政府的社区、公立医院和养老机构等实践组织是老年人体医结合的具体"生产者"和"安排者"。

可见,政府在老年人体医结合保障中扮演着"划桨人""生产者"和"安排者"的角色,体现的是政府管理职能和服务职能。

(二) 社会在老年人体医结合保障中的角色扮演

这里的"社会"是指除各级政府和代表政府的各类组织之外的非政府组织和非营利性组织(国外称为第三部门)的统称。政府的职能服务对象也包括了社会,而这正好反映出在老年人体医结合保障主体系统中政府和社会之间的关系。

社会中的第三组织是老年人体医结合保障主体系统中作为政府保障的有效补充。政府在社会事物管理中的职责是有限的,引入社会主体要素,可以充分发挥第三组织资源宽厚的优势,弥补政府资源有限的矛盾。

代表社会的第三组织在老年人体医结合保障过程中扮演着"划桨人"的角色,是"生产者"身份的体现。如基层老年人体医结合组织、志愿者组织为老年人提供体医结合服务的过程便是结合生产的过程。值得注意的是,2017 年 8 月,国务院李克强总理签署国务院令,正式颁发实施《志愿者条例》,对志愿者服务活动、促进措施以及法律责任进行了详细规定①。同时,各种非官方学术组织在推动老年人体医结合发展过程中正发挥着重要的作用。如中国康复医学会、中国老年医学学会、中国体育科学学会等。可以预见的是,社会第三组织的角色扮演将随着老年人体医结合程度的不断深入而愈显精彩。

(三) 市场在老年人体医结合保障中的角色选择

市场利用"优胜劣汰"无形地调控着保障内容的安排。现阶段出现的老年人体医结合俱乐部、营利性医院和养老机构均受着市场这只无形之手的影响。对于此类组织而言,它们在老年人体医结合保障中扮演着"划桨人"的角色,是"安排者"和"生产者"身份的体现。

在经济利益最大化的目标追求下,体医结合俱乐部、营利性医院和养老机构会根据老年人的需要提供优质的、恰当的、针对性的体医结合服务,并会根据市场变化对服务范围和种类进行相应的调整。市场在老年人体医结合保障中"安排者"和"生产者"角色已经在北京、上海、广州、深圳等发达城市得以显现。

---

① 中华人民共和国中央人民政府. 志愿服务条例[EB/OL]. http://www. gov. cn/zhengce/content/2017—09/06/content＿5223028. htm. ［2019—05—22］（2017—09—06）.

二、老年人健康促进的体医结合保障内容要素探寻

政府、社会和市场对老年人体医结合实施保障以内容为中介。然而,老年人体医结合的顺利进行所涉及到的内容要素是复杂多样的。既有诸如场地器材之类的硬件要素,也有诸如政策法规、组织机构、技术、人力资源、信息等软件要素。最终,保障内容要素的选择应该围绕老年人体医结合实践中存在的问题以及遵循老年人体医结合良性结合为原则进行。结合老年人体医结合机制的概念内涵,保障内容要素包括硬件要素与软件要素两个维度。所谓硬件要素是指那些以有形形态呈现的要素之和,具体指代保障老年人体医结合实践开展的场地、器材、设施、设备等。所谓软件要素是指那些以无形形态呈现的要素之和,具体指代保障老年人体医结合顺利进行的组织机构、法律法规、人力资源、信息话语、利益、技术、经济等。硬件要素与软件要素的具体内容如下:(图 4 - 1)

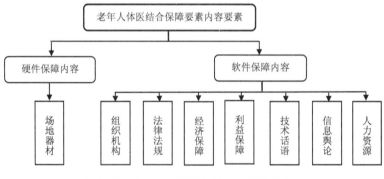

图 4 - 1　老年人体医结合保障内容要素构成

（一）硬件要素中的场地器材

场地器材需要是老年人对体医结合需要的重要内容(第二章,老年人体医结合的现实需要),这便突显出场地器材保

障的重要性。场地器材的保障作用主要通过对现有场地器材的开发与利用和设计开发出老年人专用保健康复设施两个方面。

现有场地器材开发与利用的前提是各类场地器材的拥有量。根据老年人进行体医结合的主要场所,现有场地器材主要集中于各级医院、养老机构和全民健身等场域内。截止到 2018 年末,我国共有医疗卫生机构 100.4 万个,其中各级医院 3.2 万个,公立医院 1.2 万个,民营医院 2.0 万个;基层医疗卫生机构 95.0 万个,其中乡镇卫生院 3.6 万个,社会卫生服务中心(站)3.5 万个,门诊部(所)24.8 万个,村卫生室 63.0 万个;专业公共卫生机构 1.9 万个,其中疾病防控中心 3469 个,卫生监督所(中心)3141 个。医疗卫生机构床位 845 万张,乡镇卫生院 134 万张[①]。截止到 2018 年末,我国各类养老服务机构和设施 15.5 万个,比 2016 年增长 10.6%,其中等级注册的养老服务机构和设施 2.9 万个,社区养老机构和设施 4.3 万个,社区互助型养老设施 8.3 万个,各类养老床位 744.8 万张,比2016 年增长 2%,千位老年人拥有床位量为 30.9 张[②]。就体育场地设施而言,目前我国全民健身活动中心覆盖率超过 70%,城市街道、乡镇健身设施覆盖率超 80%,行政村(社区)健身设施全覆盖,人均体育场地面积为 1.4 平方;到 2020 年,新建县级全民健身活动中心 500 个,乡镇健身设施 15000 个,城市社区多功能运动场 10000个,对损坏和超过使用期限的室外健身器材进行维护更新,人均体

---

① 国家统计局.2018 年国民经济和社会发展统计公报[EB/OL].http://www.stats.gov.cn/tjsj/zxfb/201902/t20190228_1651265.html.[2019—03—10](2019—02—28).

② 国家民政局.2017 年社会服务发展统计公报[EB/OL].http://www.mca.gov.cn/article/sj/tjgb/201808/20180800010446.shtml.[2018—12—22](2018—08—02).

育场地面积大都 1.8 平方①。由此可见,现有的场地设施能为老年人体医结合提供最基本的硬件保障。

专门针对老年人保健康复设计的器材是老年人体医结合场地设施保障表现的另外一个方面。随着老年人保健康复器材需求的不断加大,在市场上出现了一大批针对老年人的创新性康复保健器材研发公司。如天津日康康复器械有限公司就形成了运动上下肢系列、运动全身系列、作业治疗系列、功能评估系列、辅助用具系列、无障碍系列、牵引系列、物理治疗系列等 18 大类产品类别。较为知名的有烟台抗力康复器材制造有限公司、深圳金长雁康复器材有限公司、上海康帝康复器材有限公司等。还有一些专门针对老年人具体疾病而研发的器材公司,2019 年 11 月在广州白云国际会展中心举行的"运动疗法大会",在广州体育学院举行的"中国康复医学年会"中参展的器材公司多达 20 余家。康复器材公司的大量涌现,针对老年人体医结合器材研发的力度必然加大,这就为老年人体医结合提供了器材设施保障。

(二) 软件要素中的组织保障

老年人体医结合组织保障是在老年人体医结合指引下精心设计的,有意识协调的活动系统。在这些组织中存在着三个基本要素:共同的追求目标、合作的意愿和信息的交流②。

组织是社会的细胞,与老年人体医结合相关的组织呈现出多样性。关于组织的分类一直是学术界探讨的焦点问题。诸如世界

---

① 中华人民共和国发展与改革委员会. 体育发展"十三五"规划[EB/OL]. http://www. ndrc. gov. cn/fzgggz/fzgh/ghwb/gjjgh/201708/t20170810_857372. html. [2018—12—22](2017—08—10).

② 钟全宏. 试论我国体育产业的任务及组织保障[J]. 西安体育学院学报,2003. 20(2):20—21+27.

银行认为组织可分为政府组织和非政府组织;结构功能主义的创始人帕森斯根据组织的社会功能,将组织分为经济生产组织、政治目标组织、整合组织、模式维持组织①;韦伯根据权威将组织分为传统组织、秘密组织、合理合法的组织三种类型②。在众多的组织当中如何把组织进行有条理的分类既是认识老年人体医结合组织保障的基本前提也是出于对老年人体医结合组织科学管理的内在要求。虽然老年人体医结合组织同样适用上述划分,但是这种组织的划分过于宽泛,不能很好地理解老年人体医结合组织的基本结构与功能,从而也不能很好地理解具体组织在老年人体医结合实践过程中所起的保障作用。

以各组织在老年人体医结合发展中所起到的作用为划分依据,将组织分为监管组织、实践组织和支持组织三大类。三大组织之间以老年人体医良性结合为共同目标,通过合作的意愿和信息的交流形成老年人体医结合组织保障系统。(图4-2)

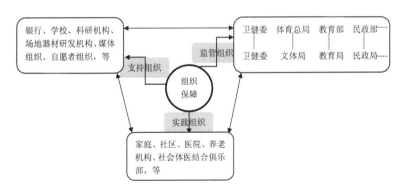

图4-2 老年人健康促进的体医结合组织保障体系

---

① 张康之,李圣鑫.组织分类以及任务型组织的研究[J].河南社会科学,2007.15(1):123—126.

② 王茂福.组织分类研究-韦伯与帕森斯之比较[J].社会科学研究,1997(1):95—100.

监管组织代表政府行使对老年人体医结合过程中的监管职责。根据老年人体医结合涉及的内容,政府的监管组织主要有国家体育总局、国家卫健委和国家民政部、教育部、发改委、人社部、税务局、医疗保障局、广播电视局等众多部门,并形成了一种"自上而下"的组织部门设置。

实践组织是指具体参与到老年人体医结合实践中的组织,这些组织构成了老年人体医结合实践的主体系统。主要有家庭、社区、各级医院、养老机构和体医结合俱乐部、基层老年人体医结合组织等。

支持组织是对老年人体医结合实践起支持作用的组织。主要有在资金上起支持作用的银行、基金、信贷等组织;在场地器材上起支持作用的产生企业、建筑企业、科技研发组织等;在人才培养和科学研究上起支持作用的各类学校、科研团队及科研组织、志愿者组织等;在信息传递与宣传上起支持作用的各媒体组织等。

由此可见,老年人体医结合组织保障几乎涉及到社会组织的方方面面。监管组织、实践组织和支持组织之间彼此联系,构成了老年人体医结合组织保障系统。在老年人的体医良性结合目标驱动下,体现出较高的合作意愿和较通畅的信息交流是组织保障作用体现的关键。

（三）软件要素中的法律法规

法律法规保障是把老年人体医结合实践上升到"法"的层面给予正确引导的保障内容。法律是指由全国人大代表大会及常委会制定和颁布的规范性文件,而法规是国家机关制定的规范性文件[①],法律和法规均具有法律效应。但是在老年人体医结合保障

---

① 百度百科. 法律法规[EB/OL]. https://baike. baidu. com/item/%E6%B3%95%E5%BE%8B%E6%B3%95%E8%A7%84/3468738? fr＝aladdin. [2019—02—26](2016—01—17).

过程中除了具有法律效应的法律法规外,还包括了各监管机构或部门颁布的各项政策。除此外,老年人体医结合作为老年产业的重要内容,必然也涉及到老年人体医结合行业规范。由此可见,这里所讲的法律法规主要包括法律、政策和行业规范三个层面,属于广义法律法规的范畴。

三个层面的法律法规在老年人体医结合保障中具有不同的指向。法律保障主要以"法"的形式从总方向上保障老年人的基本权益,这种保障是老年人体医结合存在的基础。政策保障作用的体现在体医结合发展的具体事务上,诸如组织的职责划分,资金的分配,技术的开发、人才培养等。因此,政策保障是根本。行业规范是一个行业内从业人员遵循的行为规范和标准。行业规范对整个行业人员提出了最起码、最基本的要求,是一种规范行为效应的保障。基于以上分析,三者之间的相互关系见下图。(图4-3)

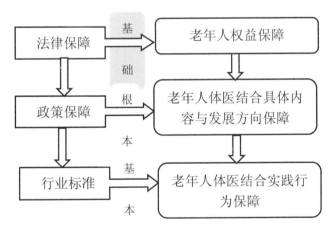

图4-3 老年人健康促进的体医结合
法律法规保障及其关系

1. 法律保障老年人权益是体医结合的基础

老年人权益的保障通过法律的形式赋予。在我国现行成文法中主要有三部涉及到老年人权益保障,即《中华人民共和国宪法》(以下简称《宪法》)、《中华人民共和国体育法》(以下简称《体育法》)和《中华人民共和国老年人权益保障法》(以下简称《老年人权益保障法》)。

《宪法》是国家的基本法,是母法,在我国拥有最高的法律效力。现在实施的《宪法》是 2018 年 3 月 11 日第十三届全国人大一次会议上投票表决通过的版本。其中《宪法》第二十一条第一款"国家发展体育事业,开展群众性的体育活动,增强人民体质";第八十九条(国务院行使下列职权)第七款"领导和管理教育、科学、文化、卫生、体育和计划生育工作";第一百零七条"县级以上地方各级人民政府依照法律规定的权限,管理本行政区域内的经济、教育、科学、文化、卫生、体育事业……";第一百一十九条"民族自治地方的自治机关自主地管理本地方的教育、科学、文化、卫生、体育事业……"①。《宪法》第二十一条"国家发展医疗卫生事业,发展现代医药和我国传统医药,鼓励和支持农村集体经济组织、国家企业事业组织和街道组织举办各种医疗卫生设施,开展群众性的卫生活动,保护人们健康";第四十五条"中华人民共和国公民在年老、疾病或者丧失劳动能力的情况下,有从国家和社会获得物质帮助的权利。国家发展为公民享受这些权利所需要的社会保险、社会救济和医疗卫生事业"②。从《宪法》对体育、医疗卫生和老年人涉及的具体条款来看,《宪法》对老年人体育权利、医疗卫生权利、

---

① 新华网,十三届全国人大一次会议,全国政协十三届一次会议.(两会授权发布)中华人民共和国宪法[EB/OL]. http://www.xinhuanet.com/politics/2018lh/2018—03/22/c_1122572202_6.htm.[2019—03—10](2018—03—22).

② 新华网,十三届全国人大一次会议,全国政协十三届一次会议.(两会授权发布)中华人民共和国宪法[EB/OL]. http://www.xinhuanet.com/politics/2018lh/2018—03/22/c_1122572202_6.htm.[2019—03—10](2018—03—22).

管理部门以及经济支持给予了明确规定。这为老年人体医结合发展提供了最高法律保障。

《体育法》在 2016 年 11 月 7 日举行的第十二届全国人大常务委员会第二十四次会议上进行了修改,《体育法》第十六条"全社会应当关心、支持老年人、残疾人参加体育活动。各级人民政府应当采取措施,为老年人、残疾人参加体育活动提供方便";第四十五条"公共体育设施应当向社会开放,方便群众开展体育活动,对学生、老年人、残疾人实行优惠办法,提高体育设施的利用率"①。可见,《体育法》从老年人体育参与权利、监管部门以及场地设施使用三个方面给予了规定。

《老年人权益保障法》是专门针对老年人合法权益保障的专门性法律,分为九章,共八十五条,从涉及的范围层面来看,主要涉及家庭赡养与扶养、社会保障、社会服务、社会优待、宜居环境、参与社会发展、发展责任等方面。以"体育""医疗卫生""养老"为关键词进行词频统计,其中"体育"一词共出现 5 次,主要涉及老年人体育活动的监管部门、体育活动设施建设与开放等方面;"医疗卫生"共出现 17 次,主要涉及医疗卫生机构职责、医疗卫生服务规划和范围、医疗保险、医疗待遇和救济、医疗卫生设施建设等方面;"养老"一词共出现 53 次,涉及养老机构、养老服务体系、养老教育、政府部门养老职责、家庭养老、养老政策、养老保险和养老金、养老设施建设等方面。《老年人权益保障法》从老年人权益保障的内容和范围进行了明确的规定,这为老年人体医结合提供了坚实的法律保障。

---

① 中国人大网. 中华人民共和国体育法[EB/OL]. http://www. npc. gov. cn/wxzl/gongbao/2017—02/21/content_2007622. htm. [2019—03—22](2017—05—10).

从《宪法》《体育法》和《老年人权益保障法》涉及的具体内容来看,虽然没有具体针对老年人体医结合的法律条款,但是三部法律从老年人体育权益、医疗权益以及养老权益给予了充分的说明。这为依托体育系统、医疗卫生系统和养老系统而运行的老年人体医结合提供了夯实的法律基础。

2. 政策保障具体内容是老年人体医结合的根本

"政策"是一个广义政策的概念,是指国家机关根据宪法和法律制定的各类规范性文件的总称。鉴于老年人体医结合涉及的相关政策较多,因此地方性政策不在讨论范畴之内。

与上述三部法律保障不同的是,政策保障是在老年人体医结合发展的具体内容上给予更明确的规范说明。由于老年人体医结合涉及的具体事务较多,不仅要求政策制定主体之间要具有协同意识而且还要求在政策内容、政策工具选择上具备较高的协同性,以能在老年人体医结合发展过程中起到充足的保障作用。鉴于涉及的政策文本较多,选取最近 3 年具有代表性的国家相关部门颁布的相关政策进行分析,代表性政策见表 4-1。

老年人是体医结合的对象,从表 4-1 中的相关政策内容来看,涉及到老年人服务的设施建设、资金来源、机构设置、养老服务等诸多方面。其他代表性政治还有:2016 年中共中央、国务院颁发的《"健康中国 2030"规划纲要》、2016 年国务院颁布的《全民健身条例(2016—2020 年)》、2014 年国务院颁发的《国务院关于加快发展体育产业促进体育消费的若干通知》、2015 年体育总局、卫计委、老龄办等 12 部委颁布的《关于进一步加强新形势下老年人体育工作的意见》、2019 年颁布的《健康中国行动计划的通知》《体育强国建设纲要》等。国家颁布的系列政策为老年人体医结合提供了充足的政策保障。

表 4 - 1　老年人健康促进的体医结合代表性政策保障内容①[注]

颁布时间	颁布部门	政策名称	保障内容简介
2019 年	国务院	《国务院办公厅关于推进养老服务发展的意见》	包括深化放管改革、扩大养老服务投融资渠道、扩大养老服务就业创业、扩大养老服务消费、促进养老服务高质量发展、促进养老服务基础设施建设、医养结合,等。
2018 年	国务院	《关于印发完善促进消费体制机制实施方案（2018—2020）的通知》	对旅游领域、文化领域、体育领域、健康领域、养老领域、家政领域、教育培训领域的市场准入,以及政策体系、领域产品和服务标准建设、信用体系、消费的配套保障进行了详细说明。其中在第十四条规定"积极开展体育、旅游、家政、养老等服务消费领域和以信息技术为支撑的消费新业态新模式的国家标准制定工作,选择部分服务业探索开展服务标准准入制试点";第二十四条"制定旅游、文化、体育、健康、养老、教育培训"等重点领域服务的统计分类和消费统计监测。
2017 年	国务院	《"十三五"国家老龄事业发展和养老体系建设规划的通知》	包括老龄事业和养老体系建设的指导思想、基本原则、发展目标、社会保险制度、社会福利制度、社会救助制度、公益慈善事业、社区养老服务、养老机构、农村养老服务、医养结合、老年人健康促进和疾病预防、老年人医疗与康复合理服务、老年人健身、老年人服务业态、老年人用品市场、无障碍设施建设和改造、安全、绿色便利生活环境、养老助老社会风尚、老年人教育、老年文化、老年人精神关爱、老年人人力资源开发、老年志愿服务、老年社会组织、老年法规政策体系、老年人权益保障机制、普法宣传教育、人才培养、等。

---

① 注:政策信息全部来源于中华人民共和国中央人民政府门户网,http://www.gov.cn/.[2019—08—22].

（续表）

颁布时间	颁布部门	政策名称	保障内容简介
2017 年	国务院	《关于制定和实施老年人照顾服务项目的意见》	对实施老年人照顾服务项目的指导思想、基本原则、重点任务、组织措施进行了详细说明。其中重点任务第十三条："加快推进医养结合力度,鼓励医疗卫生机构与养老服务融合发展,步建立完善医疗卫生机构与养老机构的业务合作机制,倡导社力量办医养结合机构"。
2017 年	国务院	《关于加快发展商业养老保险的若干意见》	对发展商业养老保险的指导思想、基本原则、主要目标、养老保险产品和服务、资金运营、管理、政策进行了详细说明。其中在第七条："积极兴办养老社区以及养老养生、健康体验、健康管理、医疗护理、休闲康阳等养老健康服务设施和机构,为相关机构研发生产老年人用品提供支持";第九条:"逐步建立老年人长期照护、康养结合、医养结合等综合养老保障计划,健全养老、康复、护理、医疗等服务保障体系"。

3. 行业标准规范实践行为是老年人体医结合的基本

根据《中华人民共和国标准化法》,行业标准属于 4 大标准分类中的一种(国家标准、行业标准、地方标准和企业标准)。而所谓行业标准则是没有国家标准而又需要在某个行业范围内统一的由国务院有关行业行政主管部门制定并报国务院标准化行政主管部门备案后发表的标准①。行业标准对于规范行业发展具有重要的作用。从法律范畴上来看,行业标准属于"软法"②。

---

① 段新芳,虞华强,潘海丽.国家标准、行业标准的立项与制定的程序和要求[J].中国人造板,2009(6):28—32.

② 所谓软法是非典型意义上的法,是由国家和社会认可并以柔性强制手段实现其功能和作用的法.刘长秋.作为软法的行业标准研究—以卫生行业标准为视角[J].北京理工大学学报(社会科学版),2013.15(2):108—116.

在老年人体医结合发展的起步阶段,尤其需要行业标准的保障作用。2018 年 9 月 24 日国务院办公厅颁布的《关于印发完善促进消费体制机制实施方案(2018—2020 年)的通知》(下简称"通知")中第十四条明确规定:"积极开展体育、旅游、家政、养老等服务消费领域和以信息技术为支撑的消费新业态新模式的国家标准制定工作"①。"通知"释放出国家对于消费领域标准制定的积极信号,这为老年人体医结合行业标准的制定提供了政策支撑。

老年人体医结合行业还刚刚起步,行业标准的建立对于规范老年人体医结合实践经营行为具有积极的意义。在国家政策精神的指引下,不久的将来老年人体医结合行业标准必将出台,这对于规范老年人体医结合市场行为将起到保障作用。

(四) 软件要素中的经济保障

老年人体医结合离不开经济的支持。由于老年人体医结合服务具有准公共服务的性质,在国家承担部分费用之后,消费者需要承担剩余部分的费用。这就决定了老年人要具备一定的经济承受能力。而老年人大都脱离了生产劳动,经济创造能力减弱,因此支付体医结合费用的能力受到社会经济发展总体水平的影响。这种经济保障是针对老年人体医结合消费主体而言的,是对老年人体医结合支付能力的保障,这种保障称之为"基本经济保障"。

政府利用财政拨款、福利彩票公益金、体育彩票公益金投资于全民健身计划、老年人医疗和养老服务。除此外,吸收社会资金投资于老年人体医结合,利用市场机制保障老年人体医结合社会资金的流入。这部分经济投入是紧紧围绕老年人体医结合实践而展

---

① 中华人民共和国中央人民政府. 国务院办公厅关于印发完善促进消费体制机制实施方案(2018—2020 年)的通知[EB/OL]. http://www.gov.cn/zhengce/content/2018—10/11/content_5329516.htm. [2018—12—22](2018—10—11).

开的,故此,可把这部分经济称之为"主要经济保障"。基本经济保障和主要经济保障之间的内容及相互关系见下图。(图 4 - 4)

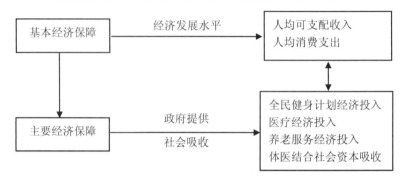

图 4 - 4 老年人健康促进的体医结合经济保障类型、方式及关系

从上图中可以看出,国家经济发展水平不仅决定了老年人支付体医结合服务的能力,而且还对国家财政投入和社会吸收具有积极的促进作用。国家经济发展水平越高,老年人支付体医结合服务的能力越强,老年人体医结合社会资本投入越积极,它们之间形成了一个良性循环。国家经济发展水平是在整个循环系统中最活跃的因素。

1. 稳步提升的经济发展水平是老年人体医结合的基本经济保障

经济发展水平是指一个国家经济发展的规模、速度和所达到的水准,反映一个国家经济发展水平的指标主要有国民生产总值(GDP)、人均国民收入、经济发展速度和经济增长速度四个常用指标[①]。国民生产总值反映的是一个国家的综合竞争力,人均国民收入反映的是一个国家的经济实力,经济发展速度反映的是一

① 百度百科. 经济发展水平[EB/OL]. https://baike. baidu. com/item/%E7%BB%8F%E6%B5%8E%E5%8F%91%E5%95%95%E6%B0%B4%E5%B9%B3/10173878? fr=aladdin. [2018—12—22](不详).

定时期内物质生产和劳务发展的速度,反映出经济增长的快慢。虽然这四个指标能够综合反映出国家经济发展水平,但是并不能真正反映老年人用于支付体医结合的经济能力。故此,反映居民可用于自由支配的人均可支配收入,反映居民消费支出类型的人均消费支出水平能够客观反映出老年人用于支付体医结合的经济能力。

（1）人均可支配收入增长为老年人支付体医结合服务提供了经济能力保障

据国家统计局统计数据显示,2018 年全国居民人均可支配收入为 28228 元,较之于 2017 年增长了 8.7％,其中人均可支配收入中位数为 24336 元,比 2017 年增长了 8.6％。从城镇居民和农村居民人均可支配收入来看,城镇居民人均可支配收入 39251 元,比 2017 年增长 7.8％,中位数为 36413 元,增长 7.6％;农村居民人均可支配收入 14617 元,比 2017 年增长 8.8％,中位数为 13066 元,增长 9.2％[①]。从 2014 年—2018 年间,我国居民可支配收入稳步增长(图 4 - 5),这为城乡老年人支付体医结合服务提供了经济能力保障。

（2）人均消费支出类型与比例为老年人支付体医结合服务提供了现实保障

从城乡居民人均可支配收入来看,老年人群体可支配收入的逐年提升为老年人支付体医结合服务费用提供了可能,但是这种可能性要最终转化到老年人体医结合支付实践中去。从 2018 年全国居民人均消费支出来看,人均消费支出 19853 元,比 2017 年

---

①　注:数据来源于国家统计局网站.国家统计局.2018 年国民经济和社会发展统计公报［EB/OL］. http://www. stats. gov. cn/tjsj/zxfb/201902/t20190228_1651265. html.［2019—03—05］(2019—02—28).

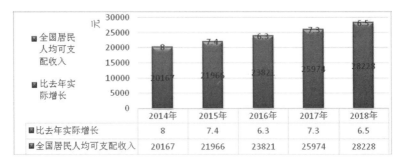

图4-5 2014—2018年全国居民人均可支配收入及增长速度②[注]

增长 8.4%,扣除价格因素,实际增长 6.2%。其中,城镇居民人均消费支出为 26112 元,较之 2017 年增长 6.8%;农村居民人均消费支出为 12124 元,增长 10.7%。在居民人均消费支出类型中,全国居民恩格尔系数为 28.4%,较 2017 年下降 0.9 个百分点,其中城镇居民恩格尔系数为 27.7%,农村居民恩格尔系数为 30.1%。从 2018 年全国居民人均消费支出构成来看,食品烟酒消费 5631 元(28.4%)、衣着消费 1289 元(6.5%)、居住消费 4647 元(6.5%)、生活用品及服务 1223 元(6.2%)、交通通信 2675 元(13.5%)、教育文化娱乐 2226 元(11.2%)、医疗保健 1685 元(8.5%)、其他用品及服务 477 元(2.4%)。(图 4-6)

虽然图 4-6 并不能直接反映出老年人体医结合消费支出情况,但是从医疗保健、教育文化娱乐、生活用品及服务和其他用品及服务的比例占到了总消费比重的 28.3%,说明城乡居民具备了较强的为医疗卫生用品及服务"买单"的意识。在人均可支配收入不断提高的前提下,消费意识的转化为老年人体医结合支付现实提供了可能。

2. 政府财政支出和社会吸收是老年人体医结合的主要经济保障

2017 年 7 月国务院法制办、国家发改委、财政部联合颁布

图 4-6 2018 年全国居民人均消费支出及其构成[①][注]

《基础设施和公共服务领域整合和社会资本合作条例(征求意见稿)》[②],规定了政府和社会作为公共服务领域投资的主体地位。

(1) 老年人体医结合政府财政支出指向于体育、医疗卫生和养老三个领域

鉴于政府并没有发展体医结合的专项资金,也没有专门针对老年人体医结合专项经费,对老年人体医结合主要经济保障反映在政府向群众体育、医疗卫生和养老服务的经济投入三个方面。

全民健身投入的经济来源很大一部分来自于体育彩票,利用体育彩票公益金来促进群众体育发展是政府资金投入群众体育的

---

① 注:数据来源于国家统计局网站国家统计局. 2018 年国民经济和社会发展统计公报 [EB/OL]. http://www. stats. gov. cn/tjsj/zxfb/201902/t20190228_1651265. html. [2019—03—05](2019—02—28).

② 中华人民共和国商务部. 基础设施和公共服务领域政府和社会资本合作条例(征求意见稿)[EB/OL]. http://www. mofcom. gov. cn/article/b/g/201709/20170902653358. shtml. [2018—12—22](2017—09—29).

重要途径之一。2017 年国家体育总局安排彩票公益金 203904.39 万元,资金主要用于全民健身场地设施建设、捐赠各类体育健身器材、资助群众体育组织和队伍、资助或组织开展全民健身活动、开展科学健身指导和宣传等工作。其中,援建全民健身场地设施和捐赠体育健身器材 166067 万元,其中向残疾人、解放军和老年人捐赠健身器材供给 1200 万元;用于资助群众体育组织和队伍建设 7740 万元,其中老年人健身系列培训班资助 50 万元、举办第三届全国老年人体育健身大会 600 万元①。受《国民经济和社会发展十三五规划》以及《全民健身计划(2016—2020 年)》等政策精神的要求,政府对老年人体育的资金投入比例将越来越高。由此可见,政府对老年人体育资金的投入是老年人体医结合经济保障主要内容之一。

政府对医疗卫生的投入是政府的本质职能的体现,也是实现社会公平、保障公民健康、促进医疗科技水平发展的重要手段。在 2019 年 3 月举行的十三届全国人大二次会议上,全国人大监察和司法委员会副主任徐显明在回答中外记者提问时说到"政府财政在医疗卫生资源的投入总数增长较快,2018 年政府财政预算执行总数约为 15700 亿元,并且连续五六年增长率均大于 11%,占一般公共预算总支出比重的 7%以上"②。政府财政对医疗卫生的投入主要集中在医疗卫生体制改革、医疗卫生事业建设等方面。老年人体医结合离不开医疗卫生元素的参与,政府财政

① 国家体育总局经济司. 国家体育总局 2017 年度本级体育彩票公益金使用情况公告[EB/OL]. http://www. sport. gov. cn/jjs/n5033/c863747/content. html. [2018—12—22](2018—06—25).

② 文汇报网络版. 国家在医疗卫生利于的投入,连续六年年增长超过 11%[EB/OL]. https://baijiahao. baidu. com/s? id=1627614153458332734&wfr=spider&for=pc. [2019—05—10](2019—03—10).

对医疗卫生的大量投入是老年人体医结合经济保障主要内容之一。

进入 21 世纪以来,随着老龄化问题的日渐严峻,国家对养老服务的政府投入力度也在逐年增加。2017 年国务院印发《"十三五"国家老龄事业发展和养老体系建设规划的通知(国发[2017]13 号)》(下简称"十三五老龄规划")文件中明确提出:"健全老年人的财政投入"、"各级政府要根据经济社会发展状况和老年人口增长情况,建立稳定的老龄事业经费投入保障机制。民政部本级彩票公益金和地方各级政府用于社会福利事业的彩票公益金,50% 以上要用于支持发展老年人服务业务,并随老年人口的增加逐步提高投入比例"[①]。2018 年 1—11 月份,我国福利彩票销售总额达到 2039.53 亿元,如果 50% 的用于老年人服务事业的发展,单就福利彩票一项,金额就达到了 1020 亿元左右。老年人体医结合发展相伴于养老事业的整体发展而运行,政府对养老事业投入的大量资金也是老年人体医结合经济保障的主要内容之一。

基于以上分析,不难发现,依托体育系统、医疗卫生系统以及养老服务体系"三驾马车"的政府资金投入下为老年人体医结合发展提供了极其重要的经济保障。

(2) 老年人体医结合社会资本介入是经济保障的重要途径

"十三五老龄规划"中提到的社会资本是"是指个人拥有的、表现为社会结构资源的资本财产,它是由构成社会结构的要素组织,主要存在于人际关系和社会机构中,并为社会结构内部的个人行

---

① 中华人民共和国中央人民政府. 国务院关于印发"十三五"国家老龄事业发展和养老体系建设规划的通知[EB/OL]. http://www. gov. cn/zhengce/content/2017—03/06/content_5173930. htm. [2018—12—22](2017—03—06).

动提供便利"(科尔曼 Coleman)①;"落实和完善鼓励政策,引导各类社会资本投入老龄事业,倡导社会各界对老龄事业进行慈善捐赠,形成财政资金、社会资本、慈善基金多元结合的投入机制"②。从老年人体医结合社会资本介入的形式看,可以分为个人或集体的社会资本和组织机构(主要是指慈善机构)的社会资本。

由于社会资本具有"理性经济人"的特色,在巨大市场产业的催动下,社会资本纷纷介入。到目前,"养老+地产""养老+保险""养老+服务运营"等社会资本投资模式已经出现。社会资本的大量涌入在推动养老产业发展的同时也必然为老年人体医结合发展提供了丰厚的经济保障。

慈善基金是私人财富用于公共事业的合法社会组织,是社会资本介入公共事业的重要资金补充形式。我国的慈善基金已经渗透到诸如灾难救助、扶贫救济、助学助教、助医扶残、助孤安老等社会保障的方方面面。1997 年中华慈善总会携手汇丰银行共同启动"汇丰中华慈善老年人关怀项目",截止到 2018 年向全国 80 余家养老机构捐赠超过 1000 万。诸如此类的慈善基金也为老年人体医结合发展提供了重要的经济保障。

(五) 软件要素中的人力资源

老年人体医结合人力资源保障作用的体现在人力资源的数量和质量两个方面。老年人体医结合专业人力资源数量为老年人体医结合服务提供了可实施的宽度,而人力资源质量为老年人体医

---

① 东方财富网.养老服务:洗一个十万亿级的朝阳产业[EB/OL]. https://baijia-hao. baidu. com/s? id＝16264965149195840l2&wfr＝spider&for＝pc. [2019—03—10](2019—02—26).

② 陈柳钦.社会资本及其主要理论研究观点综述[J]. 东方论坛:青岛大学学报,2007(3):84—91.

结合服务提供了可实施的深度。

从人力资源数量上看,我国现有的卫生技术人员和社会体育指导员是潜在的老年人体医结合人力资源。据国家统计局数据显示,2014—2018 年我国卫生技术人员呈现逐年增长的态势。2014 年我国卫生技术人员为 759 万、2015 年为 801 万、2016 年为 845 万、2017 年为 899 万、2018 年为 950 万。五年来卫生技术人员增加了 191 万。同时,我国注册的社会体育指导员人数达到 200 多万。数量庞大的卫生技术人员和社会体育指导员为老年人体医结合提供了充足的人力资源保障。从人力资源质量上看,现阶段,我国老年人体医结合专业人才还不能满足老年人体医结合发展的客观需要。这主要表现为现阶段的高校人才培养专业中缺乏相应的体医结合专业人才培养机制。存在着懂体育而不懂医学,懂医学而不懂体育的人才培养尴尬。

（六）软件要素中的技术话语

"技术是制造一种产品的系统知识,所采用的一种工艺或提供的一项服务……"①。正如法国哲学家戈菲所说:"技术无处不在,它将一项活动经过充分设计,从而可以使人们从中区分出一个目的和为实现这一目标的所必需的一些中介"②。此话不仅道出了技术的普适性特点而且还说明了技术在目标和行为之间的中介关系。

纵观老年人体医结合整个实践过程,无不充斥着技术的因素。但是在这些技术因素中,有些技术不仅应用到老年人体医结合实践中而且还可以应用到其他的社会生活领域中,诸如通讯技术、计

---

① 百度百科. 技术[EB/OL]. https://baike.baidu.com/item/%E6%8A%80%E6%9C%AF/13014499? fr=aladdin.[2018—12—22](不详).

② 让一伊夫・戈菲. 技术哲学[M]. 北京:商务印书馆,2000:22.

算机技术、自动化技术等。在学术界把"可以在一个或多个领域广泛应用，能对技术进步、经济和社会发展产生深远影响的技术"称之为共性技术①。共性技术具有准公共产品的性质②，因此共性技术在老年人体医结合中保障作用的体现与国家的整体技术氛围和技术结构有必然的关系。在"中国制造 2025"的带动下，共性技术的应用必然为老年人体医结合发展提供深厚的技术基础保障。

共性技术是相对于专有技术而言的，专有技术称之为技术诀窍。在老年人体医结合实践中能够为老年人体医结合效果产生能动直接影响的技术称之为专有技术。老年人体医结合效果离不开体育技术和医疗卫生技术的双重影响。

不论是科学研究还是老年人健康促进实践均表明，医疗卫生在老年人健康促进过程中本身就是技术的代名词。在对老年人健康干预的过程中，无时无刻不应用到医疗卫生技术。医疗卫生技术无疑能为老年人体医结合提供充足的技术保障。就体育技术而言，体育技术是一种关于身体运动的技术。但是这种技术在老年人健康促进过程中以科学运动为外在表现形式，而科学运动以运动过程中的运动形式、运动方法、运动强度、运动时间、运动量等运动要素为内核。在老年人体医结合实践过程中，以运动要素为内核的技术指向于运动处方。运动处方技术既是体育技术的代名词，也是老年人体医结合技术的核心。

运动处方之所以是老年人体医结合技术的核心是因为运动处方的开具过程中汇集了医生和体育专家对专业技术的综合应用，

---

① 孙福全，彭春燕，等.产业共性技术研发组织与基地建设研究［M］.北京：中国农业科学技术出版社，2008.5：22.

② 项哲学，陈玉端.论共性技术［J］.浙江工业大学学报（社会科学版）［J］.2003.2（1）：1—4.

在实践过程中需要体育专家应用体育专业技术对老年人体医结合实践进行指导,在实践之后的评估过程中则需要医生对老年人身体状况的诊断与评估。运动处方应用的过程也是体医结合实践过程。

然而,在老年人健康管控过程中,运动处方的应用取决于医生的推荐力度。因为,医生拥有对健康管控的绝对话语权。在医生开具运动处方能力不足的情况下,体育专家的话语分享就显得尤为重要。

（七）软件要素中的信息舆论

信息舆论保障是信息保障和舆论保障的结合体。信息也是一个内涵及其丰富的概念。在日本称之为"情报",在台湾称之为"资讯",在中国古代称之为"消息"。而舆论则为社会中相当数量的人对于特定话题所表达的个人观点、态度和信念的集合体[①]。舆论功能的表现在于对舆论客体的影响,这种影响是一种直接的或间接的、显性的或隐性的。也正是因为舆论影响客体功能的存在,才显得舆论在老年人体医结合保障中的重要性。

舆论和信息存在着天然的联系,这是因为信息及其传播是舆论生成最广泛、最大量使用的渠道[②]。尤其是在网络技术、自媒体技术高度发展的今天,信息传播体现出即时性的特点,信息对舆论的作用机制正在发生巨大变化,集中凸显的一点便是舆论形成的周期缩短。信息具有客观性和潜在性特点,利用现代信息传播技术所形成的舆论对老年人体医结合具有潜在的影响。

---

① 徐慰增,何得乐,等.不列颠百科全书(国际中文版)[M].北京:中国大百科全书出版社,2007.4:4—9.

② 童兵.新闻信息传播与舆论定势的互动[J].中国人民大学学报,1995(4):71—78.

人们对老年人体医结合的共同看法必然影响到老年人体医结合的进程与紧密程度。而对老年人体医结合共同看法与信息的传播途径有着直接关系。研究表明,现代人获取健康信息的途径存在着性别差异、年龄差异、文化程度差异。女性比男性更多地通过报纸、杂志等印刷品获取健康信息,年龄越大通过计算机网络、移动网络获取信息的概率越小,通过电视、广播、报纸杂志等印刷品获取健康信息的概论越大。文化程度越高,通过计算机、移动网络获取健康信息的概率越大[①]。老年人体医结合是国家力推的健康促进新理念,其舆论生成机制是一种自上而下的舆论类型。这种类型较之于自下而上的舆论类型更容易动用多种途径进行信息传播,因此也更容易在短时间内形成有效舆论并迅速扩散。以计算机网络为例,在百度搜索中以"体医结合"为搜索关键词,共搜索到网页信息 3900 万个,资讯 110 万篇;以"老年人体医结合"为搜索关键词,搜索到网页信息 1690 万个,资讯 57.3 万篇。生成的时间大都为 2016 年之后。可见,利用现代信息传播所形成的舆论对老年人体医结合也提供了潜在的保障作用。

（八）软件要素中的利益保障

马克思认为,人们对利益的追求是社会进步的动力。利益之所以能成为老年人体医结合的保障要素是由利益的本质所决定的。人们生来就带有欲望的基因,而利益恰恰是依附欲望而生。

然而,人们在特定的社会历史条件下对利益的追求存在差异,即便是处于同一社会背景下,人们对利益的诉求也是千差万别。根据利益的需求范围,可以分为个人利益、集体利益和国家利益三

---

① 唐海霞.泛网络环境下健康信息获取途径研究[D].重庆:重庆医科大学硕士学位论文,2016.6:4.

个方面。我国社会主义设计者邓小平认为,在社会主义制度下,个人利益要服从集体利益,集体利益要服从国家利益,局部利益要服从整体利益,暂时利益要服从长远利益①。在全面建成小康社会、建设健康中国的进程中,老年人体医结合为健康中国和小康社会服务,代表的是国家利益。邓小平认为,强调国家利益并不是反对和扼杀个人利益和集体利益。相反,在社会主义制度下,个人利益和集体利益是统一的,集体利益与国家利益是统一的,局部利益与整体利益是统一的,暂时利益与长远利益是统一的。只是要"防止只顾本体利益、个人利益而损害国家利益、人民利益的破坏性的自发倾向"②。

在老年人体医结合过程中,既存在着个人利益,也有集体利益。而个人利益、集体利益与国家利益是相互统一,辩证一体的,个人利益和集体利益最终指向于国家利益。老年人体医结合既有国家利益的当代诉求,也有集体(部门)利益的发展要求,还有个人利益的现实需要。也就是说,老年人体医结合过程中存在着多元的利益诉求主体。而各主体的利益诉求内容存在着较大的差异,这就要求在结合过程中要顺畅利益表达渠道,深入了解不同主体之间利益诉求的差别,为老年人体医更好结合打下基础。

第二节　老年人健康促进的体医结合保障功能实现困境

老年人体医结合保障功能的实现依赖于各保障要素形成保障

---

① 邓小平.邓小平文选(第二卷)[M].北京:人民出版社,2010:175.
② 邓小平.邓小平文选(第二卷)[M].北京:人民出版社,2010:362.

合力。保障主体的多样性、保障内容的丰富性为保障功能实现带来了难度。在老年人体医结合实践过程中保障功能实现困境具体表现在：保障主体要素对老年人体医结合反应的滞后性、硬件保障内容的可及性不足和软件保障内容的指向性不集中三个突出问题。

一、老年人体医结合保障主体要素反应滞后

老年人体医结合保障功能的实现与保障主体积极主动地采取恰当的保障措施有着紧密关系。结合老年人体医结合需要和实践现状可以看出，老年人体医结合保障主体在实施保障过程中反应不够积极主动，所采取的保障措施与老年人保障内容对接性不强，从而导致保障效果不理想。

（一）政府主体对老年人体医结合保障措施不多

现阶段，政府是推动老年人体医结合的最佳主体，政府在保障老年人体医结合顺利进行的过程中起着至关重要的作用。政府作用的体现主要是通过制定体医结合发展法规政策为规范结合提供"法"的保障；通过指派、重组相关组织机构为体医结合发展提供组织保障；通过提供专项发展资金为体医结合提供经济保障。然而从现实情况来看，中央政府层面既没有出台老年人体医结合的专项法规政策群，也没有设立专门的组织机构，更没有提供结合必需的专项资金。这是政府作为保障主体对老年人体医结合保障措施不多的具体表现。

老年人体医结合作为政府提供的准公共产品，要想实现保障措施的全面性需满足一下条件：其一，老年人体医结合的社会矛盾已经显露出来，社会实践已经提出了保障的客观需要；其二，老年人体医结合实践已经证明对老年人健康促进的有效性和可行性；

其三,政府不同部门间对老年人体医结合价值的认识基本趋于一致;其四,政府部门有充足的能力与时间来完成保障工作。

虽然老年人体医结合需要与不平衡、不充分发展之间的矛盾是老年人体医结合推进的源动力,但是这种矛盾并没有成为一种典型性社会矛盾。这种矛盾虽然在经济发达地区,诸如北京、上海、广州、深圳等地表现较为强烈,但是相对于其他地区尤其是广大农村地区,老年人体医结合的需要表现得并不强烈。

不可置否,体医结合是一种被历史和现实证明了的有效的老年人健康促进方式。在大健康观念的要求下,健康防治关口前移已经成为大势所趋。然而,在长期的定式健康管控思维影响下,老年人对自身健康的管控方式更加倾向于医疗手段。此外,针对老年人健康促进方式选择的多样性,也使得老年人对效果周期长的体医结合在心理接受上存在着天然的排斥。如家庭案例中,当事老年人对体医结合的放弃,最终转向"艾灸"。这就使体医结合之于老年人健康促进的可行性受到了一定冲击。

老年人体医结合涉及到多个政府部门,形成了横向的不同部门间和纵向的相同部门间的错综复杂的关系。横向的不同部门职责决定了其对老年人体医结合价值的认识存在着差异;而纵向的上下级关系同样使得部门间对老年人体医结合价值认识存在着强弱之分。此外,政府部门对老年人体医结合价值的认识还与老年人体医结合本身的构成要素着一定的关系。科学地认识老年人体医结合构成要素能为政府提供保障定位。

此外,在政府处理公共事务的过程中,存在着政府能力的有限性与公共事务(问题)的无限性之间的矛盾。尤其是在社会主义初级阶段,随着社会的发展与进步,公共问题的出现较之于其他时期都要多,都要复杂。在"小政府、大社会"的政府职能转型要求下,某些公共事务可交由社会来处理。在社会处理公共问题机制尚不完善的前提下,政府对老年人体医结合必然会出现滞后反应。

2016年健康中国建设上升到国家发展战略高度,同年提出体医结合概念,2019年颁布实施《健康中国行动(2019—2030年)》。在"维护全生命周期"的指引下,老年人虽然是健康的迫切需要者,但是妇幼、中小学生、职业健康同样是健康中国建设的重点关注人群。从2019年颁布实施的《关于推进医养结合发展的若干意见》可见看出,政府解决老年人公共问题的重心是"老有所养、老有所依、老有所乐、老有所安"。所以,在时间上政府还来不及对老年人体医结合采取全面的保障措施。随着健康中国建设进程的不断深入,老年人体医结合自身价值的不断突显,相信在不远的将来,政府必然采取全面的保障措施来促进老年人体医结合完美进行。

（二）社会主体与老年人体医结合对接性不强

社会主体具体是指基层体医结合组织、志愿者组织和社会学术团体等非营利性组织。社会主体与老年人体医结合的对接性不强主要表现于社会主体的活动内容与老年人体医结合保障要素内容的对接性不强。

就基层体医结合组织而言,通过对广州市和上海市的社区走访调查发现,基层体医结合组织挂靠于社区老年人协会,在国家民政部的"全国社会组织信息查询系统"中,也无法查询到体医结合组织的相关信息。可见,真正意义上的基层体医结合组织并没有建立。而依托于社区老年人协会所开展的体医结合实践活动,其活动目的与性质也与体医结合相距甚远。

就志愿者组织而言,志愿者能够充分发挥我国人口红利的优势,为老年人体医结合提供人力资源保障。在老年人体医结合实践过程中,志愿者不仅仅是为老年人提供陪护服务、生活照料服务,还应具备体医结合的相关技能,这样才能真正发挥应有的作用。然而,在志愿者组织发展缓慢的当下,能够为老年人提供体医结合服务的志愿者数量相对有限,志愿者为老年人提供的服务内容也与体医结合相距甚远。

就学术团体而言,中国体育科学学会、中华医学会、中国康复医学学会、中国老年保健协会、中国老龄产业协会、中国老年人体育协会等学术团体为老年人体医结合发展提供了学术理论支撑。尤其是各学术团体形成了自上而下的协会体系丰富了老年人体医结合活动的开展。近年来,各学术团队开展了广泛的以体医结合为专题的学术活动,大大激发了学者对体医结合的研究热情。但是从各类学术团体所开展的学术活动内容来看,存在着医学和体育学两种鲜明的学术范式。以中国康复医学会为代表的学术活动,在老年人康复问题研究上大都从医学角度对疾病进行探讨;以中国体育科学学会为代表的学术活动,在老年人康复问题研究上大都从体育运动的角度进行研究。这种人为割裂使得学术团体为老年人体医结合提供学术理论支撑力度上打了折扣。

（三）市场主体对老年人体医结合保障效果不佳

市场主体利用自身的市场机制能够弥补政府保障的失灵,从而实现对老年人体医结合最佳保障效果,在老年人体医结合市场机制不成熟的情况下,最佳保障效果的实现有一定难度。

在市场机制下,老年人体医结合作为私人商品而存在。老年人体医结合的市场主体(体医结合俱乐部、民营医院、养老机构)根据市场的供需关系来决定体医结合服务的供给。在老年人体医结合服务供给过程中利用市场的优胜劣汰天然法则实现对老年人体医结合内容要素的保障。在市场机制作用下,老年人体医结合供给主体往往具有"理性经济人"的特征。从养老机构和俱乐部体医结合的案例分析中发现,市场主体所能提供的老年人体医结合服务的数量有限,质量不佳,而老年人个体对体医结合的需求还未形成足够的强度。2013 年国务院颁布《关于加快发展养老服务业的若干意见》中就明确指出要完善市场机制,充分发挥市场在资源配置中的基础性作用①。可见,市场主体能够利用自身的优势实现对老年人体医结合良好的保障效果体现还不够明显。

二、老年人体医结合硬件保障要素可及性问题

硬件保障为老年人体医结合提供了外部性条件保障。在《关于加快发展养老服务业的若干意见》中提出要为老年人提供方便可及的老年人产品,要统筹规划发展城市养老服务设施②。可见,在老年人服务供给中,存在着老年人硬件设施供给可及性程度低的客观现实。

Thomas 认为所谓可及性是描述患者与医疗卫生保健协同之间的适合度的量纲(degree of fit)③。老年人体医结合硬件保障要素的可及性是指在体医结合中老年人与场地器材设备之间的适合程度。Peters David 认为这个适合程度是由供给与需求两个维度出发,表现在地理可及性(geographic access)、可得性(availabili-

①　中华人民共和国中央人民政府. 关于加快发展养老服务业的若干意见[EB/OL]. 0http://www. gov. cn/zhengce/content/2013—09/13/content_7213. htm. [2019—05—22](2013—09—13).

②　中华人民共和国中央人民政府. 关于加快发展养老服务业的若干意见[EB/OL]. http://www. gov. cn/zhengce/content/2013—09/13/content_7213. htm. [2019—05—22](2013—09—13).

③　Pechansky R Thomas W. The concept of access:Drfinition and Relationship to Consumer Satisfaction[J]. Medical Care,1981,19(2):127—140.

ty)、经济可及性(financial access)和可接受性(acceptability)四个
方面①。(图 4 - 7)

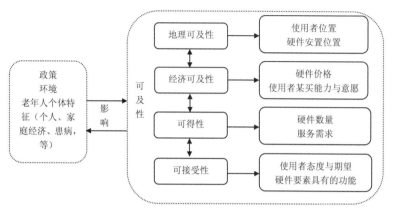

图 4 - 7 老年人体医结合硬件保障可及性内涵及影响因素

老年人体医结合硬件保障要素的地理可及性(geographic access)是指体医结合场地器材设备与老年人之间的距离。全民健身场地器材设施建设能为老年人体医结合提供良好的硬件保障。随着公园、校园场地设施的对外开放,15 分钟健身圈建设力度的不断加大,在"城市社区、乡镇、行政村实现公共体育健身设施覆盖率达到 100%"的政策目标引领下,老年人体医结合场地器材设备的地理可及性会得到改善。

老年人体医结合硬件保障要素的经济可及性(financial access)是指老年人经济支付能力、意愿与器材设备设施价格之间的关系。在经济保障要素中已经表明,我国稳步增长的经济发展水平,人均可支配收入和人均消费支出逐年增加,这都为老年人支付体医结合器材设备设施提供了经济保障。但是,老年人体医结合

---

① David P, Anu G, Gerry B. Poverty and access to health care in developing countries[J]. Annals of the New York Academy of Sciences,2008,11(26):161—171.

活动的开展对器材设施设备提出了更高的要求。如果与老年人体医结合相关的器材设施设备在价格上超出了绝大多数老年人的经济承受力,硬件保障要素的可及性必然会受到影响。从各康复器材生产厂商所生产的器材设备来看,老年人体医结合器材设备呈现出专门化、精细化、科学化的特点。此类器材设备虽然针对性强,但是价格也相对昂贵。影响了老年人对体医结合器材设备的可及性。尤其是由单个器材设备组成的康复系统,更是超出了一般家庭老年人的经济承受范围。(见表4-2)

表4-2　代表性老年人体医结合器材设施分类及价格①[注]

分　类		代表名称	具体用途	价格区间(元)
康复评估类	血压	血压检测仪	血压监测	500—2000
	心脏	心率监护仪	心率监测	200—2000
	血液	血氧仪/血脂五项监测仪	血液监测	200—4000
康复作业类	周身作业	多功能康复器械	全身运动	2000—10000
	上肢作业	上肢功能调节训练器	上肢功能康复	500—3000
	下肢作业	下肢功率车	下肢功能康复	500—2000
	躯干作业	腰背治疗床	腰背功能康复	1000—3000
	辅助作业	减重步态训练器	步行辅助	1000—3000
系统操作类	平衡功能	平衡功能检测训练系统	平衡功能康复	2000—5000
	神经功能	神经康复评定系统	神经功能康复	2000—5000
	孤独感	孤独与多动障碍干预系统	心理功能康复	5000—10000
	上下肢	智能康复训练系统	上下肢康复	2000—5000
	语言	语言障碍治疗系统	语言功能康复	5000—10000

　　老年人体医结合硬件保障要素的可得性(availability)是指体医结合硬件数量和质量能够满足老年人体医结合服务需要。全民

---

① 注:资料来源于各大康复器材生产厂商。

健身路径中的器材设备能够满足老年人对场地器材设备可得性的要求,但是全民健身路径中的器材设备功能相对有限,对于更深层次的体医结合要求无法在硬件上得以保证。表4-2中专门针对老年人而设计开发的器材设备一般存在于社区、医院、养老机构以及体医结合俱乐部内。社区内的体医结合器材设备存在着数量少而使用者多的矛盾;医院、养老机构以及体医结合俱乐部内的器材设备存在着收费的矛盾。通过对广州体育学院的"健脊源点"运动医学康复中心、广州市荔湾区的"泽康"康复中心等康复中心的调研发现,来消费的老年人群比例较低。

老年人体医结合硬件保障要素的可接受性(acceptability)是指老年人对体医结合器材设备的心理接受程度与器材设备本身具有的功能之间的关系。心理接受程度是老年人对体医结合器材设备的整体性认识所表现出的心理倾向。从老年人体医结合专项器材设备的功能与价格来看,体医结合专项器材所具有的功能能够满足老年人具体疾病进行诊断、康复、治疗的需要,但是昂贵的价格显然让绝大多数老年人无法接受。

综上所述,老年人体医结合硬件保障要素的可及性问题还较为尖锐。依托于全民健身建设的硬件设施无法满足老年人体医结合对硬件保障要素的要求。社区、医院、养老机构以及社会体医结合俱乐部中拥有针对性更强的场地设施,但是由于地理可及性、经济可及性、可得性以及可接受性上问题突出,从而使老年人体医结合硬件保障要素的可及性受到影响。

三、老年人体医结合软件保障要素指向性问题

老年人体医结合硬件保障是基础,而软件保障则是重点。从老年人体医结合实践的现实情况来看,软件保障要素存在的突出

性问题是各软件要素对老年人体医结合的指向性不够集中。

（一）法规保障效力淡化

法规效力泛指法律法规政策对事物发展的强制力和约束力。老年人体医结合法规效力是与老年人体医结合相关的法律法规政策从静态的文本条款走向动态运行的作用力，是作用于老年人体医结合所产生效用的能力。老年人体医结合法律法规保障运行根据效力作用对象的不同表现出内在效力和外在效力的结合。

所谓内在效力是指针对老年人体医结合不同法律、法规、政策之间和不同层级之间的法规效力。不同法律、法规、政策之间所形成的横向效力，如前面讲到的《体育法》和《老年人权益保障法》形成的互补的法规效力，体育法规定了老年人进行体育运动的权利，老年人权益保障法规定了老年人进行医疗卫生活动及其他相关活动的权利。层级法规效力是由不同层级的法律、法规、政策所形成的。其一，《宪法》作为母法，与《体育法》、《老年人权利保障法》所形成的法规效力。其二，国家层面颁布的法律规范与地方颁布的法律法规所形成的法规效力。故此，老年人体医结合法规内在效力表现为法规的互补力和制约力。但是从颁布的相关法律法规来看，中央政府层面并没有相关条款对老年人体医结合进行说明，地方政府颁布的"体医结合"政策法规还处于起步阶段，纵向的互补力和制约力也就无从谈起。

所谓外在效力是指所颁布的法律、法规、政策作用于老年人体医结合这一对象事物时所产生的作用力。鉴于老年人体医结合专项法律法规的缺失，老年人体医结合外部效力只能从其他相关法律法规中寻找法规支撑。如前面提到的《全民健身条例（2016—2020）》、《国务院办公厅关于推进养老服务发展的意见》、《关于印发完善促进消费体制机制实施方案（2018—2020）的通知》、《健康中国 2030 规划纲要》《健康中国行动意见（2019—2030 年）》《国家积极应对人口老龄化中长期规划》等法规政策。然后这些法规政策作用于老年人体医结合所产生的外在效力还较为淡化，具体表现为缺乏老年人体医结合应有的专项政策保障力。

（二）组织保障效力弱化

所谓组织效力是组织间相互协调合作所表现出来的综合力，是组织间强联系的具体表征。强组织效力，前提是组织间有共同的目标并能围绕组织目标付诸努力。老年人体医结合组织保障效力是监管组织、实践组织和支持组织在共同目标追求下所形成的合力。然而组织是由人、物、技术、信息、利益、资源等要素组成的有机整体①。组织在运行过程中由于内部要素的影响自然而然地会形成组织张力，组织张力的存在使得组织间围绕共同目标付诸努力的意愿便会减弱。故此，组织效力表现在同质组织和异质组织联系的紧密程度上。

监管组织、实践组织和支持组织是根据组织在老年人体医结合中所起作用不同而划分的，此类组织属于异质组织。异质组织效力的发挥依赖于组织间共同的目标追求。对于监管组织而言，国家体育总局、卫健委和民政部并没有把老年人体医结合纳入到自身监管职责的履行范畴内，三个组织三个目标，使得监管组织目标缺乏指向性。同时三者之间所形成的组织张力，使得老年人体医结合监管职责出现主体不清、边界模糊的情况。而实践组织效力实现则更为复杂。老年人体医结合实践现状以及存在的主要问题就能说明监管组织效力的失效。监管组织效力的弱化传达给实

---

① 朱其鳌.组织效率的自组织分析[J].四川轻化工学院学报，2004.17（1）：78—82.

践组织则表现为老年人体医结合实践的随意化。同时实践组织的多元主体也要求在实践组织间形成较强的组织效力。社区是政府的基层代表,医院、养老机构则具有公益性和私利性的双重属性,在缺乏明确目标的前提下,实践组织很难实现较强的组织效力。"各自为政、互不相干"便是现阶段老年人体医结合组织现状的真实写照。

(三) 经济保障效力虚化

所谓经济效力是指经济之于老年人体医结合有效性作用的体现力。老年人体医结合顺利进行离不开经济的保障作用。我国经济总量的飞速发展为老年人个体支付体医结合服务提供了潜在的经济效力,但是对于多元化的实践组织而言,则主要依靠政府财政拨款和社会资本的吸收。显然,现阶段政府财政拨款是实践组织运行的主要经济保障。缺乏对老年人体医结合实践的专项经费支持是经济效力虚化的根本原因。

(四) 人力资源保障薄化

在老年人体医结合保障要素中,人是最能动、最活跃的要素。保障要素中所存在的问题均可以在人力资源薄化中找到答案。通过专家访谈和实地考察也发现,现阶段老年人体医结合存在的尖锐问题便是人力资源的淡薄。

人力资源保障薄化并不是体育、医疗卫生从业人员的数量不足,而是能够开具运动处方,具体指向于老年人体医结合的人力资源数量不足和整体质量偏低。前述,我国注册的体育指导员达到200多万,而卫生技术人员达到950万,近千万的专业人员能为老年人体医结合提供丰厚的人力资源保障。但是在这些人员当中,"懂体育的不懂医学,懂医学的不懂体育"的矛盾并没有得到根本性解决。

老年人体医结合人力资源薄化问题与我国体育专业、医疗卫生专业人才培养和单位体制下人才的流动有一定的关系。首先，在体育专业人才培养过程中，虽然体育专业分化越来越细，社会体育专业、体育保健专业、运动训练专业、运动人体科学专业分别培养不同层次的人才。但是这些专业的人才培养都局限于体育学科体系之下，强调运动技能的掌握，而对健康促进方式方法的关注度不够。最终培养出来的人才具有深深的体育项目技能特色。其次，在解决体育师资力量薄弱的现实要求下，体育教育专业仍然是体育院校重点发展专业。受到体育教育专业课程设置的影响，在上述专业中，课程设置与体育教育专业并没有根本性区别。最终，不同体育专业培养出来的人才"千人一面"。再次，从医疗卫生院校人才培养来看，面临着同样的问题。虽然医学院校的专业分化也越来越细，但是大多数医学专业，其知识结构的逻辑起点是对"已病"的诊断和治疗，缺少对"未病"的关注。可见，不论是体育专业还是医学专业，在人力资源保障的源头上便出现了问题。

造成老年人体医结合人力资源薄化的另外一个原因是单位体制下限制了人才的合力流动。因为，即便是先天的老年人体医结合人力资源匮乏，还可以通过对体育教师、医疗卫生技术人员的继续教育得以缓解。但是在人事管理单位体制下，纵向的、横向的人才流动受到了限制，这无疑加重了人力资源薄化问题。

（五）技术保障话语软化

技术保障软化并不是指老年人体医结合过程中能够利用的共性技术支持作用力软化，主要是指针对老年人体医结合的专有技术软化。专有技术软化表现为：其一，在竞技体育中大量的体医结合技术转为民用化程度低、速度慢；其二，指向于老年人体医结合专项技术的运动处方应用程度低。

在"锦标主义"的指引下,竞技体育汇集了大量的人力、物力和财力来预防、康复运动员伤病并积累了丰富的体医结合经验。诸如运动损伤的治疗与预防、运动员机能维护,等。然而,这些宝贵的且已经被实践证明有效的体医结合技术并没有在广大民众中得到广泛应用。竞技体育中的体医结合技术民用转化效率较低。

运动处方技术的应用强调个性化。在能够开具运动处方的人力资源不足的前提下,面对数量庞大的老年人群体,个性化的运动处方技术应用难度增加。

运动处方技术指向于老年人体医结合效果,相比较于医学技术对老年人健康的管控,运动处方技术存在着周期长、效果慢的特点。对于极度渴望健康的老年人群体而言,求助于风险小、见效快的医疗技术更符合老年人对健康的管控心理。这时,健康的话语权便牢牢地掌握在医生手中。而体医结合作为健康管控方式便会在老年人群体中处于弱势地位。尤其是在体育与"更高更快更强"紧密相连时,体育对健康的促进作用并没有引起足够的重视。在一般的认知中,体育专家(教授)很少与"健康"两字挂钩,反倒是一提及医学专家(教授)立马就能与"健康"产生联系。体育运动技术对健康的话语分量低,在缺乏相对有效的话语表达机制的情况下,体育运动技术对健康的话语保障较为疲软。

(六) 信息舆论保障细化

现代网络技术的应用在信息传递方面发挥着巨大的优势,传播信息量大、周期短是网络信息技术传播的最大特点。调查发现,利用现代网络技术传递老年人体医结合信息的效果并不明显,老年人体医结合舆论氛围并没有真正意义上形成。

造成这样的境况与老年人接收信息的方式有一定关系。网络技术是新事物的代名词,首先,对于老年人群体而言,接收信息的方式更倾向于传统手段。诸如报纸杂志、书籍、广播、电视,等。至于电脑、手机等现代传播手段,老年人群体存在着较大的心理、生理接收障碍。其次,对于传统媒介主体而言,在 5G 时代的催生下,媒介主体机构本身也正在寻求积极转型,利用传统手段对信息进行传播的力度也正在减弱。这无疑不利于老年人群体信息量的获取。最后,老年人体医结合信息量的传播还与媒介主体对老年人体医结合认识的敏感性有一定关系。在老年人体医结合处于学术热点而实践处于起步阶段的现实状况下,传统媒介主体的信息传播量必然受到影响。如何利用高效的现代网络信息传播技术加大对老年人体医结合信息的传递进而形成良性的体医结合舆论氛围是一个亟待解决的问题。

（七）利益保障措施泛化

正如胡大一教授在 2019 年 11 月于广州体育学院举行的"2019 年中国康复医学学会体育保健康复专业委员会年会"中所言,"医疗体制改革的最大障碍在于各个城市的大医院,马太效应的形成使得大医院不愿损害自身的利益"。此话道出了在医疗体系改革中利益改革是关键性问题。不仅仅是医疗体制改革,在与专家访谈中,专家们也一致认为,利益保护主义是当前老年人体医结合过程中最难解决的问题。

对老年人体医结合而言,涉及到多个利益主体。然而,各利益主体之间的利益类型、利益表达、利益诉求和利益偏好均存在着较大的差异。在老年人体医结利益主体不确定的情况下,个人利益、集体利益、国家利益交集在一起,形成了利益诉求混乱的局面,利益冲突时有发生。故此,厘清老年人体医结合利益相关者之间的关系,弄清不同利益相关者的利益诉求才能采取有效措施保障各方利益的实现。但是从现阶段政府对利益调整的举措看,能够落到实处的利益调整举措还较少见,政府的利益调整举措还处于泛化阶段。

第三节　老年人健康促进的体医结合保障功能实现机制

政府、社会和市场构成了老年人体医结合的保障主体系统,法律法规、组织、人力、物力、财力、技术话语、信息、利益构成了老年人体医结合保障的内容系统。从老年人体医结合保障功能实现过程来看,保障功能实现的过程本质上是保障主体系统和保障内容系统相互联系和影响的过程。可见,老年人体医结合保障功能的实现依赖于各保障要素所形成的保障合力。

一、主体要素保障实现机制

政府、社会和市场的三元保障主体在老年人体医结合中的作用体现存在着差异。政府保障主体面临着多级政府科层制机构关系处理,明确各级政府在老年人体医结合过程中的职能定位是保障功能实现的关键。社会和市场保障主体是除政府保障主体之外的补充存在,明晰非政府组织和社会主义市场机制在老年人体医结合中的角色定位对于保障功能的实现同样重要。尤其是在老年人体医结合具有公共产品、准公共产品、私人产品的多重属性下,明确保障主体的职能与角色定位就显得尤为重要。

（一）确定中央政府宏观调控职能的发挥

就中央政府而言,老年人体医结合发展的客观现实要求中央政府在管理职能上发挥出优势。从中央政府和地方政府的关系上看,中央政府更应该发挥对老年人体医结合宏观调控的职能。在公共事务管理中,多元管理主体的存在,中央政府宏观调控职能的发挥既是对中央政府权力下放的要求也是实现公共事务多元治理的内在需要更是责任政府的具体表现。

责任政府理论认为政府在处理公共事务的过程中既需要对民众的公共诉求做出回应,也应该根据政府所具备的能力来划分责任内容[①]。健康中国建设上升到国家战略高度后,老年人体医结合是健康中国建设的重要组成部分。由于健康中国建设的阶段性目标、组织措施、评价体系刚刚发布,中央政府在回应老年人体医结合公共需求的滞后性使得责任内容划分还不明朗。但是在老年人体医结合实践的催生下,作为具有公共产品属性的老年人体医结合必然要求中央政府承担相应的责任。受到健康中国建设目标、战略步骤的启示,现阶段中央政府在老年人体医结合过程中宏观调控功能的发挥主要通过管理职能、领导职能和监督职能三个方面来实现。

1. 政策融入——中央政府管理主体职能的发挥

中央政府对老年人体医结合管理职能的发挥主要通过法律、法规、政策、指令等治理工具来实现。老年人体医结合作为健康中国建设的重要举措,从健康中国发展历程来看,2009 年 10 月卫生部长陈竺发表"健康中国 2020 战略思路与框架",2010 年卫生部启动《健康中国"2020"战略研究报告》,2016 年 10 月《健康中国 2030》正式发布,2017 年 10 月习近平同志在十九大报告中将"健康中国"上升到国家战略发展高度,2019 年 7 月《国务院关于实施

---

① 高荣.我国基本养老保险政府责任定位研究[D].郑州:郑州大学博士学位论文,2017.12:27.

健康中国行动的意见》《健康中国行动组织实施和考核方案》正式发布。从"健康中国"概念的提出,到行动和组织实施方案的出台历时10年。确定了多个中央政府职能部门对健康中国的管理职责。初步明确了各中央部门在健康中国建设中的具体责任和责任边界,构建了中央部门责任分解与整合的完整体系,明确了中央部门在健康中国建设中的具体职责。

虽然中央层面的体医结合政策尚未发布,但是从健康中国政策发布的历程以及职责转向来看,中央发布的健康中国政策体系能为老年人体医结合的政策融入提供可能。同时,确定中央政府的管理主体职能为老年人体医结合发展始终与健康中国建设保持在同一轨道上。而中央政府对老年人体医结合政策的融入能够尽快实现老年人体医结合在健康中国建设中的积极效应。

2. 组织协调——中央政府领导主体职能的发挥

中央政府领导主体职能的发挥既可以通过中央政府部门职能转型来实现也可以通过政策进行调整。中央政府职能转型最具代表性的便是"卫生部"改为"卫健委",这是健康中国建设对中央职能部门提出的新要求。对于通过政策进行领导主体的调整,从国家在2019年7月发布的《国务院办公厅关于成立健康中国行动推进委员会的通知》中得知,国务院履行健康中国建设的领导职能。在国务院领导下成立的"健康中国行动推进委员会"涉及到30多个中央职能部门。形成了完备的组织协调体系。

2019年9月国务院办公厅发布的《关于促进全民健身和体育消费推动体育产业高质量发展的意见》中明确提出推动体医融合发展,提出了国民体质监测、运动健身方案、老年人非医疗干预、普及健身知识和开展健身活动等具体措施,责成卫健委、民政部和体育总局负责。由此可见,在国务院领导下,由卫健委、民政部和体育总局构成的老年人体医结合组织协调机制已经粗具雏形。

随着老年人体医结合发展的不断深入,作为健康中国建设的重要抓手,由卫健委、民政部和国家体育总局形成的组织协调体系显然不能满足老年人体医结合的实践发展需要。依托于"健康中国行动推进委员会"形成多部门的组织协调体系是老年人体医结合发展的必然选择。

3. 执行监督——中央政府监督主体职能的发挥

监督职能是中央政府的管理职能和领导职能的延伸。在健康中国建设目标指引下,"健康中国行动考核指标框架"正式颁布,指标框架依据《健康中国 2030 规划纲要》、《健康中国行动》以及相关规划文件进行指标确定。在 26 个具体考核指标中,与老年人体医结合相关的指标有近 10 项,诸如,二级以上综合性医院设老年医学科比例(％)、高血压患者规范管理率(％)、糖尿病患者规范管理率(％),乡镇卫生院、社区卫生服务中心提供非药物治疗法的比例(％)[①],为中央政府执行老年人体医结合的监督职责提供参考依据。

对于老年人体医结合而言,中央政府依靠上述考核指标不能完全实现监督职能。这就要求中央政府有关职能部门根据老年人体医结合的实际情况制定出具体、细化的考核指标体系。

(二) 明确地方政府保障主体地位的体现

我国层级式政府管理体制决定了中央政府在公共事务管理中的宏观调控职能,而地方政府扮演着具体执行的角色。因此,在老年人体医结合保障功能实现的过程中,首先要明确地方政府保障

---

① 中华人民共和国中央人民政府. 国务院办公厅关于印发健康中国行动组织实施和考核方案的通知[EB/OL]. http://www. gov. cn/zhengce/content/2019—07—15/content_5409499. htm. [2019—09—22](2019—07—15).

主体的体现。

1. 实践保障——地方政府实施主体地位的体现

《健康中国行动组织和考核方案》要求"各省(市、区)参照国家层面的组织架构,组建或明确推进《健康中国行动》议事协调机构,根据《健康中国行动》要求和本地实际情况研究制定具体行动方案并组织实施"①。可见,各地方政府是组织实施健康中国建设的实施主体。

虽然中央政府并没有关于老年人体医结合的明确目标和具体措施,但是地方政府能够结合本地的实际情况制定出体医结合实施的相关政策。前面提到的深圳市政府发布的《关于实施体医融合行动计划的通知》便是为配合《健康深圳行动计划(2017—2020年)》而制定的体医融合具体实施方案。体医融合行动计划从组织机构、科学健身、人员培训、信息共建共享、政策支持、组织实施等方面做了详尽的规定和说明。为深圳市老年人体医结合的具体实施提供了实践保障。

深圳市发布的体医融合行动计划为其他地方政府实施老年人体医结合提供了参考。地方政府在健康中国行动的推进过程中,充分认识到老年人体医结合之于健康中国建设的重要意义,借助健康中国行动尽快出台适合本地实情的体医结合实施行动计划是地方政府实施主体地位体现的重要标志。

2. 组织协调——地方政府协同主体地位的体现

"健康中国行动推进委员会"的成立是中央政府组织协调能力的体现。在《健康中国行动组织实施和考核方案》中也要求地方政

---

① 中华人民共和国中央人民政府. 国务院办公厅关于印发健康中国行动组织实施和考核方案的通知[EB/OL]. http://www.gov.cn/zhengce/content/2019—07/15/content_5409499.htm.[2019—09—22](2019—07—15).

府要组建类似的议事协调机构。可见,组织协调机构的成立是中央政府对地方政府提出的要求。从中央政府和地方政府之间的关系来看,地方政府的机构设置与中央政府保持着高度的相似性,这种自上而下的科层制管理对于高效执行上级指令有着一定的效率优势。在地方政府推进健康中国建设进程中,地方性"推进委员会"也纷纷成立,如湖南省于 2019 年 8 月成立了"健康湖南行动工作部署调度委员会"。

地方性"推进委员会"是实施健康中国的地方性组织协同机构,与国家的"健康中国行动推进委员会"构成上下级关系。地方性"推进委员会"在实施老年人体医结合过程中同样需要地方政府相关职能部门的参与,形成地方性政府组织协调体系。比如深圳市实施体医融合行动就形成了深圳市卫生健康委员会、深圳市文化广电旅游体育局、深圳市教育局的多元主体组织协调体系。

随着老年人体医结合实践的不断深入,同时也受到"健康中国行动推进委员会"的启示,老年人体医结合多元主体组织体系的建立必然要求更多的地方政府职能部门加入其中。

3. 监督反馈——地方政府责任主体地位的体现

要想更多地方政府职能部门加入到老年人体医结合组织协调体系中,明确各地方政府相关职能部门的具体责任是关键所在。在责任政府理论下,明确政府职能部门的责任内容是责任政府体系构建的主要内容之一①。在老年人体医结合实施进程中,地方政府是实施的责任主体,其对实施的结果负责。同时地方政府受中央政府的监督和反馈。但是,对于实施的具体组织机构而言,诸

---

① 高荣. 我国基本养老保险政府责任定位研究[D]. 郑州:郑州大学博士学位论文,2017.12:27.

如社区、医院又直接对地方政府负责,此时地方政府行使对具体实践组织机构的监督反馈职能。可见,地方政府对上是责任主体,对下则是监督反馈主体。监督反馈是地方政府责任主体的具体表现。

地方政府责任主体地位的体现依靠监督反馈来实现,这就要求在老年人体医结合过程中,地方政府应尽快出台监督的具体评价指标,尤其是个人指标、组织实施指标、地方政府工作性指标、阶段性指标的研制。在考核评价指标的应用上,将具体指标应用到各级党委和组织机构绩效考核,领导班子和个人年度综合考核中,作为个人奖惩的重要参考。这样才能使监督有了具体的指向,使反馈有了明确的目的。

通过对地方政府保障主体地位体现的分析中不难发现,不论是实践主体、协同主体还是责任主体均可以通过地方性体医结合专项政策得以实现。故此,老年人体医结合保障功能的实现应该是各地方政府尽快出台老年人体医结合的具体实施政策,并且在政策中明确政策目标和结合内容、确定实施任务和实施步骤、细化组织措施和评价指标。

（三）确保社会、市场补充保障功能实现

社会和市场是老年人体医结合的保障主体。社会在老年人体医结合过程中扮演着服务提供者的角色,市场扮演着服务生产者和安排者的角色。而社会和市场在老年人体医结合保障内容实践过程中具有自发性和滞后性特点。在老年人体医结合推进机制分析中也发现,现阶段,鉴于社会组织的不成熟,市场机制在老年人体医结合过程中功能失调,社会和市场在老年人体医结合保障内容实现过程中是作为政府保障的补充存在。随着老年人体医结合的不断完善,社会和市场在老年人体医结合中保障功能的显现将会越来越明显。故此，充分发挥社会和市场的补充保障功能可以采取以下措施：

1. 积极引导社会志愿者组织参与到家庭、社区、养老机构的体医结合实践中来，给予志愿者组织充分的政策肯定和舆论支持。

2. 积极扶持基层老年人体医结合组织的建立。并且在民政部注册审批过程中开具绿色通道。充分利用社区老年人协会在体医结合宣传教育、活动开展、信息分享、氛围形成上的优势，基层政府相关职能部门应给予社区老年人协会开展体医结合活动提供人力、资金和物力上的支持。

3. 发挥中国康复医学会、中国体育科学学会、中国老年医学学会等学术团体的应然价值。打破体育学者与医学学者学术交流"固定圈"怪相。尽快成立体医融合学术研究组织，招募和吸纳体育专业和医学专业人才加入，并且积极主动的开展学术交流活动。

4. 大力扶持老年人体医结合器材设备生产企业、体医结合实践的营利性医院和体医结合俱乐部的发展。在税收、土地使用、用水用电、审查审批、工商注册等方面给予帮助。

5. 充分发挥市场的保障作用，在养老产业的带动下，积极研制"体医结合行业标准"，用于规范老年人体医结合市场行为。

二、硬件要素保障完善机制

现阶段，硬件要素保障存在的主要问题是场地器材设备的可及性问题。破解硬件保障要素的可及性问题，可以从以下几个方面进行思考：

（一）场地设施融入共建机制

将老年人体医结合场地设施建设融入到全民健身路径建设工程、雪炭工程、15 分钟健身圈等全民健身建设活动中。调查显示，在全民健身路径参加锻炼的老年人明显高于中青年[①],但是在路径建设中仍然存在着布局不合理、器材设施种类配置不协调、名称不规范、使用说明缺位、健身知识普及率低、管理维护不到位的现象[②]。在全民健身路径建设过程中,应根据居民实际锻炼需要选择路径布局和器材设施种类,尤其是对器材设施的使用以及可能出现的运动风险要在显目位置给予说明。

(二) 场地器材共享共用机制

老年人体医结合硬件保障要素存在的问题并不是社会中场地器材设备总量不足,而是在单位体制影响下,场地器材设施共享共用机制不健全。虽然国家出台相关政策规定校园、公园等场域内的体育场地器材对外开放,但是在这些场域内只能满足基本的体育活动需求,而对场地器材要求更高的老年人体医结合器材设备很难在校园、公园等场域内得到享用。同时,社区、公立性医院和养老机构存在老年人体医结合的专项器材设施,但是在使用过程中存在着"公地悲剧"的使用陷阱。故此,构建场域内与场域间的老年人场地器材共享共用机制是缓解硬件保障要素可及性的重要手段。场域内便是在社区与社区间,三甲医院与社区医院之间形成场地器材设备共享共用机制;场域间便是在家庭与社区之间、社区与养老机构之间、医院与养老机构之间形成场地器材设备的共享共用机制。

(三) 专项器材设备扶持机制

老年人体医结合专项器材设施的可及性问题较为突出。现阶

---

① 董鹏,顾渶,赵之心,等.北京市全民健身路径使用情况调查[J].中国体育科技,2003,39(1);40—41,49.

② 张伟,李建国.我国全民健身路径工程建设与发展现状研究[C].第六届全国体育产业学术会议,2012—11—01;21.

段出现了大批的保健康复器材研发和生产公司,此类公司所生产的老年人保健康复产品由于技术含量高,价格昂贵,限制了老年人的可及性。在生产源头上,政府应扶持一批代表性保健康复器材生产企业。在社区、公立性医院和养老机构采购上,政府也应出台相关政策给予非营利性体医结合组织购买补贴。在老年人体医结合服务消费过程中,给予场地器材消费部分减免。在个人购买上,根据实际情况对老年人购买保健康复器材设施超过一定金额给予适当比例的优惠补贴。

三、软件要素保障优化机制

软件条件保障涉及多个保障要素,是保障老年人体医结合顺利进行的关键所在。破解软件保障要素中的问题,对保障功能的实现具有重要意义。

（一）政策制定与融入机制

不论是健康中国建设,体育强国建设还是积极应对人口老龄化无不强调政策的统领作用。遗憾的是关于老年人体医结合的专项政策还处于研发阶段,国家层面的专项政策尚未发布,而地方政策的发布也刚刚起步。虽然在法律层面,《宪法》《体育法》《老年人权益保障法》为老年人进行体医结合实践活动提供了法理上的保障,健康中国系列政策的颁布以及老年人相关政策的颁布也为老年人进行体医结合实践活动提供了政策上的保障,但是国家层面专项体医结合政策的缺位以及在市场机制下行业标准的缺失使得老年人体医结合失去了政策层面的引导和行业规范的支持。

随着老年人体医结合活动开展的不断深入,老年人体医结合必然涉及到更多的社会领域,也必然出现难以预估的问题。这就要求利用国家法律来确保老年人的合法权益,利用部门政策指令来指导老年人体医结合的发展,利用行业标准来规范市场体医结合实践行为。故此,将老年人体医结合融入到健康政策当中去,尽快研制具有社会主义市场经济特色的行业标准符合体医结合发展的客观规律。

值得一提的是,在国家政策层面,体医结合已经开始出现在健康政策、体育政策、养老政策中。尤其是近 3 年来,体医结合的政策融入速度在不断加快。这为随后国家层面制定体医结合专项政策埋下了伏笔。同时,地方性体医结合政策已经初见端倪,这为创建完善的体医结合政策体系埋下了伏笔。

(二) 监管组织构建与共享机制

如前所述,组织构建与共享是政府保障主体地位的体现。不论是近期发布的健康中国政策还是较早发布的体育政策和养老政策均强调监管组织构建的重要性。诸如,2017 年国家五部委联合印发《全民健康生活方式行动方案(2017—2025 年)》提出"要坚持政府主导、部门协作、动员社会、全民参与的组织领导工作机制"①;"健康中国行动推进委员会"的组建也昭示着健康中国建设有了最高层级的监管组织。同时,《健康中国行动组织实施和考核方案》要求成立自上而下的健康中国行动议事协调组织机构。各地方政府的行动议事机构也正在紧锣密鼓地筹建过程中。

可见,健康中国行动议事协调机构将是老年人体医结合的监管组织机构,建构与完善中央、省市、县镇的三级健康中国行动议事协调机构对于老年人体医结合提供组织保障将具有重要意义。

---

① 百度文库. 全民健康生活方式行动方案[EB/OL]. https://wenku.baidu.com/view/4600074b17fc700abb68a98271fe910ef12daed5. html. [2019—09—22] (2017—10—10).

（三）资金投入与社会吸收机制

依托体育系统、医疗卫生系统以及养老服务系统"三驾马车"的政府资金投入为老年人体医结合实践提供了极其重要的资金保障。然而，老年人体医结合实践的特殊性要求更大的资金投入，仅仅依靠"三驾马车"的资金投入难以实现老年人体医结合对资金的需求。

不论是体育产业发展、医疗卫生服务、健康中国建设还是养老服务事业均释放出积极引导社会资本参与的信号。健康中国行动方案中明确提出要"推动成立基金会，形成健康中国建设资金来源多元化的保障机制"[①]。46 号文件也提出"积极培育多元市场主体，吸引社会资本参与，充分调动全社会积极性与创造力"[②]。对于医疗服务，国务院于 2017 年出台《国务院办公厅关于支持社会力量提供多层次多样化医疗服务的意见》支持社会力量参与医疗服务的供给[③]。作为健康中国建设的重要抓手，蕴含体育、医疗元素、养老元素的老年人体医结合发展不仅需要政府资金的投入更需要吸引社会资本参与其中。在亿万级养老产业的带动下，政府应出台相关政策，规范社会资本参与的合法化、合理化。重点杜防权力寻租和搭便车现象的出现。

（四）人才培养与继续教育机制

人是最能动的保障因素。老年人体医结合过程中，人力资源

---

①　中华人民共和国中央人民政府.国务院关于实施健康中国行动的意见[EB/OL]. http://www. gov. cn/zhengce/content/2019—07/15/content _ 5409492. htm. [2019—09—22](2019—07—15).

②　中华人民共和国中央人民政府.国务院关于加快发展体育产业促进体育消费的若干意见[EB/OL]. http://www. gov. cn/zhengce/content/2014—10/20/content_ 9152. htm. [2019—09—22](2014—10—20).

③　中华人民共和国中央人民政府.国务院办公厅关于支持社会力量提供多层次多样化医疗服务的意见[EB/OL]. http://www. gov. cn/zhengce/content/2017—05/23/content_5196100. htm. [2019—09—22](2017—05—23).

匮乏是结合过程中面临的最大问题。人才的培养是一个漫长的过程，人力资源的匮乏将在相当长的一段时间内对老年人体医结合实践产生影响。虽然我国现存着大量的体育专业、医疗卫生专业从业人员，但是由于人才培养过程中知识结构的原因使得现有人力资源无法满足老年人体医结合的需求。人力资源的保障作用可以通过增加培养的数量和加大继续教育来实现，在现存学科知识结构下，难免还会出现人才培养无法胜任老年人体医结合工作需要。故此，加强体育学科建设，增设体医结合相关专业，积极构建体医结合专业知识结构体系才能真正确保人才培养质量。

通过对相关专家的访问，专家们大都认为在医学院校开设运动相关课程，在体育院校开设医学相关课程可以弥补专业人才知识结构不匹配的现状。在实践探索中，各地也纷纷对医疗卫生从业人员进行运动处方的培训，对体育教师进行医学知识的再教育。显然这样的举措对于发挥体育、医疗从业人员的人口红利，缓解当前体医结合人力资源匮乏具有一定的效果。但是从长远来看，还得对体医结合知识结构体系有清晰的认识，为创设体医结合专业提供专业知识保障。

令人欣慰的是在 2019 年国务院办公厅颁布的《关于推进养老服务发展的意见》中就已经提出"鼓励各类院校特色是职业院校设置养老服务相关专业或开始相关课程，在普通高等学校开设健康服务与管理、中医养生学、中医康复学等相关专业"①。可见，开设与老年人服务相关专业的政策信号已经释放。

此外，在人才培养和基础教育过程中还应规范从业资格证书

———————————

① 中华人民共和国中央人民政府. 国务院办公厅关于推进养老服务发展的意见（国发办〔2019〕5 号）〔EB/OL〕. http://www.gov.cn/zhengce/content/2019—04/16/content_5383270.htm.〔2019—05—20〕(2019—04—16).

考核制度。目前,社会中流行的保健康复师、康复治疗师、物理治疗师、运动防护师和劳工卫生管理师等从业资格证书达十余种。此类从业资格证书均与老年人体医结合服务实践相关,但又与老年人体医结合的实践要求存在着一定的差距。为规范老年人体医结合服务市场,对体医结合从业人员进行从业资格的认定可以从整体上提升老年人体医结合服务质量。

(五)　技术开发与话语完善机制

老年人体医结合的专有技术直接指向运动处方。由于运动处方具有高度个性化特征,运动处方的开具就对专业人才有较高的专业要求。故此,运动处方技术的开发首要任务就是要培养具备开具运动处方的专业人才。

运动处方的应用又与健康话语权有着直接的关系。故此,运动处方的研制、开发与应用需要改变现有的健康话语体系。现阶段健康话语权牢牢掌握在医院特别是市级以上大医院的医生手中。这就要求医生在对老年人健康进行管控的过程中应突出运动处方的话语地位。从美国体医结合的实践来看,美国运动医学学会(ACSM)和美国糖尿病学会(ADA)等权威机构指出对患者进行治疗的过程中必须将运动处方这一治疗方法进行下去[①]。

然而,运动处方库的建立以及个性化运动处方的开具是一个极其复杂的过程。这就要求政策融入方面应对运动处方的重要性以及运动处方库的建立进行积极引导。欣喜的是,国家颁布的相关政策文件中已经将运动处方融入其中。2014 年 46 号文件中提

---

①　刘富鑫.抗组运动与有氧运动结合对 T2DM 患者辅助治疗的研究[D].大连:辽宁师范大学硕士学位论文,2017:1.

出加强体育运动指导,推广"运动处方",发挥体育锻炼在疾病防治以及健康促进等方面的积极作用①;2016 年《健康中国 2030 规划纲要》也指出"要加强体医融合和非医疗健康干预,发布体育健身活动指南,建立完善针对不同人群、不同环境、不同身体状况的运动处方库"②;《全民健身计划 2016—2020 年》提出"研究制定并推广普及健身指导方案、运动处方库和中国人体育健身活动指南,开展运动风险评估,大力开展科学健身指导,提高群众的科学健身意识、素养和能力水平"③;2019 年 9 月发布的《体育强国建设纲要》也明确提出"建立运动处方数据库,建立慢性疾病运动干预中心"④。可见,运动处方的重要性已经融入到相关政策制定当中。

但是从相关政策对运动处方的文本表述来看,其基本含义相差不大。至于如何建立运动处方库并没有明确说明。由此可见,实现老年人体医结合技术话语保障的重要任务便是将运动处方库的建设与应用提上日程。尤其是应明确国家级运动处方库建设的目标、指导思想、建设原则、建设具体步骤和措施、组织机构建设、实践应用范畴等内容。

---

① 中华人民共和国中央人民政府. 国务院关于加快发展体育产业促进体育消费的若干意见[EB/OL]. http://www. gov. cn/zhengce/content/2014—10/20/content_9152. htm. [2019—09—22](2014—10—20).

② 中华人民共和国中央人民政府. 中国中央国务院印发《"健康中国 2030"规划纲要》[EB/OL]. http://www. gov. cn/xinwen/2016—10/25/content_5124174. htm. [2019—09—22](2016—10—25).

③ 中华人民共和国中央人民政府. 国务院关于印发全民健身计划(2016—2020年)的通知[EB/OL]. http://www. gov. cn/zhengce/content/2016—06/23/content_5084564. htm. [2019—09—22](2016—06—23).

④ 中华人民共和国中央人民政府. 国务院办公厅关于印发体育强国建设纲要的通知. [EB/OL]. http://www. gov. cn/zhengce/content/2019—09/02/content_5426485. htm. [2019—09—22](2019—09—02).

案例 4 - 1　　∗∗∗大学体育科学学院体医结合人才培养和技术开发经验与启示(详情见附件 11)①[注]

(六)　信息传递与舆论营造机制

通畅的信息传递有利于良好舆论氛围的营造。2017 年颁布的《全民健康生活方式行动方案(2017—2025 年)》提出"科学宣传,广泛教育,营造健康社会氛围","到 2020 年全国居民健康素养水平达到 20％,2025 年达到 25％,形成全社会共同行动,推广践行健康生活方式的良好氛围";"鼓励媒体和社会机构宣传体医融合、科学健身的文化观念,在大众中广泛普及科学健身知识,提高全民健身科学化水平"②。健康中国行动方案也明确提出要"运用健康频道、网站、微信、微博、移动客户端以及短视频等媒体方式,加强健康科普和信息传播"③。可见,良好的信息传递与舆论营造已经融入到相关政策当中。为老年人体医结合信息传递与舆论营造机制打下了政策基础。

从信息传递的一般过程来看,信息主体通过信息介质将信息传递给信息客体。信息主体对老年人体医结合信息传递的选择意愿,信息传递介质的科学选择,信息接收者(老年人)的接收意愿均对信息传递和舆论形成产生一定的影响。故此,老年人体医结合信息传递与舆论营造可以从以下几个方面进行:

---

①　注:通过对∗∗∗大学体育科学学院体医结合团队人才培养情况和技术开发情况的介绍能为开辟新的人才培养和技术开发路径提供参考。

②　百度文库. 全民健康生活方式行动方案[EB/OL]. https://wenku. baidu. com/view/4600074b17fc700abb68a98271fe910ef12daed5. html. ［2019—09—22］(2017—10—10).

③　中华人民共和国中央人民政府. 国务院关于实施健康中国行动的意见[EB/OL]. http://www. gov. cn/zhengce/content/2019—07/15/content_5409492. htm.［2019—09—22](2019—07—15).

1. 将老年人体医结合的信息传递和舆论营造纳入到相关政策制定中,为老年人体医结合信息传递与舆论营造提供政策支持。

2. 对信息传播主体采取有效的激励机制,激励信息传播主体(尤其是主流媒体)采取有效的传递方式对老年人体医结合进行科学传递。

3. 对信息接收者进行运动健康方面的宣传教育,激励老年人积极参与体医结合疾病防控方式的尝试。

4. 利用区块链技术对老年人体医结合信息进行有效整合。

(七) 主体利益表达与实现机制

老年人体医结合利益保障是关键,也是难点。利益主体的多样性和利益诉求的复杂性给老年人体医结合利益保障增加了难度。在《健康中国 2030 规划纲要》中提出,"坚持改革创新为原则,坚持政府主导,加快关键环节改革步伐,冲破思想观念束缚,破除利益固化藩篱,清除体制机制障碍"①。清除体制机制障碍唯有改革才能实现。2018 年 2 月 28 日中国共产党第十九届中央委员会第三次全体会议通过了《中共中央关于深化党和国家机构改革的决定》昭示着我国机制体制改革已经进入到实质性阶段②。

对于老年人体医结合而言,涉及到体育系统、医疗卫生系统、民政系统等多个部门机构,清除部门之间的体制障碍,任重而道远。利益保障的实现首要任务便是厘清老年人体医结合利益相关者的利益诉求,完善利益相关者的利益表达,这样才能为利益实现

① 中华人民共和国中央人民政府. 中国中央国务院印发《"健康中国 2030"规划纲要》[EB/OL]. http://www. gov. cn/xinwen/2016—10/25/content_5124174. htm. [2019—09—22](2016—10—25).

② 中华人民共和国中央人民政府. 中共中央关于深化党和国家机构改革的决定[EB/OL]. http://www. gov. cn/xinwen/2018—03/04/content_5270704. htm. [2019—09—22](2018—03—04).

打下基础。相信随着党和国家机构改革的不断深入,横亘于体育、医疗、民政之间的体制障碍必然会清除干净。

本 章 小 结

老年人体医结合实践中的诸多问题均与保障机制的不健全有一定的关系,诸如制度建设问题、结合意识问题。老年人体医结合的顺利进行依赖于各保障要素所形成的保障合力。老年人体医结合保障过程中要充分发挥政府、社会、市场的保障主体作用。保障主体也应根据老年人体医结合的现实需要对场地设施、政策法规、组织机构、资金投入、人力资源、技术话语、信息舆论和利益等方面给予保障。发挥出保障要素的应然效力就是要破解当前保障要素中存在的问题,并根据老年人体医结合发展的现实需要给予破解之道。然而,保障要素之间的相对独立性给保障合力的形成制造了一定的困难,这就对保障要素进行有效协同提出了要求。

第五章　老年人健康促进的体医结合协同机制

　　协同即两个或者两个以上的不同资源或个体,协同一致地完成某一目标的过程或能力①。赫尔曼·哈肯(Hermann Haken)认为,协同实质上就是系统内部各要素或子系统相互作用和有机整合的过程②。相应地,老年人体医结合协同机制可以看作老年人体医结合过程中各要素进行有机整合和动态调整,实现老年人体医最优化结合的方法或措施的总称。对协同机制分析是厘清协同各要素间或要素内部之间的关系,以能为老年人体医顺利结合提供协同合力。协同合力是保障合力的凝聚与升华,协同机制也是老年人体医结合在主体推动下运行实践的关键环节。

---

① 百度百科. 协同[EB/OL]. https://baike. baidu. com/item/％E5％8D％8F％E5％90％8C/5865610? fr＝aladdin. [2019—05—22](2014—10—21).

② 邵静野. 中国社会治理协同机制建设研究[D]. 长春:吉林大学博士学位论文,2014. 6. 9.

第一节　老年人健康促进的体医结合协同要素与维度

协同要素与协同作用是协同理论的两个基本概念[1]。依据保障机制与协同机制的内在逻辑关系（先保障再协同），老年人体医结合协同要素主要是指保障机制中的各内容要素，各要素包括了硬件要素（场地器材设施）和软件要素（政策法规、组织、资金、人力、技术、信息、利益）两大类。所谓协同作用是各协同要素相互联系、相互作用和相互影响而共同努力的效果，理想化的协同作用是实现 $1+1>2$ 的效果，这也是协同的目标所在。

老年人体医结合要素的独立性使得要素分布于特定的体医结合场域内，在特定场域内，结合要素所构成空间布局的不同决定了场域所具备的功能。诸如社区与医院所拥有的硬件和软件资源存在着差异，表现出医院的医疗服务功能向体医结合的延伸，社区的管理、服务功能向体医结合靠拢。故此，在要素协同过程中，也表现出实践场域功能与空间的协同，这是老年人体医结合要素协同作用指向的具体表现。同时，协同要素归属于不同的领域，协同作用的体现又指向于领域协同。老年人体医结合要素协同与协同作用指向维度的关系见下图：（图 5-1）。

---

① 肖薇薇. 高校思想政治工作协同机制研究[D]. 武汉：华中师范大学博士学位论文,2017.12:39.

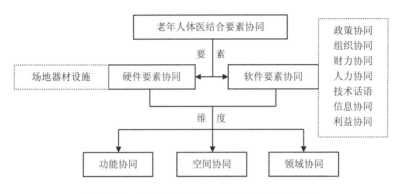

图 5-1　老年人体医结合要素协同及维度表现

一、老年人体医结合硬件要素协同分析

硬件要素是以物质形态为表现形式的要素类集,老年人体医结合硬件要素协同主要是指场地器材设备等有形要素的协同。场地器材设备为老年人体医结合活动的开展提供了物质基础,而丰厚的物质基础为老年人体医结合活动开展的深度与广度提供条件。

老年人体医结合硬件要素主要存在于家庭、社区、各级医院、养老机构、单位离退部门、社会体医结合俱乐部等组织机构内。从硬件要素所有性上看,形成了"公中有私、私中有公、公私混合"的分布态势[①]。从硬件要素的具体类型和形态来看,主要有场地要素和器材设备要素两大类。如家庭中购买的老年人体医结合器材设备;社区中老年人康复活动中心、托老中心、社区服务中心、社区医院、老年人活动中心、全民健身路径等场地器材设备;各级医院的康复中心及其器材设备;单位离退部门的老年人活动中心及其

---

①　叶良海.城市社区公共资源的整合与共享[J].重庆社会科学,2016(12):39—46.

器材设备;社会体医结合俱乐部的健身康复中心及其器材设备等。

老年人体医结合硬件要素协同主要是在各实践组织机构之间进行硬件的共享利用。诸如在家庭—社区之间、社区—社区之间、不同等级医院之间、医院—养老机构之间进行的器材设备资源共享。在老年人体医结合内部资源和外部资源之间形成良性的整合互动。诸如社区—学校之间、社区—企事业单位之间等。提高硬件要素的可及性,为老年人体医结合提供充足的硬件保障是硬件要素协同的目标所在。

二、老年人体医结合软件要素协同分析

(一) 法律法规协同

法律法规协同主要是指法律法规内容的横向协同和地方性法规的纵向协同两个方面,其目标是关于老年人的法律法规体系进行有效整合以便能为老年人体医结合发展提供"法"的保障与支持。

从现有老年人体医结合法律法规内容体系来看,《宪法》、《体育法》、《老年人权益保障法》作为最具法律效应的法律文件为老年人体医结合提供了权益保障;各职能部门颁布的政策法规,诸如《国务院办公厅关于推进养老服务发展的意见》、《关于印发完善促进消费体制机制实施方案(2018—2020)的通知》、《"十三五"国家老龄事业发展和养老体系建设规划的通知》等文件为老年人体医结合发展的具体内容提供了政策保障。老年人体医结合法律法规资源蕴含在这些法律法规文件当中,把老年人体医结合相关内容融入到相关的法律法规文件中是法律法规要素协同的具体表现。

纵向的地方性法规协同表现于地方性法规、部门政策与国家法律的纵向协同,这种协同主要通过颁布和修订地方性法规以不断完善老年人体医结合的具体事务的法的规定性。实践表明,地

方性法规在老年人体医结合发展过程中起着重要的作用。如上海市针对老年人服务出台的《上海市老年人权益保障条例》《上海市社区老年人日间照护机构管理办法》《上海市社区养老服务管理办法》,深圳市颁发的《关于实施体医融合行动计划的通知》等一系列政策法规为老年人体医结合发展提供了地方性法规支撑。因此,中央层面的宏观法律法规指导和地方性法制建设是老年人体医结合法律法规要素协同的重要思路,制定专项体医结合法规政策是法律法规要素协同的具体表现。

（二）组织要素协同

老年人体医结合组织分为监管组织、实践组织和支撑组织三类。监管组织主要是指政府职能组织部门,实践组织主要是指社区、医院、养老机构、基层体医结合组织、社会体医结合俱乐部等具体实施组织,支撑组织是指学校、银行、媒体组织等起支持作用的组织。老年人体医结合涉及的组织种类多样性决定了组织要素协同的重要性。组织协同的目标是协调各组织之间的相互关系,以确保组织在老年人体医结合过程中作用功能的发挥。

1. 监管组织协同。监管组织协同的目标是确保各个监管组织在老年人体医结合过程中监管职能的发挥。老年人体医结合涉及到体育部门、医疗卫生部门、民政部门、教育部门等多个职能部门。在"精简机构"的组织体制改革的思路指引下,显然,根据老年人体医结合发展需要新建一个国家监管部门是不现实也是不可取的。《健康中国组织实施与考核方案》要求省(市)根据国家的组织架构成立"健康中国行动议事协调机制",这便构成了纵向的老年人体医结合监管组织机构协同体系。2019 年 7 月国务院成立的由 30 多位部委领导组成的"健康中国行动推进委员会"是监管组织协同的具体表现。

2. 实践组织协同。实践组织协同的目的是协同各实践组织的本质功能和利益诉求,使其在实践操作上更好地为老年人体医结合服务。与监管组织相比,实践组织属性的多样性给实践组织协同增加了难度。在这些实践组织中既有代表政府行使公共服务职能的基层组织,如社区、公立性医院和养老机构,也有追求经济效益的盈利性组织,如私立医院和体医结合俱乐部。故此,在实践组织的协同过程中,存在着两条线索。其一是非营利性实践组织的协同;其二是盈利性实践组织的协同。鉴于非盈利实践组织代表的是政府的公共服务供给职能,在协同方式上主要是通过政府颁布相关政策法规,强制性要求相关组织进行协同配合。如2019年5月国家卫健委为解决农村地区就医难的问题发布了《关于推进紧密型县域医院卫生共同体建设的通知》和《关于开展紧密型县域医疗卫生共同体建设试点的指导方案》,便是通过建立医共体强制性完成对不同医院组织间的协同。对于盈利性实践组织而言,可以通过发布政策进行强制性协同,也可以通过市场机制的调节作用,利用优胜劣汰的天然法则实现盈利性实践组织在空间布局、资源汇集、功能完善等方面的协同整合。在实践组织的协同方式上,存在着纵向的相同部门之间的协同和横向的不同实践组织间的协同两种方式。对于纵向协同而言,前述"医共体"便是通过新组织的建立来实现组织协同;对于横向组织协同而言,则是在协同目标的指引下,对隶属于不同体系下的组织机构之间的协同,如社区养老便是将社区、养老机构、家庭进行协同配合为老年人提供日间照料、家政服务、生活护理、精神慰藉等养老服务。可见,在老年人体医结合实践组织协同方面,通过家庭、社区、医院、养老机构建立体医结合的共同体组织是一个切实可行的组织协同思路。

3. 支撑组织协同。支撑组织协同的目标是协调各支撑组织之间的关系,以便更好地实现支撑组织在老年人体医结合中的支撑作用。由于各支撑组织所属功能的不同,通过建立新的组织来实现支撑组织的协同作用有一定的难度。这时的支撑组织协同主要表现在老年人体医结合组织功能协同上。如高校作为人才培养的基地,通过增设与老年人体医结合的新专业、新的课程体系来实现对老年人体医结合保障功能的延伸;银行通过提高专项贷款来保障老年人体医结合资金保障功能的延伸;志愿者组织通过老年人体医结合实践活动的积极参与从而实现老年人体医结合良好服务。

2017 年国家体育总局科学研究所牵头,体医融合促进与创新研究中心和中国投资协会新兴产业中心、三养健康科技有限公司联合成立的"医体整合联盟"是专门针对体医结合的协同组织机构。协同了国内主流的体育和医疗资源,是我国首家为体育系统和医疗系统提供整合平台及服务保障的联盟组织。

(三) 经济要素协同

经济要素协同的目标是为老年人体医结合提供充足的专项发展资金。经济要素协同与国内生产总值(GDP)、人均可支配收入、人均消费支出等宏观经济指标存在线性关系,还与老年人体医结合经费获取渠道有着直接关系。

老年人体医结合经济要素协同实质上是指经费来源渠道的协同,指向于老年人体医结合经济总量的增加。老年人体医结合经费来源渠道主要有国家、省市、区政府的年度财政拨款,民政部门的福利彩票、体育系统的体育彩票基金分利,企事业单位、慈善组织以及个人的慈善捐赠以及社会资本的注入等传统集资渠道。随着老年人体医结合活动开展的不断深入,一些新颖的筹资渠道也陆续在各省市进行尝试,如 2006 年江苏省苏州市、宿迁市开创个人医保卡余额用于健身的先河,到 2016 年共有 6.5 万人申请领取

"阳光健身卡",健身场馆由原来的 47 家增加至现在的 99 家①。随后在重庆、深圳、山东德州等地也进行了积极的尝试②[注]。可见,老年人体医结合经济的整合不仅要重视传统集资渠道的整合,还要重视传统渠道和新式渠道的协同整合。在开辟新式集资渠道的过程中要充分论证渠道的合理性和合法性。这正好也说明了老年人体医结合法律法规资源整合的重要性。通过对基层社区的走访调查也发现,社区开展老年人体医结合缺乏专项经费的支撑也急需利用各种融资渠道进行经济要素的协同整合。

（四）人力要素协同

人力要素是最活跃、最能动的结合要素,其协同程度不仅决定着其他类型资源的协同整合程度而且还决定着老年人体医结合机制运行的速度。人力要素协同的目的就是为老年人体医结合发展提供数量可观、质量可靠的人力要素。

老年人体医结合人力要素协同包括两个维度,其一,老年人体医结合实践主体内部人力要素协同。通过专业人才培养补充新鲜的人力资源到老年人体医结合实践工作中;通过实践组织机构之间合理的人力交流和流动,改变实践组织内部人力资源的基本结构;通过开发老年人自身的人力资源,提高老年人体医结合人力资源保有量。其二,系统外部人力资源与内部人力资源的有效整合。通过利用志愿者组织、学校、企事业单位丰富的人力资源以提高老年人体医结合人力要素协同的厚度。

---

① 杜长东.对苏州市定点健身俱乐部"刷医保卡健身"的调查研究[D].昆明:云南师范大学硕士学位论文,2017.6:23.

② 注:2017 年国务院颁发《关于进一步深化基本医疗保险支付方式改革的指导意见》中提出"公共卫生费用、与疾病治疗无直接关系的体育健身或养生保健消费等,不得纳入医保支付范围",医保卡用于健身被叫停。

（五）技术要素协同

技术要素协同的目标是为老年人体医结合提供充足的技术支撑。技术要素单薄是制约老年人体医结合的重要因素之一。老年人体医结合技术指向于体医结合实践效果，这也体现出老年人体医结合技术要素协同的重要性。

老年人体医结合技术既有共性技术的特性也有专项技术的特点，同时还具有组合技术的属性，这为老年人体医结合技术要素协同提供了思路。从专项技术协同的角度看，表现为体育技术和医疗卫生技术的协同。体育系统中有大量被实践证明了的能有效防控、治疗、康复老年人慢性疾病的技术，这些技术通过转化，与医疗卫生技术进行有效整合是技术要素协同的关键，也是体医结合对技术要素协同提出的根本性要求。从体医结合技术与共性技术协同角度看，表现为体医结合技术与计算机技术、通讯技术、多媒体技术、自动化技术等社会生活领域技术的有效整合。例如，利用现代便携式可穿戴技术用于老年人体医结合实践过程中对健康指标的即时跟踪与反馈，利用现代自动化生产技术用于老年人体医结合器材设备的研发，利用区块链技术在老年人体医结合中的应用等。

运动处方是技术要素协同的具体表现。运动处方集中了体育运动技术和医疗卫生机制。故此，在技术协同中要加大运动处方的运用，以解决老年人对运动处方的需求①[注]。

（六）信息要素协同

信息协同的目标是为老年人体医结合提供充裕的信息保障。信息是指可用于传播与老年人体医结合相关的一切消息、音讯的

---

①　在第二章老年人体医结合现实需要中，老年人对运动处方的需要表现得最为强烈。

集合。信息要素协同则是在老年人体医结合范围内,使原本离散的、多元的、异构的、分布的信息资源通过逻辑的或物理的方式组织成为一个整体,以便于管理、利用和服务[①]。

内部信息要素协同表现为实践主体之间所形成的信息流动和信息共享,在实践中主要表现为老年人个人基本信息和体医结合基本信息的流动与共享。例如,在社区、医院、养老机构之间形成老年人体医结合信息的共享。内部信息和外部信息的协同表现为信息资源的合理传递与交换。例如,利用媒体信息对老年人体医结合进行宣传造势,形成良性的体医结合舆论氛围;利用社区服务管理平台、医院诊疗信息平台、机构养老服务平台、公安系统的警务信息平台对老年人的基本信息进行管理等。基于以上分析,不管是内部信息协同还是内部与外部信息协同,构建信息资源共享的整合平台是老年人体医结合信息要素协同的关键。

（七）利益要素协同

利益协同的目标是协调老年人体医结合利益相关者之间的利益,为老年人体医结合扫除利益障碍。利益协同与利益主体有必然的关系。从老年人体医结合实践过程来看,利益主体存在多样性。老年人体医结合利益是国家利益、集体利益与个人利益的统一。利益主体的多样性,利益诉求的差异性决定了各方利益协同的难度。利益协同的前提是要全面清晰地了解利益主体的利益诉求,否则利益协同便失去了方向,而全面了解利益主体的利益诉求的前提又是对利益主体进行有效识别与合理分类。

1. 老年人体医结合利益相关者识别

人对利益的追求是多元的,几乎所有关于利益相关者的研究均

[①]　苏新宁,章成志,卫平. 论信息资源整合[J]. 现代图书情报技术,2005(9):54—61.

表明,对利益相关者进行有效识别绝非易事。识别是分类的前提,如何对老年人体医结合的利益相关者进行识别得遵循一套有效的方法。Reed 认为识别利益相关者主要可采取三种方法:焦点讨论法、半结构访谈法和滚雪球法①。本研究采用半结构访谈法对老年人体医结合的利益相关者进行识别。通过对体育专家、医学专家以及公司高管的访谈,老年人体医结合利益相关者包括老年人个体、家庭、社区、各级医院、养老机构、社会体医结合组织、志愿者、基层老年人组织、政府部门和组织、媒体组织、科研机构等 11 类。

2. 老年人体医结合利益相关者分类与利益诉求

在识别利益相关者之后,对利益相关者进行合理分类以能在组织中发挥应有的作用,也是利益相关者研究关注的核心问题。自上世纪 80 年代开始,各学者对利益相关者分类进行了深入研究,希望能在众多利益相关者之间找出他们的共性和个性之处。在学术上呈现出两种利益相关者分类范式对后续研究影响较大,其一为“多维分析法”,其二为“评分法”。而这两种方法均立足于企业这一特定主体,根据不同的企业类型,其利益相关者具有共性的一面。而老年人体医结合中的利益相关者涉及人员更复杂,其中既有老年人个体,也有基层组织、企事业单位、政府部门等。他们的利益诉求呈现出复杂性和多样化特点。因此,照搬企业管理中的利益相关者分类方法难以说明各利益相关者之间的内在联系。

从利益相关者利益诉求来看,是以老年人体医结合实践效益为中心点而展开的。老年人个体或群体总是以体医结合效果为追求目标,而对于企事业单位工作人员而言,虽然存在着对个人薪酬、荣誉、

---

①　Reed M S,Graves A,Dandy N ital. Who's in and Why? A Typology of Stakeholder Analysis for Natural Resource Management[J]. Journal of Environmental Management,2009. 90(5):1933—1949.

发展等方面的诉求,但这些诉求最终还是落实到老年人体医结合效益上。由此可见,以各利益相关者在老年人体医结合效益所起的作用为划分依据较符合老年人体医结合的现实境况。为此,本研究将老年人体医结合的利益相关者分为主导型利益相关者、接受型利益相关者和间接型利益相关者三种类型。具体分类见下表:(表5-1)

表5-1 老年人体医结合利益相关者的具体分类

类 型	具体分类
主导型利益相关者	政府部门和组织
接受型利益相关者	老年人个体、基层老年人组织、家庭、社区、各级医院、养老机构、体医结合俱乐部等
间接型利益相关者	志愿者组织、媒体组织、科研机构等

(1) 主导型利益相关者利益诉求

所谓主导型利益相关者是指对老年人体医结合效益起主导作用的个人或群体。从现阶段老年人体医结合发展来看,对老年人体医结合发展起主导作用的是各级政府部门或组织,具体而言主要包括体育部门、医疗卫生部门、民政部门、发展和改革委员会、老龄工作委员会①[注]等。

从利益诉求的主体来看,主导型利益相关者的利益主要包括

---

① 注:老龄工作委员会是国务院和各省市主观老龄人工作的议事协调机构。国家老龄工作委员会成立于1999年。主要职责是:(1)研究、制定老龄事业发展战略及重大政策,协调和推动有关部门实施老龄事业发展规划;(2)协调和推动有关部门做好维护老年人权益的保障工作;(3)协调和推动有关部门加强对老龄工作的宏观指导和综合管理。推动开展有利于老年人身心健康的各种活动;(4)指导、监督和检查各省、自治区、直辖市的老龄工作;(5)组织、协调联合国及其他国际组织关于老龄事务在中国的重大活动。资料来源:百度百科. 全国老龄工作委员会[EB/OL]. https://baike.baidu.com/item/%E5%85%A8%E5%9B%BD%E8%80%81%E9%BE%84%E5%B7%A5%E4%BD%9C%E5%A7%94%E5%91%98%E4%BC%9A/3970161? fr=aladdin. [2018—12—09](2018—10—16).

三个层次：其一，作为老年人体医结合监管主体的整体政府利益诉求；其二，主管老年人体医结合具体事物的政府职能部门的利益诉求；其三，政府职能机构中工作人员的利益诉求。

对于整体政府而言，政府是老年人体医结合实施宏观管理的权力机构。在老年人体医结合运行过程中，政府的利益处于核心地位。从利益的主体维度上看，政府的利益主要体现出民众对政府的本质职能要求。对下体现出为人民服务，对上为国家政治、经济、文化服务，对己为执政为民、取信为民所展现出的整体政府形象服务；在利益的内容维度上强调精神利益和公共利益对于政府的重要程度；在利益的范畴上表现为老年人体医结合整体利益对于"健康中国""积极应对老龄化社会"建设的重要性，以维护政府的职能组织在老年人体医结合发展过程中的管理权威。

对于政府职能部门而言，代表政府行使对老年人体医结合的管理职能表现出其利益协同的独特性。老年人体医结合的管理职能部门是国务院领导下的国家体育总局、卫健委和民政部、发改委等多个部门。从利益主体维度上看，表现为各部门自身发展的局部利益和在老年人体医结合要求下部门之间的利益分割，但是不管是部门局部利益还是利益分割均要服从于老年人体医结合发展的整体利益，表现出对政府直接负责。在纵向的职能部门之间还存在着上级部门与下级部门之间的利益分配。从利益的内容维度上看，职能部门均强调不同职责分工的精神利益和物质利益；在利益实现维度上，既强调老年人体医结合发展的长期利益也重视发展的短期利益；在利益范围维度上，既高度重视老年人体医结合发展的整体利益也重视"条块分割"造成的局部利益，以能体现出职能部门在老年人体医结合事物管理中的事权和财权之间的利益分配。

对政府部门工作人员而言,从利益主体维度看,他们的利益集合既能体现出职能部门的整体利益也能体现出"理性经济人"的个人利益。在利益内容维度上既强调在老年人体医结合工作过程中的精神利益(个人荣誉、信任、认可,等)也强调工作过程中的物质利益(工资、奖金、职称、职务,等);在利益实现维度既有个人发展的长远利益也有个人需要的眼前利益;在利益范围维度既有个人发展的局部利益也有在工作岗位上体现出来的权力利益。

综上所述,利益相关者在利益协同之间也体现出纵向和横向两个维度。在纵向利益协同维度,体现为政府职能部门之间的利益协同整合;在横向利益协同上表现为政府职能部门内部之间的利益协同整合。

(2)接受型利益相关者利益诉求

所谓接受型利益相关者是指接受主导型利益相关者的领导,是老年人体医结合实践的个人或组织。具体而言,主要包括老年人个体、基层老年人群体或组织、家庭、社区、各级医院、养老机构、社会体医结合俱乐部等体医结合实践主体。

相比于主导型利益相关者的利益整合,接受型利益相关者的利益协同更复杂。这是因为,在接受型利益相关者之间,利益涉及到更多不同类型的个人利益和组织利益。就个人利益而言,涉及到老年人个体的利益、家庭成员、社区工作人员、各级医院工作人员、养老机构工作人员、体医结合俱乐部工作人员的利益;就组织利益而言,涉及到基层老年人组织、家庭、社区、各级医院、养老机构和体医结合俱乐部等组织利益。个人利益以及组织利益的多样性和复杂性给老年人体医结合接受型利益相关者的利益协同增加了难度,接受型利益相关者的利益协同既是老年人体医结合整体利益的具体表现也是整个社会利益协同的缩影,但是不论是个人利益还是组织利益协同应紧紧围绕老年人体医良性结合这一目标而展开。

从利益的主体维度看,老年人作为体医结合的主体对象,其个人利益是老年人体医结合公共利益实现的基础。老年人参加体医结合实践活动的利益诉求体现为个人利益对老年人体医结合价值的表达。对于社区、各级医院以及养老机构而言,由于具有公共事业的性质,侧重于对公共利益的追求。从利益的客观内容来看,老年人个体对经济利益、政治利益的诉求相对淡薄而对文化利益的诉求强度相对较高;对于家庭、体医结合俱乐部而言则更强调经济利益,对政治利益和文化利益诉求相对较低。对于社区、各级医院以及养老机构而言,根据自身的发展需要对经济利益、政治利益和文化利益的诉求程度相对较高,并在不同的时期表现出波动和变化。

(3) 间接型利益相关者利益诉求

所谓间接型利益相关者是指对老年人体医结合效益起辅助作用的个人或群体。具体包括志愿者组织、媒体组织和科研机构等组织。这里的科研机构不仅包括逐渐形成的体医结合学术团体,还包括了老年人体医结合场地器材、技术研发的各类组织和公司。

间接型利益相关者包括志愿者组织、媒体组织和科研机构,它们对老年人体医结合效果起到间接推动作用。虽然在这些组织中同样包括个人利益和组织利益两个维度,但是在老年人体医结合机制良性运行的目标指引下,间接型利益相关者的利益诉求主要表现为组织利益诉求。

志愿者组织是社会发展到一定阶段的产物,是公民不计报酬、自愿奉献自己的时间与精力为他人服务的过程中自发组织起来的民间组织①,志愿者组织在公共事务尤其是社区服务发展过程中起到了重要的作用。志愿者组织的精神动力是奉献②,精神本质是友爱、互助,外在表现为参与。因此,志愿者组织在参与老年人体医结合实践中也呈现出自身的利益诉求。在利益主体维度上,志愿者组织体现出一种纯粹的公共利益价值内核,对于国家利益和社会利益是一种有益的补充。这也是志愿者组织被认为是除政府与市场之外的"第三部门"的原因所在③。在利益的内容维度上,体现了绝对的精神利益,对物质利益的淡化是志愿者组织的显著特点。这种精神利益体现为志愿者组织的社会公益服务精神。在实现维度上,短期利益能让志愿者组织在老年人体医结合实践过程中顺利进行并能得到社会的广泛认同,而长期利益能够让志愿者组织形成较大的社会影响力并展现出为社会公共服务提供稳定的参与力。在利益范围上,局部利益表现为志愿者组织能为老年人体医结合顺利进行提供实践动力,整体利益则表现为志愿者组织在老年人体医结合实践活动中所形成的整体形象。

媒体组织是指传递老年人体医结合信息的各广播、电视、报纸、网站等组织,媒体组织对老年人体医结合信息进行宣传报道能够形成良好的体医结合舆论氛围。媒体组织以信息传递的公正、客观、及时、准确为价值追求,利用媒体组织的宣传形成良性的体医结合氛围本身就是老年人体医结合优化协同的手段之一。从利益主体维度上看,媒体组织强调对社会公共利益的诉求,以体现媒

---

① 祝灵君.志愿者组织、志愿精神与政党领导[J].中共中央党校学报,2005.9(3):42—47.

② 苗大培,魏来,林浩,等.构建我国体育志愿者组织的理论探讨[J].体育科学,2004.24(9):4—7+11.

③ 徐柳.我国志愿者组织发展的现状、问题与对策[J].学术研究,2008(5):67—72+159.

体组织在社会公共利益上的整合功能。在利益内容维度上,媒体组织注重精神利益,以体现出媒体组织在信息传递上的权威。在利益实现维度,既注重对特定时期内老年人体医结合信息传递的绝对影响力,也注重媒体组织在老年人体医结合信息传递上的绝对权威。在利益范围维度上,体现出媒体组织内部之间的局部利益也体现出媒体组织在信息传递上的整体利益。

科研机构包括两种类型,其一是为老年人体医结合发展提供技术支持的科研技术研发机构;其二是对老年人体医结合进行科学研究的学术研究组织。

对科研技术研发机构而言,在利益主体维度上更加注重的是机构的群体利益,研发出技术含量较高的器材设备间接地指向公共利益。在利益内容维度上,偏重于技术研发带来的经济利益。在利益实现维度,强调技术研究给机构带来的短期利益也强调技术研发为机构发展带来的长期利益。在利益范围维度上,科研技术研发机构既表现出某项技术对老年人体医结合实践所带来的局部利益也能体现出在老年人体医结合技术研发中的整体性权威和形象。

对于学术研究机构而言,在利益主体维度上表现出老年人体医结合研究过程中的个人利益、学术团队利益和学术组织机构的整体利益。个人利益和学术团队利益以学术影响为利益核心,而学术组织则表现为学术机构的学术使命。学术成果是精神财富的象征,所以,在利益内容维度,强调绝对的精神利益为价值内核。从利益实现维度上看,科研机构强调长远利益,强调学术成果对老年人体医结合长远发展的影响力,同时也强调学术成果在学术界所起到了短期学术影响力。

3. 利益相关者之间的利益协同

老年人体医结合利益相关者之间利益诉求上的差异,体现出了对利益要素协同的重要性和紧迫性。表现于破解利益保护壁垒,协调各方利益是老年人体医结合利益协同的关键。

老年人体医结合利益协同所具有的复杂性不仅是由体医结合的公共事务属性所决定的,而且还表现为老年人体医结合本身所体现出的"结合"复杂性。这是因为体医结合本身就体现出跨部门、跨行业合作之间的利益整合复杂性。

总体而言,任何利益的协调,若最终不能体现在制度层面上,都将因无法产生实践效应而最终破产①。老年人体医结合利益协同的复杂性决定了只有建立有效的利益整合机制,才能满足各利益相关者之间的利益诉求,进而形成一个相对和谐、稳定的利益格局,为实现体医结合制度创新与改革扫清障碍,同时也为确保利益相关者之间的利益诉求,通畅利益相关者之间的利益表达,明确利益相关者之间的利益约束边界提供可能。这是对老年人体医结合利益整合所提出的总体性要求。

三、老年人体医结合要素协同维度分析

要素协同的目标是为老年人体医结合顺利进行提供条件保障,以便形成良性的合力。散布于不同场域内的结合要素其功能具有独特性,并指向于不同的维度。老年人体医结合要素协同具体指向于功能协同、空间协同和领域协同三个维度。

(一) 老年人体医结合功能协同

系统论认为,结构决定功能,功能是系统的结构与要素之间以及系统与其环境之间相互关联、相互作用后的必然结果②。功能

---

① 杨晓霞. 义务教育均衡发展:利益冲突及整合[J]. 教育研究,2016(4):48—51.

② 程诗玮. 产学研协同创新视角下大雪功能整合研究[D]. 武汉:武汉理工大学硕士学位论文,2016.4:13.

与结构均属于主体范畴。对于结构而言,是指老年人体医结合实践主体的结构,诸如医院的部门分配及科室设置;对于功能而言,功能总是呈现出多样性特点,既有本质功能,也有延伸功能,如医院的本质功能是治疗疾病,延伸功能可能有救济功能和生产功能,等。故此,功能协同就是在老年人体医结合顺利实现的指导下,使各实践组织机构所具有的多样化功能集中指向于老年人体医结合实践效果的过程。

老年人体医结合实践组织机构作为实体的客观存在,功能是客观存在的内在规定与赋予。老年人体医结合实践组织机构的多样化存在,也决定了其功能的丰富性。因此,对纷繁多样的功能进行有效协同能够为老年人体医结合提供更为直接的动力。从老年人体医结合实践组织机构的功能实现要素来看,功能的实现离不开机构内部要素的相互联系和作用机理的实现,在这些要素中既有物质形态的硬件要素,同样有非物质形态的软件要素。硬件要素与软件要素的协同配合是确保组织机构功能发挥的基础。故此,功能协同是要素协同的具体表现形式之一。

功能协同是关键。因为,不仅与体医结合的内在规定性有关而且还与老年人体医结合实践组织机构所具备的功能多样性有着密切联系。

体医结合健康促进功能的存在将体育与医疗卫生系统紧密联系在一起成为可能。虽然在远古时期就已经出现了体医结合的雏形,但现代的体育和医疗卫生不论是在硬件要素还是软件要素均体现出了鲜明的时代特色。与此同时,现代体育和医疗卫生的内生发展也要求以"健康"为逻辑主线来寻求更广阔的发展空间。在老龄问题日趋严峻的形势下,老年人体医结合正是通过体育与医疗卫生在健康促进功能上进行协同的具体表现。

从各老年人体医结合实践组织机构具体功能来看,功能的相对独立性表现得较为突出,而彼此功能的协同性表现不足。对家庭而言,主要有生理功能、心理功能、经济功能、政治功能、教育功能、娱乐功能、文化功能,等①。生理功能为代际赡养提供了基础,心理功能为老年人的心理健康、感情慰藉和寄托提供了可能。经济功能为老年人体医结合消费提供了保障;教育功能为老年人体医结合知识传播提供了可能;文化功能为中国传统孝道文化提供了空间。对社区而言,社区具有经济功能、服务功能、整合功能、凝聚功能、社会化功能、社会参与和社会民主功能、社会控制与社会稳定功能②。社区的经济功能为社区的正常运转提供了经济基础;服务功能为老年人体医结合服务提供了可能;整合功能可以让社区整合内外部资源,为社区发展提供优厚条件;凝聚功能可以使社区成员形成较强的归宿感;社会化功能可以为社区成员提供社会化过程的教育与熏陶;社会参与和社会民主功能为社区成员参加社会生活和政治生活实践提供了机会;社会控制和社会稳定功能为化解社区成员之间的内部矛盾,减少矛盾冲突提供了平台。由此可见,家庭和社区是"老有所养、老有所依、老有所乐、老有所安"的极佳场所。对于医院而言,根据《全国医院工作条例》第二条的规定"医院必须以医疗工作为中心,在提高医疗质量的基础上,保证教学和科研任务的完成"③,可见,医院的功能至少包括:提供

---

① 李斌.社会学[M].武汉:武汉大学出版社,2009.7:112—113.

② 李斌.社会学[M].武汉:武汉大学出版社,2009.7:131—134.

③ 百度知识图谱.全国医院卫生工作条例[EB/OL].https://duxiaofa.baidu.com/detail? searchType＝statute&from＝aladdin_28231&originquery＝%E5%85%A8%E5%9B%BD%E5%8C%BB%E9%99%A2%E5%B7%A5%E4%BD%9C%E6%9D%A1%E4%BE%8B&count＝30&cid＝6aec06e044c440841d96b5615c2e33d3_law.[2018—12—22](1982—01—12).

医疗服务的功能、承担医疗保障功能、引导医疗服务市场规范运动的功能、保障社会稳定安全的功能和培养医学人才发展医学科技的功能五个方面①。医院对于老年人体医结合而言，至少在提供医疗服务、人才建设和科学研究等方面发挥着重要作用。对养老机构而言，由于养老机构种类较多，分属卫生部和民政部两个系统，因此对养老机构的功能定位较为复杂。总体而言，养老机构具有提供养老服务的功能、社会稳定功能、社会救济功能等。对于社会体医结合俱乐部而言，作为一种新兴的市场实体组织，其功能主要体现在提供体医结合服务功能、经济功能。

老年人体医结合是促进老年人健康的有效手段，在新的时代背景下，肩负着社会稳定功能、经济功能、为老服务功能、文化传承功能等多种功能。这些功能依托于老年人体医结合实践组织机构得以实现，这就要求老年人体医结合功能应与实践组织机构功能进行有机协同。功能协同是对老年人体医结合实践组织"多中心""碎片化"的有效回应，以能为老年人体医结合提供协同合力。

（二）老年人体医结合空间协同

空间协同是基于发展的需要，对构成系统要素内在关联性以及系统与环境相关性的挖掘。利用各种功能的相互作用机制，积极地改变或调整系统构成要素之间以及系统与环境之间的关系，以克服系统发展过程中构成要素分离以及系统与环境之间不协调的倾向，以实现新的综合和新的秩序②。可见，空间协同是对老年人体医结合系统构成要素进行的综合性协同过程，表现为老年人

---

①　雷海潮.公立医院社会功能及价值探讨［J］.中华医院管理杂志,2009(7)：433—435.

②　侯兵.南京都市圈文化旅游空间整合研究［D］.南京：南京师范大学博士学位论文 2011.3：17.

体医结合实践场所和区域的协同,是老年人体医结合要素协同的具体表征。

空间协同是对实践场所和区域进行协同,从老年人体医结合实践区域来看,目前老年人体医结合实践场所呈现出多元化的局面。在体医结合的早期,这种多元化实践主体对于推进体医结合实践具有一定的积极意义。但是,随着老年人体医结合实践的不断深入,这种多元主体导致的实践"碎片化"显然不利于老年人体医结合集中效应的形成和发展。因此,空间协同是对老年人体医结合发展到一定程度后提出的要求,从目前老年人体医结合实践现状来看,空间协同是基础而不是关键。

老年人口空间分布差异以及城乡老年人对体医结合需求上的差异要求对老年人体医结合进行空间协同。老年人口数量的城乡差异要求老年人体医结合服务数量向农村倾斜,但是由于城乡二元结构、老年人受教育程度、收入水平等方面的差异,在对体医结合需求上,城市老年人较之于农村老年人更强烈。这种理论与现实的矛盾要求对老年人体医结合进行有效的城乡空间协同。

老年人体医结合实践组织机构空间布局上的差异要求对老年人体医结合进行空间协同。包括发达地区和欠发达地区之间的协同以及老年人体医结合具体实践组织机构的空间位置协同两个方面。发达地区老年人体医结合实践开展活跃,拥有资源总量和质量相对较高,发达地区资源向欠发达地区进行协同流动,从而实现老年人体医结合有效的区域协同。就同一区域而言,同类实践机构或不同实践机构之间在老年人体医结合效果话语分量上存在着差异。对于三甲医院而言,体医结合效果话语权要远大于社区医院,实施"分级诊疗",将老年人体医结合诊疗下放到社区医院是空间协同的具体表现。在不同实践机构间也可进行空间协同。如形成社区与养老机构之间的协同、体医结合俱乐部与社区、医院之间的协同。

（三）老年人体医结合领域协同

领域包括三个维度，即学科领域、活动领域和部门领域。在学科领域，主要指老年人体医结合涉及到的学科知识。在学术研究追求交叉学科的范式应用以及"百花齐放百家争鸣"的学术方针指引下，厘清老年人体医结合所属学科领域显然毫无意义。就活动领域而言，老年人体医结合实践活动存在于家庭、社区、医院、养老机构、社会体医结合俱乐部等活动场域内，而这与前面的空间协同维度属于同一问题范畴。故此，老年人体医结合领域协同维度主要是指部类或部门领域之间的协同。

老年人体医结合具有公共事务的属性，表现为满足老年人群体对健康的需要，体现出老年人群体的健康利益。公共事务的承担是政府的责任，政府会根据公共事务的业务属性要求相关的职能部门进行组织协同[1]。而在组织部门协同的过程中，政府还会根据部门的具体职能进行主辅有别的区分。职能部门所负责的职能范围便是公共事务指向的具体领域，而对主要职能部门的规定与安排则说明了该公共事务的归属领域。2019 年 6 月发布的《国务院关于实施健康中国行动意见》中已经将老年人健康促进纳入到健康中国建设的主要任务之中，并明确提出"推动体医结合疾病管理和健康服务模式"。可见，老年人体医结合作为健康中国建设的重要抓手已经得到了政府的高度重视。从 2019 年 7 月成立的"健康中国行动推进委员会"的具体部门组成来看，共涉及到 33 个

---

[1]　王敏，王乐庆.公共事务的责任分担与利益共享—公共事务管理体制改革与开放的思考[J].学术研究，2001(11)：73—78.

部门组织和近 40 位部局领导。

　　从表(表 5-2)可以看出,健康中国建设作为国家发展战略共涉及到 16 个国务院部门组织,4 个国务院直属机构(体育总局、市场监督局、医疗保障局、广播电视局),1 个国务院直属事业单位(新华通讯社),5 个部委管理的国家局(烟草局—工信部)、(民航局—交通部)、(药监局—市场管理局)、(铁路局—交通部)、(中医药局—卫健委),2 个国家领导办公室(扶贫办、网信办),1 个权威报刊组织(人日报社),4 个群众性组织(总工会、共青团、妇联、残联)。共涉及 33 个具体部门领域。其中,卫健委、教育部和体育总局是健康中国建设的核心领导部门领域,其余 30 个为支撑部门领域。

　　从核心部门领域协同的角度看,目前老年人体医结合核心领域协同主要是在体育领域、教育领域与医疗卫生领域进行协同。随着老年人体医结合的不断完善,会对其他 30 个领域整合提出相应的要求。

表 5-2　健康中国行动推进委员会涉及的部门及领域

核心部门	核心领域	支撑部门	支撑领域	支撑部门	支撑领域
卫健委	医疗卫生	中宣部	宣　传	工信部	工业信息
教育部	教　育	发改委	发展与改革	公安部	公共安全
体育总局	体　育	科技部	科学技术	民政部	民政事业
		交通部	交通运输	财政部	财政税收
		水利部	水利资源	住建部	住房建设
		农业部	农业发展	文旅部	文化旅游
	人社部	人力资源与社会保障	自然资源部	自然资源	
	医保局	医疗保障	广电局	广播电视	
	市监局	市场管理	烟草局	烟　草	

（续表）

核心部门	核心领域	支撑部门	支撑领域	支撑部门	支撑领域
	新华社	信息舆论	民航局	民　航	
	铁路局	铁路交通	中医药局	中　医	
	药监局	医疗监督	人民日报	报纸宣传	
	扶贫办	扶　　贫		妇　联	妇女权益
	残　联	残疾人权益	网信办	网络信息	
	总工会	工会组织	共青团	青少年	

需要特别指出的是,在国家机构职能改革的过程中,老年人健康问题从民政部门进行了剥离。2018 年国家卫健委成立的"老龄健康司"承担了老年人群健康促进的职责,而民政部则主要承担养老服务、老年人福利和老年人救助工作职责。这种组织职能的转移也是组织领域协同的具体表现。

案例分析 5 - 1　　** 市部分社区老年人体医结合要素协同情况与问题①[注]（详情见附件 11）

第二节　老年人健康促进的体医结合
协同效应实现困境

老年人体医结合要素协同是一个内部结构多样的系统,外部环境的复杂性也给协同效应实现增加了难度。不论是纵向还是横

---

①　注:对 ** 市部分社区老年人体医结合要素协同进行分析的目的是希望通过案例中要素协同存在的主要问题进行归纳,从而为演绎出老年人体医结合协同效用实践困境打下基础。

向协同仍然存在着诸多的协同困境。集中表现于伴随着医疗卫生服务、全民健身服务、养老服务体系而行的体医结合协同效果不佳。具体表现在：其一，缺乏专门的体医结合法律指引给协同带来了一定的难度；其二，主体间的利益保护主义限制了组织协同的顺利进行；其三，主体间的协同惰性也给协同机制运行带来了阻力。

一、缺乏政策法规的积极引导

老年人体医结合不论是纵向协同还是横向协同均强调政策对于协同的指导性价值。从体育系统、医疗卫生系统和民政系统所颁布的法律法规来看，均没有涉及到老年人体医结合利益和资源协同的相关条款，这显然大大影响和制约了老年人体医结合协同效果。虽然，近年来体育部门颁布的相关法律法规文件中均体现出老年人体育锻炼的重要性，体医卫生部门和民政部门也在法律法规文件中强调资源整合对于养老问题的重要作用，但是在各系统的法律法规文件之间缺乏对老年人体医结合一致化的条文规定。老年人体医结合要素的协同还处于一种自发的状态。这显然不利于老年人体医结合协同整体效应的实现。然而，自发状态的人为协同整合，同样面临着诸多问题。诸如协同整合目标不明确，协同过程随意性强等。

二、制度壁垒的利益保护主义

老年人体医结合要素协同的三个主要领域分属三个不同的行政管理系统。从三个层面的行政管理组织来看，它们之间也存在着复杂的利益关系。虽然老年人体医结合具有准公共服务的属性，但是在"理性经济人"的驱使下，三个层面的行政管理组织可能会倾向于自己的部门利益。正因为有多重利益目标的存在，部门之间均表现出协同惰性,对现存部门利益产生影响。

对于分属三个体系的协同主体而言,在现有运行制度的堡垒中已经形成了固有的利益份额,而老年人体医结合协同理想效果的出现要求利益相关者之间的利益达到一种协调状态,这就必须打破原有的利益格局。老年人体医结合就如同一个"大蛋糕",然后通过协同后所制定的规则来分配蛋糕份额。显然,老年人体医结合协同主体之间并不是层次分明的"夹心蛋糕",而是在利益驱使下相互依托、相互牵连的"篱笆"。因此,在利益保护主义下,谁都不愿意打破现有的利益格局,使得老年人体医结合协同变成理论重要,行动次要的局面。正如胡大一教授所言,"体医结合的真正落地就是要打破大城市中超级医院资源垄断所形成的利益格局"。

三、主体协同意识有待提高

不管是自发的人为协同整合还是政府的强制协同整合,协同主体的协同意识均很重要。在结合要素保障机制分析中发现,老年人体医结合在硬件要素和软件要素保有量是充足的,这为协同行为的发生提供了基础。而协同行为的产生又与协同主体(尤其是组织领导)的协同意识有着直接关系。首先,在利益保护主义的影响下,扼杀了协同主体的主观能动性;其次,缺乏协同文化的熏陶同样也是协同意识淡薄的重要原因。这是因为:第一,根植于家庭农耕生产的传统文化缺乏协同的文化基因。家庭农耕社会培养出了中国人较强的小农意识和家庭、宗族观念。这种小农意识和家族观念说明协同合作很难在除自己家庭之外的成员间实现。第二,现如今,快节奏的生活方式,致使人与人的交流机会更少,这样也丧失了协同文化的生存空间。"鸡犬之声相闻,老死不相往来"既是古代小农经济下的现实境况也是现代居民生活的真实写照。

总之,在老年人体医结合要素协同过程中,不论采取哪种协同方式,协同主体的协同意识淡薄严重阻碍了要素协同的速度与深度。

协同主体的意识有待提高还表现为对老年人体医结合要素协同过程中采取的措施不多。老年人体医结合要素协同不仅仅依靠政府的强制协同整合,在基层实践中还可以采取多种灵活多样的协同措施对现有要素进行有效协同整合。

总体而言,老年人体医结合要素协同离不开政府部门的大力支持和老年人体医结合实践主体的能动性。老年人体医结合实践主体的多样性为要素协同提供了更多的选择路径。各实践主体应根据自身的情况,有目的性、针对性地积极探索老年人体医结合要素协同方式。同时,老年人体医结合要素协同不仅要充分利用实践主体要素的总体量还应突破内部要素协同的思维局限,积极探寻老年人体医结合内部要素与外部要素协同的有效途径。

第三节　老年人健康促进的体医结合协同效应实现机制

随着健康中国建设进程的不断深入以及老年人体医结合总体效应体现的增强,缺乏政策引导的整合困境将很快得以改善。然而,缓解利益保护主义和协同意识淡薄的困境则要艰难得多。要想发挥老年人体医结合要素协同效应的优势,还需另辟蹊径,与时俱进地应对。

一、共识共谋:老年人体医结合组织要素联席机制

联席机制实质上是指"部门联席会议机制",所谓部门联席会

议机制就是"没有隶属关系但有工作联系的相关部门组织机构,为解决法律没有规定或规定不够明确的问题,由一方或多方牵头,以召开会议的形式,在充分发扬民主的基础上,达成共识,形成具有约束力的规范性意见,用以指导工作,解决问题"①。可见,部门联席会议机制可以是解决老年人体医结合要素协同过程中问题的工作机制,其目的在于部门之间及时沟通和交换信息、协调不同意见和利益,以顺利推进要素协同具体工作的落实②。部门联席会议机制在处理复杂问题的过程中发挥了重大作用。上至国务院下至社区基层均建立了内容多样的联席会议机制。如 2019 年 7 月国务院办公厅发布《关于同意建立养老服务部际联席会议制度的函》,案例中上海市南京东路社区在资源协同过程中成立的"机构联席会议制度"。

　　老年人体医结合的顺利进行,保障是基础,协同是关键。在面对纷繁多样的要素种类时,如何把现有要素进行有效协同,破解要素协同过程中存在的问题需要联席会议发挥共识共谋的作用。从联席会议的层次来看,有国家部际联席会议,省市级部门联席会议以及基层联席会议三个层次。但是,不论哪种层次的联席会议总是围绕具体问题而开展工作。其构建的内容包括:联席会议的组成与召集,会议职责与会议议事范围与任务,会议召开的程序等③。对于老年人体医结合部门联席会议机制构建而言,也可以从以下几个方面进行:

---

　　①　百度百科. 联席会议[EB/OL]. https://baike. baidu. com/item/%E8%81%94%E5%B8%AD%E4%BC%9A%E8%AE%AE%E6%9C%BA%E5%88%B6/10223769.[2019—10—22](不详).

　　②　三大横向部门协调机制:议事协调机构,联席会议,部门协议。

　　③　顾爱华,刘志超.论党政联席会议制度的管理创新[J].社会科学辑刊,2011(6):42—46.

第一,明确联席会议召集与成员组成。在政府推进过程中,联席会议召集一般都由负主要职责的政府部门进行召集;在基层实施过程中,各体医结合实践组织机构均可以召集。通过前面的分析中已经发现,在国家部委层面,卫健委、体育总局和教育部是老年人体医结合的主要领导部门,其要素协同的联席会议主要由以上三个领域的政府部门相关领导组成。为扩大老年人体医结合要素协同的影响力,扩大联席会议的成员范围,还可以通过扩大会议、邀请会议、列席会议以及听证会议等形式邀请相关领域内官员、专家学者、体医结合实践者参与。

第二,明确联席会议的职能与议事范围。对于老年人体医结合要素协同联席会议而言,其职能便是有效协同整合各类老年人体医结合要素,这是职能所在也是会议构建目标所在。议事范围集中于硬件要素协同和软件要素协同。议事重点应是软件要素中的政策法规、组织机构、经济、人力话语、信息、技术和利益。而在软件要素议事中应优先考虑人力、技术与信息的有效协同,这是由老年人体医结合发展的客观实践需要所决定。

第三,规范联席会议程序。程序正义是实现现实正义的关键①。没有规范的程序制约,联席会议很难发挥其应然功能。故此,老年人体医结合要素协同联席会议应及时召开,并把召开时间、议事主体、议事结果等提前向社会公布。以便让社会成员感受到联席会议召开的公平性、公正性、公开性、合理性和民主性。

二、共生共存:老年人体医结合的共同体构建机制

老年人体医结合实践场域空间的独立性使得要素协同在现行

---

① 肖庆华.论程序正义的实现[J].兰州学刊,2007(S1):69—70.

单位制度的利益保护主义下变得寸步难行。在"人类命运共同体"构建的指引下,对老年人体医结合共同体的构建便能在一定程度上实现组织间结合要素的共生共存。

2019 年 10 月中国共产党十九届四中全会提出"坚持和完善独立自主和平外交政策,推动构建人类命运共同体"①。"人类命运共同体"是应对 21 世纪各种全球性挑战而提出的中国方案。人类命运共同体的本质内涵是"平等相待、互商互谅的政治共同体""公道正义、共建共享的安全共同体""开放创新、包容互惠的经济共同体""和而不同、兼收并蓄的文化共同体""尊崇自然、绿色发展的生态共同体"②。目前,健康老龄化问题俨然成为世界各国关注的重点问题,尤其是 2019 年"健康中国建设"已经进入到实质化建设阶段,在"人类命运共同体"构建内容过程中"人人健康的健康共同体"理所当然要成为其构建的重要内容之一。

老年人体医结合是健康中国建设和应对健康老龄化的重要举措,老年人体医结合共同体在构建逻辑上与人类命运共同体对接,在构建的内容上与健康中国建设的国家发展战略和健康老龄化的国家发展目标对接。同时,通过构建老年人体医结合共同体可以有效实现结合要素的优质协同,实现结合的顺畅进行。

在构建的主体选择上,理所当然是政府为构建主体。在构建的内容选择上,应该是贴合老年人体医结合的实践情况,对老年人体医结合起决定性作用的政策、经济、利益、技术、人力、信息等核

---

① 百度百科. 人类命运共同体[EB/OL]. https://baike. baidu. com/item/%E4%BA%BA%E7%B1%BB%E5%91%BD%E8%BF%90%E5%85%B1%E5%90%8C%E4%BD%93/1096715? fr=aladdin. [2019—11—22](2019—10—27).

② 彭冰冰. 论"人类命运共同体"的实质、内涵与意义[J]. 贵州社会科学,2017(4):11—16.

心结合要素进行协同。协同结果最终指向于共同体组织。现阶段,体医结合共同体构建引起了相关职能部门的高度重视,前述,2017 年国家体育总局牵头成立的"医体整合联盟"便是对要素整合的积极尝试。

"医体整合联盟"对于推动老年人体医结合要素协同整合具有积极的意义,显而易见的是,仅仅依托体育资源和医疗资源,老年人体医结合必然要受到限制。老年人体医结合共涉及到 30 多个领域,这就为老年人体医结合共同体构建提供了主体思路。现阶段,老年人体医结合共同体的构建应以卫健委、体育(总)局和教育(部)局为共同体构建的主要组织部门,其他相关领域部门为辅助部门。

三、共育共享:老年人体医结合人力资源流动机制

人力资源是老年人体医结合中的关键变量。不论是实践中暴露出的问题还是保障机制和协同机制中暴露出的问题均与专业人力资源匮乏有着莫大的关联。共同培育共同分享,实现人力资源的合理流动是解决老年人体医结合人力资源问题的关键所在。

共育便是要打破体育院校和医学院校现有人才培养"各自为政"的局限。在人才培养方案制定、课程设置安排与管理、师资队伍共享、场地器材设施共用等方面进行合作共享。使人才培养规格向体医结合复合型人才靠拢。

共享便是要打破现有人力资源单位体制的局限,破解单位体制对人才流动的限制,鼓励专业人才在单位间进行合理流动。从而实现专业人才培养中的共育,培养后的共享。

四、共享共司:区块链技术下的信息平台构建机制

这里的共享指的是信息资源的共享,而共司指的是老年人体

医结合过程中各环节各要素"各司其职",共同操作、经营和主持,从而为老年人体医结合信息平台构建作出贡献。

2016 年中国区块链技术和产业发展论坛成立,同年发布《中国区块链技术和应用发展白皮书(2016)》,2018 年工信部发布《2018 年中国区块链发展白皮书》、《中国区块链技术和应用发展研究报告(2018)》两个重要文件,将区块链技术纳入未来复合型技术突破的重点领域。广义的区块链技术是利用块链式数据结构来验证与存储数据、利用分布式节点共识算法来生产和更新数据、利用密码学的方式保障数据传输和访问安全、利用自由化脚本代码组成的智能合约来编程和操作数据的一种全新的分布式基层架构与计算范式。狭义的区块链技术是一种按照时间顺序将数据区块以顺序相连的方式组合成的一种链式数据结构,并以密码学方式保证不可篡改和不可伪造的分布式账本①。区块链技术具有去中心化、开放性、自治性、信息不可篡改、匿名性等特点。所谓去中心化就是使用分布式核算和存储,不存在中心化的硬件或管理机构,任意节点的权利和义务都是均等的,系统中的数据块由整个系统中具有维护功能的节点来共同维护;所谓开放性是指系统是开放的,除了交易各方的私有信息被加密外,区块链的数据对所有人公开,任何人都可以通过公开的接口查询区块链数据和开发相关应用,因此整个系统信息高度透明;所谓自治性是指区块链采用基于协商一致的规范和协议,使得整个系统中的所有节点能够在去信任的环境自由安全的交换数据,使得对"人"的信任改成了对机器的信任,任何人为的干预不起作用;所谓信息不可篡改是一旦信息

---

① 中国区块链技术和应用发展白皮书(2016)[EB/OL]. http://www.199it. com/archives/526865. html. [2019—10—20](2016—10—18).

经过验证并添加至区块链,就会永久的存储起来,除非能够同时控制住系统中超过 51% 的节点,否则单个节点上对数据库的修改是无效的,因此区块链的数据稳定性和可靠性极高;所谓匿名性是指由于节点之间的交换遵循固定的算法,其数据交互是无需信任的(区块链中的程序规则会自行判断活动是否有效),因此交易对手无须通过公开身份的方式让对方自己产生信任,对信用的累积非常有帮助①。正因为区块链技术具有其独特的优势,现如今,我国区块链产业生态初步形成,并且在金融领域、实体领域得到了广泛应用。

　　老年人体医结合需要硬件和软件要素的协同配合,区块链技术为老年人体医结合要素协调提供了新的技术思路。区块链技术应用于老年人体医结合可能涉及的内容如下图:(图 5 - 3)

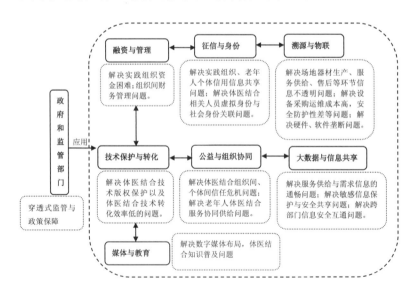

图 5-2　区块链技术应用于老年人体医结合的具体内容

---

①　2018 年中国区块链行业分析报告[M].鲸准研究院,2018.01.

由上图可见,区块链技术在老年人体医结合中在以下方面得以应用:

1. 在硬件器材方面,构建了从生产、物流、安装、后期维护等方面有效协同,优化的物联,使得硬件成本有所降低,同时价格透明化,优化了售后服务,使得硬件资源的可及性得到了改善。

2. 在资金来源协同方面,可以充分利用大量的社会资金无忧地注入到老年人体医结合实践组织机构中去,也可以破解体医结合社会组织向银行贷款难度大、周期长的问题。使老年人体医结合资金能在短时间内得到保障。

3. 在组织协同方面,不论是监管组织、实践组织还是支撑组织均建立了良好的信任机制。对监管组织而言,能够实现跨部门信息沟通与共享,有利于监管组织"共司效应"的最优化;对于实践组织而言,可以打破现有的制度保护主义壁垒,实现老年人体医结合服务协同供给最优化;对于支撑组织而言,破解了行业交流障碍,使支撑组织的功能在结合过程中实现最大化。

4. 在技术协同方面,充分保障了体育技术与医疗技术的无障碍交换,尤其是竞技体育中的体医结合技术转化周期大大缩短。

5. 在人员协同方面,解决了体医结合专业人员的身份认同问题,对单位制度下的身份认同机制造成一定的冲击。同时还有利于高效培养老年人体医结合专业人才。

6. 在信息舆论方面,解决了当前平台构建中"信息孤岛"的出现,解决了信息安全问题,利用大数据对老年人体医结合知识的传播能在较短的时间内形成良好的体医结合社会氛围。

随着区块链技术应用的不断深入,对老年人体医结合的影响将会越来越深远。然而,区块链技术作为一种新型的复合型技术,在我国具体的应用过程中才刚刚起步。虽然国家已经对养老服务信息管理作出了明确的要求,并规定了具体负责的部委,但是各部门之间如何各司其职、协同配合并没有明确规定。虽然区块链技术本身所具有的优势已经在社会各方面实践中已经得以应用,但是这种优势如何在老年人体医结合中得以彰显,还需进一步探索。

为此,本研究建议:其一,尽快制定宏观的、标准统一的信息服务规划方案。尤其是优先考虑区块链技术的应用。第二,明确各部委的具体职责,加强合作,明确建设目标,细化工作流程和步骤。第三,统一信息共享的数据标准。采取统一的数据标准对数据进行采集、分析、加工、处理,以克服现有"信息孤岛"的局面,促进数据在不同用户之间自由流动,从而实现真正意义上的信息共享。

本 章 小 结

老年人体医结合保障是基础,协同是关键。只有保障要素协同配合形成合力,老年人体医结合才有可能顺利推进。尤其是在健康中国建设进程中,要想发挥出老年人体医结合的应然效应,协同机制尤为重要。在协同机制中,老年人体医结合各要素协同存在着缺乏政策的积极引导,使得协同失去方向;长期存在的制度壁垒,使得协同效率不高;主体协同意识不高,使得协同动机不强。要想使各结合要素形成良性合力,还需抓住健康中国建设的良机,积极探索并采取有效的协同措施与方法以确保老年人体医结合的良性运行。

第六章 老年人健康促进的
体医结合运行机制

老年人体医结合是一个动态变化的系统,系统内各要素之间以及系统与外界之间总是产生着复杂的联系,要素不断变化以及联系的过程便是系统运行的过程。老年人体医结合的各个要素构成了老年人体医结合系统的基本结构,结构规定了"谁做?做什么?",而运行则是规定了"如何做?"①。可见,运行机制是对老年人体医结合在实践层面上提出的要求,是将推进机制、保障机制和协同机制运行的结果付诸实践,是前面三个机制在实践中的集中体现。于是,老年人体医结合运行机制就是将结合的要素付诸实践从而产生实践效应所采取的措施与方法的总称,是发挥体医结合在老年人健康促进过程中应然功效的过程。

① 林雪峰,唐雯,王臣,等.和谐社会运行机制研究[J].河北科技大学学报(社会科学版),2006,6(1):31—33,112.

第一节　老年人健康促进的体医结合运行分析

上述,运行即是将老年人体医结合的结果付诸实践。在这个实践过程中包括了阶段的划分、目标的确定、内容的选择和效果的评定等多个方面。运行阶段分析,其目的是对老年人体医结合的运行过程状态进行整体性把握;运行目标分析,其目的是对老年人体医结合在不同运行阶段所应达到的预期结果进行把握;运行内容分析,其目的是根据运行阶段和目标对老年人体医重点结合内容进行把握;运行效果分析,其目的是对老年人体医结合付诸实践后的结果性质进行把握。

一、老年人健康促进的体医结合运行阶段

老年人体医结合运行阶段划分的依据是老年人体医结合的具体状态。这是因为,运行是结果的运行,结果是运行的前提,政府会根据老年人体医结合的具体状态针对性选择保障内容和协同内容。可见,运行阶段的划分是前提。在推进机制分析中,依据推动力在推进过程中地位体现的不同,可将老年人体医结合划分为初级、中级和高级三个阶段。故此,老年人体医结合运行阶段也可分为上述三个阶段。

（一）老年人健康促进的体医结合运行初级阶段

运行初级阶段是老年人体医结合初级状态的反映。从具体推动力的角度看,初级阶段表现为老年人体医结合主要依靠外生动力的推动作用,内生动力明显不足;外生动力表现为强势积极,而内生动力表现为弱势、消极。从运行主体选择来看,此阶段的运行

主体是政府,尤其是地方政府。这是因为,中央政府在老年人体医结合过程中强调的是宏观调控职能的发挥,表现为政策融入较为充分,释放出体医积极结合的信号,通过组织协调为老年人体医结合监管组织的重组与建立做准备,积极鼓励地方政府根据实情进行老年人体医结合实践尝试,为中央政府更好地履行宏观调控和执行监督进行铺垫。在此阶段,地方政府淡化作为中央政府"代理人"角色,强调执行、监督、反馈职能的体现。在具体措施上,积极探寻老年人体医结合的具体办法和措施,积极探索老年人体医结合的具体运行机制和运行路径,在健康政策融入的基础上迅速出台体医结合专项政策,期望通过政策的引导加速老年人体医结合实践效应的实现。

在实践探索中,老年人体医结合主要以民间自发为主,市场实践主体反应积极,而公立性实践组织反应滞后性显著。在实践问题表现上,表现为实践主体体医结合意识不强,老年人体医结合实践有效性问题、安全性问题较为突出,体医结合要素及领域含糊不清等。在政府运行主体下,老年人体医结合采取的保障措施不多,协同效应不佳。在实践模式选择上,缺乏对实践模式最优化考量,实践模式零散,成熟的老年人体医结合运行模式尚处于探索阶段。在具体运行机制选择上,地方政府各自为政的现象较为明显。

对体育系统和医疗卫生系统而言,两系统结合意愿不高,体育系统处于弱势地位,迫切需要健康话语的分享。

在实践效果上,体医结合促进老年人健康的实践效应表现不佳。体医结合作为健康促进的手段极易被其他健康促进手段替代。

（二）老年人健康促进的体医结合运行中级阶段

运行中级阶段是老年人体医结合中级状态的反映。该阶段,老年人体医结合发展还以外生推动力为主,但是内生推动力消极问题有所改善,真正意义上的内外生合力初步形成。在运行主体中,还是以政府推进为主,社会、市场作为补充推动主体的作用有所体现。但是真正意义上的"政府为主导,社会广泛参与"的局面并没有形成。政府部门职责分工较为明确,"老年人体医结合联席会议"制度已经完成,并在重大决策问题上真正产生作用。经过时间的检验,地方政府颁布的体医结合专项政策真正产生作用,政策融入日渐全面,专项体医结合政策体系初步形成。尤其是体医结合实践组织的服务意识有所增强,老年人群体体医结合实践意识增强较显著。老年人体医结合实践的安全性、有效性、可信度和持续性问题有所改善。体医结合要素较前阶段有所增加,但还不够全面。体医结合保障内容更全面,保障措施更多,保障效果有所改善;体医结合协同效果显著,制度壁垒基本消除,实践主体协同意识提高明显,运动处方应用较为广泛。体医结合市场机制初步建立,但是市场机制运行所产生的供需矛盾依然存在,接受型利益相关者之间的市场利益分割矛盾较为突出。

对体育系统和医疗卫生系统而言,两系统合作意愿改善明显。体育学作为一级学科已经确立,体育在健康话语中的地位有所改善。

在实践效果上,体医结合促进老年人健康的实践效应表现明显。体医结合作为健康促进的手段被多数老年人认可。

(三) 老年人健康促进的体医结合运行高级阶段

运行高级阶段是老年人体医结合高级状态的反映。老年人对体医结合的需要和不平衡、不充分发展之间的矛盾基本解决。运行至此阶段,外生推动力的主导地位开始下降,内生推动力真正开始发挥作用,并逐渐取代外生动力成为老年人体医结合发展的助推力。此阶段,形成了政府、社会、市场共同推进老年人体医结合发展的局面,各运行主体职责鲜明,分工明显。"政府主导、社会广泛参与"的体医结合运行态势基本形成。完善、健全的老年人体医结合专项政策体系基本完成。在实践中,良性的体医结合氛围基本形成,老年人体医结合安全性、有效性、可信度和持续性问题全部解决。老年人体医结合运行模式多样,并呈现出地方特色。老年人体医结合实践运行处于一种自发状态,老年人体医结合社会组织作用体现明显。

对体育系统和医疗卫生系统而言,形成了"你中有我,我中有你"的体医深度融合的局面。体育学科与其他学科交叉发展不断深入,体育与医学共享话语。

在实践效果上,老年人体医结合在建成小康社会、健康中国建设、积极老龄化、健康老龄化进程中作用效果体现明显。

二、老年人健康促进的体医结合运行目标

体医融合是体医结合发展的理想状态。结合不同运行阶段的特征,可以判断出当我我国老年人体医结合运行还处于初级阶段。在每一个阶段,老年人体医结合运行目标会有所不同。下面仅对初级阶段的老年人体医结合运行目标进行分析。鉴于中央层面体医结合专项政策的缺位,而地方性体医结合专项政策颁布不多,老年人体医结合运行目标指向于老年人体医结合专项政策目标。

(一) 老年人健康促进的体医结合运行目标确定依据与原则

1. 确定的依据

(1) 国家层面发布的相关政策。既然老年人体医结合运行目

标指向于专项政策目标,国家层面发布的相关政策便是老年人体医结合运行目标确定的依据之一。

从近期国家层面发布的相关政策来看,《健康中国 2030 规划纲要》(下简称"纲要")《国务院关于实施健康中国行动意见》(下简称"意见")《国家积极应对人口老龄化中长期规划》(下简称"规划")《国务院办公厅关于印发体育强国建设纲要的通知》(下简称"通知")等政策文件中的具体目标可以作为老年人体医结合机制运行目标的参考依据。对上述政策目标文本(见表 6-1)进行词频分析,以"健康"为检索条目,"健康"出现 25 次,健康素养、健康生活、健康指标各出现 3 次,健康服务 2 次。需要指出的是,在"规划"中,主要是对"制度"进行目标描述。由此可见,老年人体医结合政策目标指向健康素养、健康生活、健康服务、健康指标和健康制度等维度。这为老年人体医结合专项政策目标内容的确定提供了方向。

(2) 老年人体医结合实践中存在的主要问题。老年人体医结合政策对老年人体医结合发展具有方向性指导价值,指导价值主要体现在老年人体医结合实践层面。故此,老年人体医结合实践中存在的主要问题也是运行机制目标确定的依据。第二章分析已经得出,当前老年人体医结合实践中存在的主要问题是老年人实践主体体医结合意识淡薄,老年人体医结合实践的安全性、有效性、可信度和持续性问题突出。问题主要是由实践主体要素结合意愿不高、体医结合要素不清晰、体育系统和医疗卫生系统存在着机构性排斥、老年人体医结合外在制度设置滞后、老年人体医结合领域关系不清、老年人体医结合模式关系不清等原因所造成。

表6-1 "规划""意见""通知""纲要"对目标的表述

政策名称	目标文本表述
《健康中国 2030 规划 纲要》①	到2020年,建立覆盖城乡居民的中国特色基本医疗卫生制度,健康素养水平持续提高,健康服务体系完善高效,人人享有基本医疗卫生服务和基本体育健身服务,基本形成内涵丰富、结构合理的健康产业体系,主要健康指标居于中高收入国家前列。到2030年,促进全民健康的制度体系更加完善,健康领域发展更加协调,健康生活方式得到普及,健康服务质量和健康保障水平不断提高,健康产业繁荣发展,基本实现健康公平,主要健康指标进入高收入国家行列。到2050年,建成与社会主义现代化国家相适应的健康国家。
《国务院关于实施健康中国行动意见》②	到2022年,健康促进政策体系基本建立,全民健康素养水平稳步提高,健康生活方式加快推广,重大慢性病发病率上升趋势得到遏制,重点传染病、严重精神障碍、地方病、职业病得到有效防控,致残和死亡风险逐步降低,重点人群健康状况显著改善。到2030年,全民健康素养水平大幅提升,健康生活方式基本普及,居民主要健康影响因素得到有效控制,因重大慢性病导致的过早死亡率明显降低,人均健康预期寿命得到较大提高,居民主要健康指标水平进入高收入国家行列,健康公平基本实现。
《国务院办公厅关于印发体育强国建设纲要的通知》③	到2020年,建立与全面建成小康社会相适应的体育发展新机制,体育领域创新发展取得新成果,全民族身体素养和健康水平持续提高,公共体育服务体系初步建立,竞技体育综合实力进一步增强,体育产业在实现高质量发展上取得新进展。到2035年,形成政府主导有力、社会规范有序、市场充满活力、人民积极参与、社会组织健康发展、公共服务完善、与基本实现现代化相适应的体育发展新格局,体育治理体系和治理能力实现现代化。

① 中华人民共和国中央人民政府. 中共中央印发关于健康中国 2030 规划纲要 [EB/OL]. http://www. gov. cn/zhengce/2016—10/25/content _ 5124174. htm. [2020—01—09](2017—10—10).

② 中华人民共和国中央人民政府. 国务院关于实施健康中国行动的意见[EB/OL]. http://www. gov. cn/zhengce/content/2019—07/15/content _ 5409492. htm. [2020—01—09](2019—07—15).

③ 中华人民共和国中央人民政府. 国务院办公厅关于印发体育强国建设纲要的通知[EB/OL]. http://www. gov. cn/zhengce/content/2019—09/02/content _ 5426485. htm. [2020—01—09](2019—09—02).

（续表）

政策名称	目标文本表述
《国家积极应对人口老龄化中长期规划》①	到2022年,我国积极应对人口老龄化的制度框架初步建立;到2035年,积极应对人口老龄化的制度安排更加科学有效;到本世纪中叶,与社会主义现代化强国相适应的应对人口老龄化制度安排成熟完备。

2. 确定的原则与流程

（1）运行目标确定的基本原则。其一,应遵循可行性原则,目标的设置应与本地开展老年人体医结合的实际情况相契合,确保目标能在规定实践范围内得以实现。其二,应遵循适宜性原则,目标设置的大小、完成的难易程度应切实可行。其三,应遵循科学性原则,包括运行目标设置过程科学规范和目标内容体系科学合理。其四,应遵循重点性原则,老年人体医结合运行内容涉及到诸多要素,运行目标定位应抓住当前老年人体医结合的重点问题。

（2）运行目标设置的基本流程。第一步,对开展老年人体医结合的条件进行全面综合考察,找出开展老年人体医结合的优势与劣势。第二步,对老年人体医结合实践活动的基本情况进行全面掌握,找出实践主体对老年人体医结合的主要需求。第三步,初步拟定老年人体医结合运行目标体系和具体内容。第四步,对运行目标体系和具体内容进行科学论证,如在职能部门相关领导的主持下组织领域内专家学者、体医结合实践主体以听证会的形式进行论证。第五步,修订运行目标体系和具体内容,以便让真正运行的目标之于实践导向定位价值得到充分体现。

---

① 中华人民共和国中央人民政府. 中共中央国务院印发《国家积极应对人口老龄化中长期规划》[EB/OL]. http://www.gov.cn/xinwen/2019—11/21/content_5454347.htm[2020—01—09](2019—11—21).

（二）老年人健康促进的体医结合运行目标的具体内容

老年人体医结合运行目标体系由总目标和阶段性目标组成。总目标就是对老年人体医结合运行所应达到的最后的结果；阶段目标则是对总目标的阶段性分解，在某个时期内老年人体医结合运行所应达到的结果。阶段目标是总目标的分化，为总目标服务。通过专家访谈，与卫健委相关工作人员访谈以及上述政策对阶段的划分启示，本研究认为以 5 年为一阶段较为合适。

老年人体医结合运行总目标：配合《健康中国 2030 规划纲要》《国务院关于实施健康中国行动意见》《国家积极应对人口老龄化中长期规划》《国务院办公厅关于印发体育强国建设纲要的通知》等政策文件精神，加快推进体医结合在老年人健康促进方面的积极效应，形成良性的老年人体医结合氛围。

老年人体医结合运行阶段性目标：1. 到 2025 年，老年人健康素养水平得以稳步提高，体医结合健康促进方式加快推广，体医结合在老年人慢性疾病防控作用得以显著体现，老年人自主自愿进行体医结合实践活动积极性稳步提升，良性老年人体医结合舆论氛围开始形成。2. 到 2030 年，老年人健康素养水平大幅提升，利用体医结合进行健康管控的老年人群比例增速明显，体医结合在老年人身体健康、心理健康和社会适应健康干预效果显著，良性老年人体医结合舆论氛围初步形成。

三、老年人健康促进的体医结合运行内容

老年人体医结合运行的具体内容是指体医结合在促进老年人健康过程中所涉及到的内在相关因素的总和。这些内在因素是一个动态变化的复杂体系，在体医结合发展的不同阶段，其内在因素会发生相应的变化。这体现出老年人体医结合运行内容的动态性

的一面。然而,在体医结合某一阶段,体医结合的具体内容则是相对固定的,这些内容是老年人群体利用体医结合促进健康的过程中所包括的实质性事物,这又体现出老年人体医结合运行内容相对稳定性的一面。

本质上而言,老年人体医结合运行的具体内容与保障机制、协同机制中所涉及的要素具有一致性。这种一致性是老年人体医结合实践的内在需要,也是老年人体医在某一阶段如何结合的客观需要,更是老年人体医结合运行功效发挥的现实需要。这是因为,针对老年人体医结合实践中暴露出来的典型性问题,需要在硬件要素(场地器材设施)和软件要素(法规政策、组织、经济、技术话语、人力、信息舆论、利益)两个维度对老年人体医结合进行内容保障与协同。故此,运行机制需要解决的便是将结合要素付诸实践,在实践层面上将老年人体医结合的整体功效张显出来。

四、老年人健康促进的体医结合运行效果

老年人体医结合运行效果是老年人体医结合要素产生相互联系后在实践中出现的后果,是实践主体参与体医结合实践后的结果。要素间产生联系以及联系的程度是运行效果表现的重要维度。而运行效果与体医结合实践密切相关,实践问题呈现的多少也可以反映出运行效果的好坏,所以实践问题也可作为判断效果的重要依据。老年人借助体医结合实践使期望改善健康水平,因此,健康促进效果也是运行效果判断的重要依据。根据《关于实施健康中国行动的意见》对老年人健康目标提到的"到 2022 年,65—74 岁老年人失能率有所下降;到 2030 年,65 岁及以上老年人群老年痴呆患病率有所下降"以及《健康中国 2030 规划纲要》提出"推动形成'体医结合'的疾病管理与健康服务模式,发挥全民科学健

身在健康促进、慢性病预防和康复等方面的积极作用",可以判断出,慢性病干预、失能率、老年痴呆和科学健身可以作为当前老年人体医结合运行效果的重要依据。(见图 6-1)根据社会运行机制理论,将老年人体医结合运行效果划分为良性、中性和恶性三种状态。鉴于老年人体医结合分为初级、中级和高级三个阶段,故此,每一个阶段的老年人体医结合变会呈现出恶性、中性和良性三种状态。

在高级阶段,老年人体医结合运行良性效果表现为:在结合要素维度,八个结合要素结合充分、紧密,要素在老年人体医结合过程中关联性较强;在实践问题维度,老年人实践主体体医结合意识高,老年人利用体医结合的频率高,实践中安全性、有效性、可信度和持续性问题得到解决;在健康促进结果维度,体医结合对于干预老年人慢性疾病效果良好,老年人失能率、痴呆率有所下降,老年人体医结合运行效果良好。

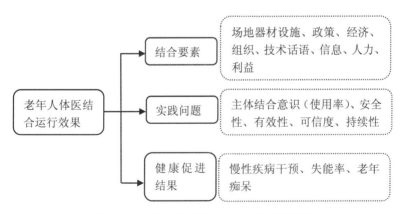

图 6-1 老年人体医结合运行效果分析框架

在低级阶段,老年人体医结合运行恶性效果表现为:八个结合要素含混不清,政府对老年人体医结合保障与协同被动,老年人体医结合实践完全处于自发状态。体医结合对老年人健康促进的干预效果不具体也不明显,老年人体医结合运行效果较差。

第二节　老年人体医结合"健康快乐模式"运行机制分析

"健康快乐"是根据深圳市[①]老年人体医结合具体运行而提炼出的一种运行模式类型。健康快乐运行模式意为老年人参加体医结合实践活动能给自己带来健康的同时也能体验到实践活动所带来的快乐,健康快乐体现出该运行模式的主题特征。

一、健康快乐模式的运行目标

2019年3月深圳市卫生健康委员会、深圳市文化广电旅游体育局和深圳市教育局联合颁发了《关于实施体医融合行动计划的通知》(下简称"通知")。"通知"对主要工作和组织实施两方面内容进行了说明,尤其是对主要工作的开展做了详细的部署,但对体医融合行动计划所应达到的目标没有给出说明。运行目标可参考前面的运行目标。(第一节,第二小节)

二、健康快乐模式的运行内容

"健康快乐"运行目标的确定对于深圳市老年人体医结合运行内容的选择提供了具体的方向。深圳市老年人体医结合健康快乐运行模式中的运行内容选择具有以下特点:

---

① 注:深圳市于2019年3月颁发《关于实施体医融合行动计划的通知》,这是国内地方政府颁发的第一个较为详尽的体医融合专项政策。深圳市开展的老年人体医结合运行模式具有典型性。

（一）场地器材设施相对充分与体医结合设施可及性不足

深圳市采取共享共用的方式实现场地器材设施在老年人体医结合中的基础保障作用。具体操作是利用医疗卫生机构、养老机构、全民健身等实践场域内的器材设施开展老年人体医结合实践活动。

截至 2018 年底,深圳市医疗卫生机构数共计 3492 个,其中医院 135 个,综合性医院 77 个,疗养院 1 个,门诊部、私人诊所以及企事业内部医务室 3238 个,专科疾病防治院 8 个,疾病预防控制中心(卫生防疫站)10 个,妇幼保健院 10 个,医学科学研究机构 2 个,其他卫生机构 88 个。床位张数 43868 张,包括医院病床数 39899 张,其他医疗卫生机构床位数 3969 张[①]。

截止到 2019 年底,深圳市共有社会养老机构 45 个,床位 9270 张,其中公办养老机构 18 个,民办养老机构 15 个,公建民办 12 个。在这些养老机构中大都设有老年人体育活动中心以及老年人康复中心。在养老机构中聚集了数量较多、功能较全的老年人康复器材设施。

就全民健身场地设施而言,深圳市体育场地设施面积达到 2590 万平方米,体育场地设施在新建小区和社区的覆盖率到达 100%。同时积极鼓励具备条件的公办学校体育场地设施向社会开放,积极推动公共体育场地设施免费或低收费向社会开放。对新建居住区、社区按照室内人均建筑面积不低于 0.1 平方米和室外人均不低于 0.3 平方米进行整改建设[②]。对于无公共体育场地

---

① 深圳市统计局,国家统计局深圳调查队.深圳统计年鉴—2018[M].北京:中国统计出版社,2018.12:393—395.

② 深圳市政府在线.深圳市人民政府关于印发深圳市全民健身实施计划(2016—2010 年)的通知[EB/OL]. http://www.sz.gov.cn/zfgb/2017/gb990/201701/t20170123_5946646.htm.[2019—12—22](2017—01—23).

设施或不达标的社区,则通过旧厂房、仓库、老旧商业设施等闲置资源进行改造建设。通过绿道网络配套设施的建设,将绿道网络建设成集体育、休闲、旅游为一体的绿道体育带。将社区体育公园或在公园中增加体育设施,解决市民体育场地设施可及性问题。

调查显示,深圳市民对体育场地设施的满意度 68.6%①,可见,多数市民对现有体育场地设施还较为满意。然而,仅仅依靠全民健身而建的体育场地设施无法满足老年人体医结合的需求,而大量的专门性的体医结合设施设备大都集中在养老机构内,而养老机构理论上只能为 9000 多为老年人提供体医结合设施设备,即便算上医院的体医结合设施设备,与 76 万深圳老年人群相比,体医结合设施设备的可及性程度还较低。

(二) 政策融入的前瞻性与技术话语、利益保障的滞后性

政策的融入对老年人体医结合具有积极的导向作用。深圳市政府将老年人体医结合相关要素融入到体育法规政策、医疗法规政策以及养老法规政策中去,体现出了政策融入前瞻性。以体育、医疗卫生、养老为线索检索代表性法规政策的融入情况。近 10 年来,深圳市发布与老年人体医结合相关的代表性文件主要有:《深圳市社区健康服务改革方案》(2010 年发布)、《深圳市养老设施专项规划(2011—2020 年)》(2010 年发布)、《深圳市生命健康产业发展规划(2013—2020 年)》(2013 年发布)、《关于加快发展老龄服务事业和产业的意见》(2013 年发布)、《深圳市全民健身实施计划(2016—2020 年)》(2016 年发布)、《深圳市养老服务业发展"十三五"规划》(2016 年发布)、《健康深圳行动计划(2017—2020 年)》

---

① 汪俊,黄昆仑.深圳市全民健身公共服务居民满意度及未来预测研究[J].当代体育科技,2015,5(30):167—169.

（2017 年发布）、《深圳市创建全民运动健身模范市工作实施方案》（2019 年发布）、《关于实施体医融合行动计划的通知》（2019 年发布）。选取《深圳市全民健身实施计划（2016—2020 年）》、《健康深圳行动计划（2017—2020 年）》和《关于实施体医融合行动计划的通知》3 部代表性政策进行政策融入分析，政策融入具体内容见下表：（表 6-1）

表 6-2 深圳市 3 部代表性法规政策
融入老年人体医结合具体情况①

名称、时间	融入的代表性内容
《深圳市全民健身实施计划（2016—2020 年）》2016 年	硬件要素：健身场地设施更加完善，推动体育场馆惠民开放，加强基层健身场地设施建设，体育场地面积达 2590 万平方米，新建居住区和社区体育设施覆盖率达 100%，推进公共体育场地设施，举办开放条件的公办谢谢体育场地设施，市政公园体育设施向社会免费或低收费开放；政策要素：完善政策与法治，进一步完善全民健身相关政策，依法保障市民体育健身权利，推广市民医疗保险个人账户有条件地用于个人健身消费；组织要素：形成结构合理、功能完善、诚信自律、竞争有序的体育社会组织，发挥高校及研究机构在全民健身公共服务标准化、均等化的作用，在民政部门注册登记的体育社会组织数量达到每万人 0.5 个；经济要素：加大资金投入与管理，市体育彩票公益金不低于 70% 的比例用于全民健身，鼓励企业、事业单位、社会团体、其他组织和个人投资、赞助、捐赠等形式支持全民健身事业；人才要素：加大人才队伍建设，全市每万人拥有 20 个社会体育指导员，扶持体育社会组织发展；技术要素：加大对体质监测与运动健身指导站推广科学健身技术指导，推广因时、因地、因需的体育运动项目，强化科技创新，提供全民健身方法和手段的科技含量；信息舆论要素：充分与广播电视、平面媒体及互联网等媒体合作。开辟专题专栏，普及健身知识，宣传健身效果。

---

① 注：带 * 号文件为深圳市卫健委提供（未对外公开），其他政策文件通过深圳市政府网站"政务公开"中的"政府文件"查询获得。

（续表）

名称、时间	融入的代表性内容
《健康深圳行动计划（2017—2020年）》* 2017年	硬件要素：改善老年健身设施条件，加强社区养老服务设施与社区体育设施功能衔接；政策要素：完善医保支持政策，完善公共体育场馆设施免费或低收费开放政策，完善老人赡养、病残照料为主题的家庭发展政策；组织要素：成立医疗联合体，构建"医研企"协同创新共同体；资金要素：完善公共卫生机构财政补贴机制，基本医疗保险制度与长期护理保险制度相衔接，完善全民医保体系；人才要素：常住老人家庭医生签约率达到80%；技术要素：加大对肿瘤防治、慢性病防治、脑卒中、心血管疾病防治、心理危机干预等疾病防治技术指导中心建设，开展老年常见慢性病和退行性疾病的干预，推广"互联网＋慢性病防控"，推动个性化健康干预服务，加强对中医药防治技术和新药研发；信息舆论要素：发布《深圳市民健康手册》，完善健康科普专家库和资源库，家庭医生服务信息化平台。
《关于实施体医融合行动计划的通知》* 2019年	硬件要素：支持社康中心和健康管理机构配置体质测定设施设备；组织要素：市卫健委、市文化广电旅游体育局、市教育局为体医融合的责任部门，建立深圳市体医融合通知联席会议制度；支持体医融合工作会议、学术研讨和产业峰会、展会在深圳举办，在社康中心设立运动健康指导门诊；政策要素：开展体医融合相关政策及标准研究，支持医疗机构开展慢性病、运动损伤等疾病综合性康复治疗服务；资金要素：协调做好财政经费保障安排，将具有明显治疗效果的体医融合项目纳入医疗健康保险支付范围；人才要素：开展运动干预从业人员培训，组织全市体育老师参与运动医学宣贯专业培训，大力发展运动医学和康复医学；技术要素：推广有氧运动，发挥市区级体质监测与运动健身指导站及市区级健身促进机构的作用，开展运动处方培训的试点；信息舆论要素：健康信息对接市民体质测定平台、社区健康服务信息平台，支持体医融合大数据开发与应用。

　　深圳市体医结合政策融入总体呈现出以下特点：其一，融入时间跨度较长，从2010年到如今有近10年历程；其二，融入内容较全面，几乎涉及到老年人体医结合的各个方面；其三，政策融入条文较为具体，场地器材条件、人员保障条件以及资金投入等方面均

出现了量化指标。但是,在技术结合和利益结合方面融入不够详尽。这是因为,老年人体医结合技术结合问题是核心问题,也是难点问题;而利益融合在不打破制度壁垒的条件下,仅仅依靠法规政策的条文框定几乎较难实现。

（三）经济、人力、信息要素运行的独特性

"沿海经济特区""年轻的移民城市""中国硅谷"等标签为深圳市老年人体医结合在经济、人力、信息要素运行创造了先天性条件。

1. 经济要素运行。2018 年,深圳市地区生产总值 24221.98 亿元,比 2017 年增长 7.6%,位居全国第三,广东省第一;全市居民人均可支配收入为 57543.60 元,比 2017 年增长 8.7%,居民人均消费支出 40535.02 元,比上年增长 8.7%,恩格尔系数为 29.2%;其中全市居民人均消费支出中,医疗保健占整个支出额的 3.2%（1278.48 元）。[1] 深圳市良好的经济发展势头为老年人体医结合的实践提供了丰厚的基本经济保障条件。就主要经济保障而言,2018 年,深圳市地方财政在文化体育与传媒支出 571218 万元,医疗卫生支出 2442264 万元,社会保障支出 2397159 万元;利用外资签订协议投入到医疗卫生中有 4 个,吸纳外资金额 783 万元,投入到教育、体育、文化、娱乐为 63 个,吸纳外资金额 92302 万元[2]。2018 年体育彩票用于群众体育事业发展的金额为 708.02 万元[3]。

---

① 深圳市统计局,国家统计局深圳调查队. 深圳市 2018 年国民经济和社会发展统计公报［EB/OL］. http://www. sz. gov. cn/sztjj2015/zwgk/zfxxgkml/tjsj/tjgb/201904/t20190419_16908575. htm.［2019—12—22］（2019—04—19）.

② 深圳市统计局,国家统计局深圳调查队. 深圳统计年鉴—2018［M］. 北京:中国统计出版社,2018. 12:395—397.

③ 深圳政府在线. 深圳市 2018 年度市级体育彩票公益金筹集使用情况的公示［EB/OL］. http://www. sz. gov. cn/wtlyjnew/xxgk/zjxx/qtzjxx/201906/t20190626_18018137. htm.［2019—12—22］（2019—06—26）.

深圳市经济要素运行呈现出以下特点:其一,资金来源渠道较多。既有政府的直接拨款,还有体育彩票、福利彩票,更有数量较多的社会资金,尤其是国外资本的加入丰富了融资渠道的种类;其二,积极探寻资金补贴制度和保险制度,将完善资金补贴和保险制度融入到相关政策制定中;其三,积极探寻老年人金融业,将体医结合效果好的项目纳入到医疗保险支付范围内。

2. 人力要素运行。截止到 2017 年底,深圳市医疗卫生工作人员共计 104363 人,共由以下人员组成:1)医疗卫生技术人员 85282 人(执业医师 31838 人,执业中医师 4079 人);2)执业助理医师 1460 人(中医执业助理医师 148 人);3)注册护士 36389 人;4)药剂师 3842 人;4)检验人员 3517 人;5)其他人员 8236 人;6)与医疗卫生技术相关的其他技术人员 4514 人[①]。高等学校在职人员 11242 人,中等职业学校在职人员 3447 人。城镇单位体育业从业人员 4993 人。2018 年,深圳市举办 1000 人以上的群体健身活动此时为 160 次,参加活动人数达到 251 万人,通过体质测试人数 64305 人,国民体质合格率达 92.0%[②]。目前,深圳市注册社会体育指导员达到 2.8 万人,其中国家级 31 人,一级 200 多人,二级 2000 多人,2018 年在市级 49 个服务点上岗人数达到 1.3 万人次,累计服务总时间超 1.5 万小时。2018 年体育义工总人数达到 13415 人,累次参加体育义工次数 71819 次,服务总时长超过 30 万小时。可见,大量的医疗、体育专业人才能为深圳市开展老年人体医结合提供专业人才保障。

---

① 深圳市统计局,国家统计局深圳调查队.深圳统计年鉴—2018[M].北京:中国统计出版社,2018.12:395—397.

② 深圳市统计局,国家统计局深圳调查队.深圳统计年鉴—2018[M].北京:中国统计出版社,2018.12:399.

深圳市人力要素运行主要采取"双工联动"和继续教育与培养等方式。(1)所谓双工联动是指社会工作者与义务工作者的协同联动,是在政府的主导下,依托社会组织、充分发挥社会工作者的专业优势与志愿者的人力资源优势,提供公共服务水平,扩宽社会工作服务范畴,实现人力资源的优势互补,从而提升公共服务质量的人力资源协同模式①。2007年深圳市政府颁布并实施"1+7"文件,颁布实施《关于加强社会工作人才队伍建设推进社会工作发展的意见》,以附件的形式对"深圳市社会工作者职业水平评价实施办法""深圳市社会工作人才教育培训方案""深圳市社会工作岗位设置方案""深圳市社会工作人才专业技术职位设置及薪酬待遇方案""深圳市发挥民间组织在社会工作中作用的实施方案""深圳市财政支持社会工作发展的实施方案""深圳市'社工'、'义工'联动工作实施方案"7个文件。对社会工作人才队伍建设进行了全面的规定,尤其是第7个文件中对社工和义工联动制度、联动主要方式以及配套设施进行了详细的规定。"双工联动"模式在深圳这座开放、包容、年轻的城市得到了前所未有的发展,社工服务随着社区综合服务中心的出现得到了更充分拓展②。(2)就专业人才继续教育与培养。医疗卫生专业人才与香港中文大学合作,以深圳市医学基层教育中心为培训基地,向全市医疗卫生工作人员进行继续教育培训;组织全市体育老师参加运动医学相关专业培训,并纳入教师的继续教育学时中;将专业人才继续教育与培养融入到相关政策中。如《深圳市政府办公厅关于印发深圳市社区健康服

---

① 黄思敏.双工联动政策下社工介入社区志愿服务研究[D].广州:华南理工大学硕士学位论文,2017.6:5.

② 肖萍,邹千秋."双工联动"模式的多元形式[J].中国社会工作,2013(6):32—33.

务改革实施方案的通知》规定,"政府二级以上医疗机构预防保健类卫生专业技术人员在受聘高级专业技术资格钱,必须到所在地社区健康服务机构累计工作半年以上,每次工作时间不少于 2 个月,保障每周至少有两位半天具有副主任医师职称以上的专家在社区健康服务机构坐诊"[1]。

3. 信息要素运行。信息要素运行呈现出以下特征:其一,充分利用广播电视、平面媒体以及互联网等多种途径,加大对健康知识的普及,健康效果的宣传,如发布《深圳市健康手册》以营造积极的社会氛围。其二,积极探索信息平台的构建,确保信息平台构建在信息协同上的重要性。目前,深圳市构建的信息平台主要有:市民体质测定平台、社区健康服务信息平台、家庭医生服务信息化平台、老年人信息管理和服务系统、老龄健康信息综合服务平台等。其三,平台信息共享。以社区健康服务平台为基准,实施"市民健康卡",为社区居民建立一份健康档案,统一提供识别号,市民可凭卡到医疗机构就诊与结算;"市民健康卡"与"社会医疗保障一卡通"对接,涵盖综合医疗保险参保人群[2]。

由以上分析中不难看出,深圳市老年人体医结合运行内容在政策融入、资金保障、人力资源以及信息共享上具有一定的特色。

三、健康快乐模式具体运行机制

深圳市老年人体医结合具体运行是根据老年人体医结合的现

---

① 深圳政府在线. 深圳市人民政府办公厅关于印发深圳市社区健康服务改革实施方案的通知 [EB/OL]. http://www. sz. gov. cn/zfgb/2010/gb713/201009/t20100920_1581586. htm[2019—12—22](2010—09—20).

② 深圳政府在线. 深圳市人民政府办公厅关于印发深圳市社区健康服务改革实施方案的通知 [EB/OL]. http://www. sz. gov. cn/zfgb/2010/gb713/201009/t20100920_1581586. htm[2019—12—22](2010—09—20).

实需要和实践现状所作出的选择，所选择的具体运行机制具有鲜明的深圳特色。

（一）政策融入与制定机制

政策融入是前提，专项体医结合政策的制定是融入后的结果。《关于实施体医融合行动计划的通知》的颁布标志着老年人体医结合助力健康中国建设也进入到实质化阶段。政策融入制定的行动逻辑与健康中国建设保持一致性。在专项政策内容上，对深圳市如何推进老年人体医结合在"具体工作"和"组织实施"两大方面进行了详细的说明。其中"具体工作"分为 7 大方面和 17 项具体事项，并对 17 个具体事项的责任主体、完成期限做了明确的规定；而"组织实施"分为两大方面，包括具体事项的责任主体、时间节点、具体事项落实方案、财政经费保障以及与"健康深圳行动计划"、"创新全民运动健身模范市"之间的关系等内容进行了描述。专项政策的出台使得深圳市进行老年人体医结合实践活动有了政策保障，尤其是对 17 个具体事项的规定与说明使得深圳市开展老年人体医结合实践活动有了具体方向。

（二）组织协调与社会动员机制

深圳市体医结合具体工作的第一步便是建立组织协调与社会动员机制，而建立自主协调的首要工作便是"建立深圳市体医融合工作联席会议制度"。由市卫健委分管领导担任会议召集人，市文化广电旅游体育局、市教育局分管领导以及相关处室负责同志为联席会议成员，三部门分别指定一名工作人员担任联络员。联席会议的主要职责是：1.研究推进体医融合的政策措施、工作规划和行动计划；2.协调解决体医融合工作中的困难和问题；3.听取体医融合推进情况报名。工作要求至少每年召开一次会议，可根据工作需要，不定期召开会议。联席会议议题由各成员拟定并在会前征求各成员单位意见,会议召开前,可召开联络员会议,根据需要提交联席会议议定的议题事项,联席会议议定的事项,以会议纪要的形式印发各相关部门单位。责成市卫健委、市文化广电旅游体育局、教育局于 2019 年 6 月底前完成①。

社会动员主要通过"支持在深圳举办高水平体医融合工作会议、学术研讨和产业发展峰会、展会,凝聚体医融合社会共识,推动体医融合政策创新和产业发展"。要求在 2019 年底前,组织举办一次体医融合论坛,责成市卫健委、市文化广电旅游体育局和教育局举办。

(三) 全民科学健身活动推广机制

科学健身是老年人体医结合实践开展的基础,通过科学健身活动的推广不仅可以形成良性的老年人体医结合氛围,还可以解决老年人体医结合实践中出现的安全性、有效性、可信度以及持续性问题。深圳市全民科学健身活动推广机制采取的具体措施是:1. 支持体育健身、健康促进等相关机构开展有氧能力研究,探索建立有氧能力评价指标体系,向老年人推广有氧运动。2. 普及科学健身知识和技能,组织开展老年人科学健身活动。3. 充分发挥市区级体质测定与运动健身指导站及市区级健康促进机构的作用,复杂宣传推广全民科学健身知识,指导老年人科学健身、预防慢性疾病和运动意外。

(四) 运动干预人才培训机制

对专业人才进行重点培养以解决体医结合专业人才短缺问题,采取的具体措施有以下两方面:其一,由市卫生健康委员会和继续教育中心联合相关机构制订运动处方培训大纲,建立运动康

① 深圳市卫生健康委员会,深圳市文化广电旅游体育局,深圳市教育局文件. 深圳市卫生健康委员会,深圳市文化广电旅游体育局,深圳市教育局关于实施体医融合行动计划的通知(深卫健发〔2019〕10 号)〔Z〕.2019—03—18.

复从业人员规范化培训制度和培训基地,逐步对全科医生、健康管理师、社会体育指导员和健身教练等从业人员开展运动处方培训;其二,组织全市体育老师参加运动医学相关专业培训,并将培训学时纳入到教师继续教育学时内。希望通过体医结合专业人才的培养以解决体医结合技术障碍问题。

（五）信息共享共建机制

深圳市体医结合信息共建共享由两个重要措施组成:其一,推进智能化国民体质测定、健康监测、健康服务等智能化健康健身设施进社区,将智能化健康健身信息接入市民体质测定平台、社区健康服务信息平台;其二,推动市民体质测定平台、社区健康服务信息平台建设实现信息协同,将体质测定数据纳入居民电子健康档案。两部分工作由市卫健委、市文化旅游体育局于 2020 底前完成。通过信息共建共享让职能部门对老年人体医结合相关信息进行全面掌握。

四、健康快乐模式运行路径与效果

（一）运行路径分析

深圳市老年人体医结合健康快乐模式的运行路径主要有二条,其一是老年体医结合进社康中心;其二是老年人体医结合与医院合作。

1. 体医结合进社康

《关于实施体医融合行动计划的通知》中明确提出,"探索在社康中心设立运动健康指导门诊,支持社康中心和健康管理机构配备测定设施设备,开展对老年人的体质测评及运动干预等健康服务"[1]。

---

[1]　深圳市卫生健康委员会,深圳市文化广电旅游体育局,深圳市教育局文件.深圳市卫生健康委员会,深圳市文化广电旅游体育局,深圳市教育局关于实施体医融合行动计划的通知(深卫健发[2019]10 号)[Z].2019—03—18.

老年人体医结合社康中心模式突出了"强基层、促健康""重心下移、资源下沉"的特点。形成"区域社康中心＋社康中心(站)"的推进思路。在老年人体医结合实践过程中,强调医疗卫生专家进社区工作,推进区级医疗卫生公共机构参与社区健康建设,加大全科医生、公卫医生的社区引进力度,实施家庭医生"承包责任制"。在一类社康中心设置中医综合服务区,在二类社康中心设置中医科,实现社康站提供中医服务"三个100％"。以老年人慢性病为突破口,对效果明显的体医结合项目加大力度进行宣传与资源保障。

2. 体医结合进医院

深圳市老年人体医结合遵循着以具体疾病为突破口,形成对某一个具体疾病的整体治疗效果,利用效果的辐散作用进而加速老年人体医结合的整体性推进。深圳市体医结合与市第二人民医院合作,成立"深圳市运动医学工程技术研究中心",努力将其打造成华南地区领先的运动医学学科中心。2019年3月,在深圳市第二人民医院成立"深圳市体医融合脊柱健康服务站"。依托全科医生开具运动处方,对具有脊柱侧弯、形体不正等脊柱问题的老年人开展健身指导等方面的相关服务。

(二) 运行效果分析

通过老年人体医结合各个阶段的特点,可以判断出深圳市的"健康快乐"运行模式具有显著的初级阶段特征。根据运行效果分析的三个维度,"健康快乐"运行模式在场地器材设施、政策、经济、人力以及信息等要素结合上较为重视;在实践中,老年人对体医结合的使用率也不高(第二章的深圳社区案例),实践中的安全性、有效性、可信度和持续性问题也未得到很好的解决;体医结合在老年人慢性疾病、失能率和老年人痴呆等方面的干预效果也未显现出来。基于运行效果分析框架的分析，可以预判出"健康快乐模式"的运行效果并不理想。根本性原因在于，"健康快乐模式"运行时间较短（2019 年开始）。相信随着运行的不断深入，"健康快乐模式"良性运行效果必将实现。

第二节　老年人体医结合"运动良医模式"运行机制分析

"运动良医"是根据美国爱丁堡市[注]老年人体医结合具体运行而提炼出的一种运行模式类型。美国是"运动即良医"活动的倡导国，老年人体医结合实践活动的开展与"运动即良医"的深入人心密切相关。故此，可以将爱丁堡市老年人体医结合运行模式概括为"运动良医"老年人体育结合运行模式。

一、运动良医模式的运行目标

通过对爱丁堡市政府工作人员的访问调查发现，爱丁堡市政府没有颁布老年人体医结合的专项政策，所采用的政策文件是《健康公民 2020》（2010 年发布，后简称"公民 2020"）。"公民 2020"在实施办法中就强调"各州或地区的实施目标应与"公民 2020"保持一致"。"公民 2020"的总目标包括了四大方面：（一）获取高质量

---

① 注：2019 年 2 月—8 月，笔者作为访问学者到德克萨斯州立大学大河谷分校（The University of Texas Rio Grande valley，UTRGV，位于美国德克萨斯州爱丁堡市（The City of Edinburg））进行学习，在学校导师的帮助下对爱丁堡市老年人体医结合进行了深入的考察，同时还亲身参与了爱丁堡市老年人体医结合相关实践活动，对该地老年人体医结合实践较为了解。

的、更长的生命,避免遭受可预防的疾病、残疾、受伤和过早死亡;
(二)实现医疗卫生公平,消除健康差距,并改善所有人的健康水
平;(三)创造社会和物力环境,促进健康;(四)增加健康行为、提高
生活质量,使个体在所有的生命阶段里都能健康发展①。

由此可以推断出,爱丁堡市老年人体医结合运行目标是:提高
老年人健康水平,减少老年人健康差异,提高生活质量。

二、运动良医模式的运行内容

老年人体医结合不同运行模式所侧重的运行内容有所差异。
通过对运动良医模式运行内容的分析,可以对爱丁堡市老年人体
医结合阶段与效果作出判断。

(一) 政府组织部门设置及运行职责

爱丁堡市政府共设置有 23 个职能部门,在这些职能部门中既
有管理市政财务的财务部,也有城市综合管理的城市管理办公室,
还有管理景区的爱丁堡世界观鸟中心和爱丁堡南德克萨斯国际机
场。23 个部门事无巨细地涉及到爱丁堡市城市管理的各个方面。
爱丁堡市政府职能部门设置及其具体职能见下表:(表 6 - 3)

对于老年人体医结合而言,市议会的城市管理办公室、人力资
源部、社区发展部以及市图书馆共同行使对老年人体医结合的监
管和组织实施职责。城市管理办公室的主要职责是向市长以及市
议会提供各种实施项目的计划,并向市长和议会提供相关活动开
展的信息;人力资源部则负责爱丁堡境内公民的所有健康促进以
及健康风险管理事宜;社区发展部则主要负责社区公共卫生、健

---

① 美国《健康公民 2020》战略对我国未成年人体育锻炼的启示[D]. 长沙:湖南师
范大学硕士学位论文,2015:12.

康、安全环境管理与建设;市图书馆则负责为市民提供书籍借阅以及组织体医结合相关的文化活动。而财政部则向体医结合相关事务提供经费支持。市长和4名议会成员组成的议会则是审议相关活动开展。

表6-3　爱丁堡市政府职能部门设置及具体职能

序号	职能部门	具体职责	序号	职能部门	具体职责
1	市议会	立法和决策机构。由1名市长和4名议员组成。会议每月第一个和第三个星期二下午6点举行,任何人均可参会。	2	城市管理办公	城市政策或计划的制定;个人、团体实体会面;资金和城市资源分配。
3	市秘书处	主持和监督城市选举,发布所有法律公告,协调顾问委员会维护城市条例,启发出生死亡证明。	4	市检察院	协助审查条例,决议等法律问题,代表本市处理民事诉讼以及轻罪和违法的刑事诉讼。
5	法规执行	检查是否有违法行为,并调查投诉,对任何基层设施的维修与改造,发布市政工程许可证。	6	社区发展部	向国美住房和城市发展部(HUD)申请社区发展资金,通过社区公共设施建设,确保市民高质量生活。
7	湿地与世界观鸟中心	教育人们了解当地湿地环境的必要性、经济价值和自然美。	8	市政工程部	市政工程设计,合同、施工管理,向全市提供高效、集中、经济的市政工程服务。
9	财政部	负责本市的所有财政记录与交易。	10	志愿消防	消防、救援和财产保护。
11	人力资源部	员工招聘、公务员、员工福利和健康、风险管理。	12	信息技术部	管理和支持员工、管员的技术架构,电信和基层设施设计与支持。

(续表)

序号	职能部门	具体职责	序号	职能部门	具体职责
13	市法院	公正、高效和及时地执行司法。	14	警察局	侦查犯罪和执行城市和州法律。
15	公园与娱乐部	城市公园与娱乐设施管理。	16	规划部	市规划、社区规划,综合规划和依法规范发展。
17	新闻办公室	媒体新闻,信息请求:一般信息、火灾信息、警方请求。	18	市图书馆	图书借阅,市民文化活动开展。
19	公共工程部	社区、交通、能源消耗等工程设计与施工。	20	固体废物管理部	无害环境的废物收集和处置。
21	国际机场	机场管理与服务。	22	爱丁堡高尔夫	高尔夫活动开展与管理。
23	共用事业	管理与运营本市的水,遵守国家环境保护局(EPA)和州环境质量委员会(TCEQ)的法律与计划。			

(二)社区体医结合氛围营造

美国的社区治理有近百年的历史,社区是人们生活最熟悉,最关注的区域,因为社区内发生的任何事件都有可能影响到居民的生活质量[①],故此,美国公民对社区有较强的情结。正如美国总统布什 2002 年在清华大学演讲时所讲的那样"美国最为自豪的不是经济的繁荣,也不是军事的强盛,而是社区精神的深入人心"[②]。所谓社区精神便是一种社区建设参与、分享与和谐的精神。每个

---

① 威廉·洛尔著,张纯编译. 从地方到全球:美国社区规划 100 年[J]. 国际城市规划,2011,26(2):85—115.

② 韩可胜. 参与,奉献,和谐——美国社区精神及缘由初探[J]. 浦东开发,2009(1):49—51.

地方政府部门均会设立社区发展部以统筹社区的发展,处理与社区居民生活密切相关的各项事务。

社区体医结合氛围的营造通过法律给予明确规定,如联邦政府颁布的《医疗保障方案》便是专门针对老年人和社区内穷人提供健康服务保障。因此,在社区内开展老年人体医结合也形成了常态化,社区老年人体医结合氛围良性化。在社区内开展老年人体医结合实践活动主要是对老年人进行健康促进方面的教育,如组织社区内老年人进行体医结合健康促进教育,经常利用社区医院的专业医生和护士和志愿者对老年人进行体医结合实践体验。

(三)培育志愿者组织队伍

美国有发达的志愿者组织体系,美国民众也有强烈的志愿者精神,所谓志愿者精神便是一种纯粹的参与、分享与和谐的精神。据统计,美国民众超过50%愿意参与志愿者活动,如此高的比例与志愿者队伍的积极引导有着一定的关系。诸如美国的相关法律规定,学生参加一定时间量的志愿者服务会作为入学高一级学校的重要依据;轻微犯罪的民众也可以通过提供志愿者服务来减少或抵消相应的惩罚。志愿者服务几乎渗透到公共生活的方方面面。诸如,爱丁堡市的消防局只有18名职业消防员,5名消防管员,4名副局长组成,但是却有67名志愿者消防员。不到100人的队伍服务面积达到200平方英里,每年要处理2000多起事故。如果没有数量庞大的志愿者队伍,应对如此繁重的消防任务,仅仅依靠18名职业消防员其难度可想而知。爱丁堡市市长理查德·莫利纳(Richard Molina)在担任市长之前在爱丁堡警察局当警长11年,他现在是爱丁堡市莫丽纳出租屋(Molina Rental Properties)的业主和经理,自愿为爱丁堡市公园和娱乐篮球联盟球队提供赞助担任教练,同时还是爱丁堡市狮子午间俱乐部(Lions Noon club)和爱丁堡市商会(Edinburg Chamber of Commerce)的成员。由此可见,上至市长下至普通民众,爱丁堡市的志愿者队伍相当发达,这与长期的志愿者培育密切相关。

爱丁堡市老年人体医结合运行的具体内容来看,首先,细化的组织结构以及明确的组织职能对老年人体医结合运行起到了关键性保障作用。其次,老年人体医结合内部要素形成了较强的联系,如人才保障、技术保障以及器材保障与高校之间形成的紧密联系。再次,高素质的志愿者队伍不仅是老年人体医结合人力资源的保障,还可以在技术保障上发挥重要作用。政府对老年人体医结合的重视有利于良性体医结合社会氛围的形成。在爱丁堡市老年人体医结合运行具体内容选择上可以判断出,爱丁堡市老年人体医结合"运动良医"运行模式属于高级阶段的体医结合运行模式。

三、运动良医模式具体运行机制

爱丁堡市老年人体医结合运行的具体机制不仅与美国整个国家的政治、经济、文化等因素交互影响有关,而且还与美国联邦政府和德克萨斯州政府的医疗卫生体系有着必然的关系。美国是一个联邦制国家,受到自由市场经济体制的影响,联邦政府和各州政府共同行使公共事务的职责,并形成了高度分权管理的局面。受到美国发达体育文化的影响,在一般性场地器材设施方面能够为老年人体医结合提供基础性保障,但是老年人体医结合专项场地器材设施同样面临着可及性的问题。受到美国法制化建设的影响,美国联邦政府与卫生保健相关的法律法规涵盖面广泛,多达几十部[①],加之

---

①　朱文杰. 美国社区医疗和公共卫生服务带来的启示[J]. 卫生时事,2011(23):36—38.

德克萨斯州颁布的相关法律法规,能够为爱丁堡市老年人体医结合提供很好的法律支撑。

(一) 高质量人才培养机制

在老年人体医结合过程中,专业人才是最为关键的要素。爱丁堡市的医生以及医护人员大都毕业于德克萨斯州立大学大河谷分校(UTRGV),学校所在的医学院、健康专业学院以及体育学院均能培养医护人员。医护人员的起点高是专业人员培养的最大特点。如果学生愿意当医生,除接受 4 年本科学习之后还需接受 4 年医学院的研究生教育。研究生毕业后从事医生工作还需参加“美国医生执照考试”,进入岗位之后需要进行 3—8 年的住院医师培训。获得医师资格证后每 8 年还得进行医师资格再认证考试。对于护士而言,注册护士需经过 2 年的护理院校或 4 年的大学本科教育,通过注册医师考试才能获得注册护士执照。而对于老年人护士而言则要求更高,在具备硕士学位后,通过美国护士认证中心考试可称为老年人护理专科护士(Geriatric Nurse Specialist)和老年护理开业护士(Geriatric Nurse Practitioner)。

(二) 体医结合氛围营造与熏陶机制

氛围的营造与熏陶对爱丁堡市民的体医结合行为实践产生了潜移默化的影响。这种影响是一种全生命周期的影响。故此,爱丁堡市老年人体医结合“运动良医”模式的有效运行与良性的体医结合氛围有着莫大的关系。从范围层次上看,爱丁堡市老年人体医结合氛围可以分为良性的市民社会氛围、社区氛围和学校教育氛围三个层面。就社会氛围而言,从小接受运动教育,绝对多数市民对运动促进健康具有天然的接受感。随处可见的体育场地设施以及大量的健身俱乐部便是市民对运动渴望的表现。悠久的社区发展传统使得社区功能不断完善,社区医院、社区健康促进中心、社区活动中心以及医生开设的医疗诊所均与老年人体医结合产生了紧密的联系。绝大多数老年人体医结合行为均在社区中进行，这便造就了良性社区体医结合氛围的形成。爱丁堡市内的各类学校均极力营造一种运动促进健康的校园气氛，在校园内不定期举行各式各样的老年人体医结合讲座、课程实习等体验活动。

（三）社会组织介入机制

联邦政府以及州政府对医疗卫生事务的分权式管理必然强调社会组织对老年人体医结合运行的有效介入。这样便可以节省政府部门的人力、物力和财力资源。爱丁堡市老年人体医结合"运动良医"模式运行过程中社会组织扮演着重要的角色。其中角色分量较重的社会组织大致有三类：1. 商业性医疗保险组织。在美国的医疗卫生费用中，商业保险占 35％，政府（联邦和州）占 33％，社会福利占 13％，自费 19％，美国公民 80％都购买了商业保险，足可见商业保险组织在医疗卫生事业中的重要性[①]。2. 志愿者组织。高度发达的志愿者组织能为为老年人体医结合的正常运行提供充足的人才保障，这与美国志愿者体系有着直接的关系。3. 民间协会组织。联邦政府的分权式管理，使得协会组织在老年人体医结合运行过程中承担着政府献策、学术研究、活动教育与宣传等职责。如美国公共卫生学会就与美国卫生部保持着平等的合作关系，"911"事件后，为增强公共卫生部门防治生物恐怖袭击的能力，美国公共卫生学会联合相关部门游说美国国会，对公共医疗卫生领域拨款达百亿美元[②]。2001 年美国国家疾病预防控制中心、国家老龄研究所联合美国运动医学学会、美国老年病学会、美国退休

---

① 白金环. 美国人的健康保险[J]. 金融经济, 2008(6)：43—44.

② 刘霞. 试论美国公共卫生学会的运行机制[J]. 中国预防医学杂志, 2005, 6(4)：407—408.

者协会、罗伯特.伍德.约翰逊基金会共同发起了针对老年人的《国家计划:促进中老年人身体活动》[①],以上均说明民间协会组织在"运动良药"运行模式中发挥中主要作用。

四、运动良医模式运行路径与效果

从爱丁堡市老年人"运动良医"具体运行机制的选择也可以判断出,"运动良医"运行模式是一种高级阶段的运行模式。故此,在具体运行路径选择上与初级阶段运行模式呈现出差异性。"运动良医"运行模式的运行路径主要有:老年人体医结合医院实施路径、社区实施路径和高校实施路径三条。

（一）运行路径分析

1. 医院运行路径

爱丁堡市内的医院大致分为两大类,其一是规模比较大,功能比较齐全的综合性医院;其二是社区医院(community hospital)。社区医院主要是爱丁堡市政府以及慈善机构出资兴建的医院,此类医院占了爱丁堡市境内医院总数的大部分,主要为社区内病人提供急诊和短期住院治疗服务。在功能上与社区医院相近的还有一种医疗卫生服务机构称之为社区健康服务中心(community health center),本质上也属于社区医院的范畴。因为在社区健康服务中心内也配备了一定数量的医护人员,配套的硬件和软件医疗卫生设施。故此,老年人体医结合的医院实施路径本质上存在着两种。第一种是在社区医院或社区健康服务中心开展的体医结合实践活动。这是因为,社区医院或社区健康服务中心的医生具

---

① 何靖楠,李宁华,张毅,等.美国医改及世界应对老龄化对策分析[J].中国老年学杂志,2012,32(2):421—424.

有开具运动处方的能力,社区医生会根据老年人的实际情况开具相应的运动处方,老年人依据运动处方进行体医结合实践活动。第二种便是在综合性医院开展老年人体医结合实践活动。综合性医院同样具有开具运动处方能力的医生,他们根据病人的实际情况开具相应的运动处方,然后根据运动处方进行体医结合实践活动。在综合性医院,如果病人病情有所好转,会根据需要转诊到社区医院,同时在社区医院解决不了的疾病也会转诊到综合性医院。这种"双向转诊"制度能在一定程度上节省医疗卫生资源,形成了不同医院之间的协同联系。

通过对爱丁堡市相关人员的走访调查发现,社区医院在老年人体医结合中承担着重要的角色。老年人体医结合实践大多在社区医院内进行。其原因在于:其一,能够利用体医结合对老年人健康进行有效干预说明老年人的生理病情有所好转,社区医院具备开展老年人体医结合的硬件和软件条件;其二,根本性原因与爱丁堡市居民的医疗保险有较大关系。

爱丁堡市居民几乎每人都会购买医疗保险,而医疗保险的种类有很多,既有私人健康保险,也有社会健康保险,还有社会福利性健康保险。当然,大部分居民购买的是私人健康保险,对于社会健康保险而言,是国家承办的强制保险,医疗报销比例有限。在利益驱使下,保险公司会将辖区内参保人员"承包"给综合性医院或社区医疗,综合性医院和社区医院的经费来源主要有三个方面,其一是政府的财政拨款,其二便是来自于保险公司,其三是自给自足。显然,不管是社区医院还是综合性医院从利益最大化的角度出发,均会推荐环保、经济的体医结合作为健康促进的手段,这也是体医结合在美国较为盛行的原因之一。

2. 社区运行路径

爱丁堡市社区发展得益于联邦政府资金的扶持和各种社区发展项目的推动。美国住房和城市发展部(HUD)下设的社区规划和发展办公室(CPD)负责社区发展和规划的各种工作,其中包括社区发展基金筹集、增强共同管理的目标和措施、为中低收入者或无家可归的人提供住房和各种必要服务、为低收入家庭的年轻人提供学习和工作机会,对社区规划进行评议和管理,同时还负责协调社区内其他政府组织、私人企业、生产企业以及其他组织之间的关系[①]。2013 年爱丁堡市向联邦政府的住房和城市发展部提交一份综合计划,该综合计划涉及评估、确定和预测长达 5 年。所获得的资金必须达到三个国家目标要求:(1)消除贫民区或贫民窟;(2)低收入家庭或个人的福利;(3)有迫切的需要。社区体医结合活动开展的信息公布在 Community Development Department 网站上,市民可以根据信息的具体内容,在特定时间自行到指定地点参加相应的活动。

爱丁堡市社区老年人体医结合服务的主要内容大致有:(1)向老年人群体提供健康促进教育,针对老年人群体的实际情况教育老年人合理饮食习惯、针对具体疾病的体育锻炼方法、减少吸烟、减少毒品及酒精等健康促进行为。尤其注重对老年人心理健康的教育,积极引导老年人根据自身喜好参加体育锻炼活动。(2)针对具体疾病向老年人提供体医结合的方法,并指导老年人在实践过程中应注意的事项和问题,增加老年人体医结合的兴趣性。(3)社区医院或社区健康活动中心为老年人提供的体医结合实践。

[①]　胡伟.美国社区发展的统一计划[J].国外城市规划,2001(3):33—34＋38.

3. 高校运行路径

老年人体医结合高校运行路径是充分利用高校人力资源的优势结合高校相关课程开设要求而开展的老年人体医结合实践活动。高校运行路径有两种具体操作方式,其一,利用"运动是良医进校园"(EIM-OC)运动开展体医结合实践活动;其二,是利用相关课程实践开展体医结合相关活动。

"运动是良医进校园"(Exercise is Medicine On Campus,EIM-OC)是美国运动医学会于 2013 年针对"运动是良医"在校园内开展的项目。运动是良医进校园活动的主要目标是:"每一个毕业的学生都比刚毕业时身体更健康,并有能力成为知识渊博、充满激情的倡导者,能享受定期体育锻炼的好处,致力于系统评估和促进医疗保健中的体育活动的发展"[①]。现如今,"运动是良医进校园"运动已经成为"运动是良医"推广的重要组成部分。2019 年 5 月 28 日在佛罗里达州奥兰多举行的第八届"运动是良医世界大会"就将"运动是良医进校园"作为重点项目进行推广。爱丁堡市的德克萨斯州立大学大河谷分校便引进了该项目。在校园内经常可见"运动是良医"的主题讲座,学生社团也致力于运动是良医活动的推广。其推广的活动中就有涉及到老年人体医结合的相关项目。"运动是良医进校园"项目的推广是利用大学校园丰富的人力资源优势,采取大学校园与社区相结合的方式来实施老年人体医结合实践活动。

在德克萨斯州立大学大河谷分校设立有健康专业学院(College of Health Professions)和体育学院(Health&Physical Educa-

---

① Exercise is Medicine On Campus Action Guide[Z]. MERICAN COLLEGE OF SPORTS MEDICINE,Copyright @2019 Exercise is Medicine.

tion)里面均会开始一些健康促进的相关课程。而健康专业学院和体育学院的教师在课程教学上存在着课程共享和师资共享共用。2019 年 5 月—7 月作者全程参与了健康专业学院和体育学院联合开设(summer 2)的健康促进课程,在讲授一定课时的理论课程之后,课程安排了一定比例的实践课程,学生到医院、社区等场所去进行健康促进的实践体验。在健康促进对象的选择上,部分学生选择了老年人群体。学生配合医生对老年人开具运动处方,并对老年人的运动处方执行情况进行跟踪,以确保体医结合对老年人健康促进的有效性。这种利用课程实践与医院、社区合作的体医结合运行路径是基于对专业人才高要求培养为基本出发点,既提高了专业人才的培养质量,也解决了老年人体医结合专业人力资源薄弱的问题,起到了一举多得的效果。

（二）运行效果分析

结合"运动良医"运行模式在运行目标定位、运行内容选择、运行具体机制以及运行路径可以判断出该运行模式呈现出高级阶段的特征。根据运行效果分析的三个维度,在结合要素上,"运动良医"运行模式在目标定位上较为宏观,即可说明此前的运行目标对具体事务导向作用已经完成,现在运行目标指向于老年人体医结合的"健康水平""生活质量"的提高。利益结合仍然是该模式结合的难点,说明利益结合是整个老年人体医结合过程中的难点。在实践问题呈现上,老年人主动寻求体医结合进行健康促进的意识较高,安全性、有效性、可信度和持续性问题基本得到解决。在健康促进结果方面,虽然没有爱丁堡市老年人慢性疾病、失能和老年人痴呆的统计数据,但是仍然可以从美国老年人慢性病患病率、失能和老年痴呆的数据中找到答案。

1999 年数据显示,美国老年人关节炎的患病率为 49.0%,高血压为 41.8%，心脏病为 14.0%，糖尿病为 9.5%；男性老年人（≥60 岁）有一种慢性疾病为 31.33%，有两种或两种以上的慢性病为 45.0%；女性老年人（≥60 岁）有一种慢性疾病的为 25.67%，有两种或两种以上慢性病的为 58.67%。研究显示，美国老年人失能和老年人痴呆与老年人慢性疾病种类多少成正相关[1]。2014 年数据显示，80% 的美国老年人至少患有一种慢性疾病，50% 的至少有两种；65 岁及以上老年人，54.5% 有某种残疾，14.2% 至少有一种日常生活活动能力丧失（如洗澡、拖地），21.6% 至少有一种使用工具进行日常生活活动能力（购物、用餐）丧失[2]。比较发现，体医结合对老年人慢性疾病和失能等方面的干预效果不理想。

基于以上分析，虽然爱丁堡市老年人体医结合在结合要素和问题呈现维度表现效果良好，但是在健康促进效果维度不尽如人意。说明，体医结合向老年人健康促进效果的转化不佳。总体而言，爱丁堡市老年人体医结合运行效果良好。

第三节 "运动快乐模式"与"运动良医模式"运行比较与启示

两种老年人体医结合运行模式的比较与启示是整个分析的落脚点。通过比较能找出两种不同的运行模式之间的运行

---

① 肖子顺. 美国老年人患慢性病和丧失自理能力的状况[J]. 国外医学（老年医学分册），1991(1)：45—46.

② 王政军. 美国预防老年慢性病启示[J]. 中国老年学杂志，2014,34(20)：5936—5938.

差异与运行特点,通过启示能为我国老年人体医结合机制提供参考。

一、"运动快乐模式"与"运动良医模式"运行比较

两种运行模式分别代表两种类型的运行机制,"运动快乐模式"反映的是老年人体医结合初级阶段的运行机制,"运动良医模式"反映的是体医融合阶段的运行机制。找出两种运行机制之间的不同点,能够为体医结合向体医融合跨越提供运行参考。具体比较内容见下表:(表6-4)

表6-4 "运动快乐模式"与"运动良医模式"运行比较

内　容	体医结合初级阶段运行机制代表 深圳"运动快乐"运行模式	体医融合运行机制代表 爱丁堡"运动良医"运行模式
运行 目标	体医结合健康促进推广,体医结合与慢性疾病防控,体医结合氛围营造,等。	提高老年人健康水平,减少老年人健康差异,提高生活质量。
重点运行内容	场地器材设施;政策、经济、人力、信息,等。	政府组织部门、社区体医结合氛围、志愿者组织
具体运行机制	政策融入与制定机制、组织协调与社会动员机制、全民科学健身活动推广机制、运动干预人才培训机制、信息共享共建机制。	高质量人才培养机制、体医结合氛围营造与熏陶机制、社会组织介入机制。
主要运行路径	体医结合进社康 体医结合进医院	医院运行路径、社区运行路径、高校运行路径
运行效果	不理想	良好

(一) 运行目标比较

通过两地老年人体医结合运行目标比较发现,总体而言,两地目标的关注点存在着差异。深圳市老年人体医结合运行目标关注的是老年人体医结合的过程。体医结合健康促进的推广、体医结

合氛围的营造,这些关注点均为老年人体医良性结合服务。说明"健康快乐"模式对老年人体医如何结合借鉴价值更大。爱丁堡市老年人体育结合运行目标关注的则是老年人体医结合实践后所应达到的结果。提高老年人健康水平,提高生活质量均指向于老年人进行体医结合实践活动之后期望达到的结果。进一步说明爱丁堡市老年人体医结合程度比深圳市的结合程度要高,"运动良医模式"对老年人体医结合实践效应实现的借鉴价值更大。

(二) 重点运行内容比较

在老年人体医结合的不同阶段,运行的具体内容存在着差异,这正好反映出老年人体医结合要素动态性的特征。深圳市老年人体医结合处于起步阶段。故此,在运行内容的选择上较为注重体医结合活动开展的硬件要素,尤其是场地器材的建设。而爱丁堡市老年人体医结合在硬件要素结合上是充分利用美国现有丰富的体育场地器材设施和医疗卫生器材设施。在政策要素运行上,虽然爱丁堡市没有老年人体医结合的专项政策,但是有美国完善的政策法规体系作为支撑,政策的融入程度较为理想;深圳市的政策融入尚刚刚起步,呈现出融入周期长、融入内容全面、具体的特点。在经济要素运行上,爱丁堡市老年人体医结合强调社会资本的引入;深圳市在经济要素运行过程中较为注重政府的投入,虽然鼓励社会资本的引入,但是社会资本引入比例较低。在组织要素运行上,爱丁堡市依靠精细化的政府部门设置,能够较好实现政府实施主体、协同主体和责任主体地位的体现;深圳市通过成立"联席会议"来实现对老年人体医结合事权、责权的管理。在技术话语运行方面,两地均强调运动处方在老年人体医结合中的应用,但是两地运动处方应用的机制存在着差异。话语的结合,鉴于两地价值观念、疾病管控方式等方面的差异,爱丁堡市的话语结合明显要比深圳市要好。在人力资源上,两地均强调人力资源的结合的重要性,爱丁堡市除重视专业人才的培养过程和质量外还尤其重视志愿者的能动作用。在信息舆论运行上,深圳市较为重视对现有信息资源平台的整合应用,而爱丁堡市则注重体医结合氛围的形成。当然,两地在利益结合上均体现出办法不多,再次说明老年人体医结合中的利益结合是一个难题。

(三) 具体运行机制比较

深圳市老年人体医结合运行机制呈现出鲜明的初级阶段特征,政策融入和专项政策制定反映出政策先行以及专项政策制定对于老年人体医结合的引导价值。而联席会议制度的建立反映出政府在老年人体医结合过程中的领导、监管职能的发挥。同时也能说明在体医结合的初级阶段政府主体地位的重要性。而社会动员则反映出深圳市老年人体医结合缺乏"全民关注与参与"的氛围。科学健身活动推广说明科学健身是体医结合实践开展的前提,与老年人体医结合实践的安全性、有效性联系紧密。在网络信息时代,强调信息的重要性,老年人体医结合过程中信息共享共建是前提与基础。深圳市对老年人体医结合信息共享共建的重视正是初级阶段的显著特征之一。

爱丁堡市老年人体医结合的具体运行机制则呈现出较为鲜明的体医融合特性。注重氛围的熏陶反映出爱丁堡市老年人体医结合由政府主导转向于民众自主参与,自下而上的推进路径开始产生效用,体医结合本身作为推动力要素开始真正发挥作用。强调社会组织的介入同样能说明政府作为推进主体地位的减弱,形成了"社会广泛参与"的局面。同时也验证了,地方政府作为推进主体应积极寻求第三方合作的重要性。

两地的具体运行机制中均重视专业人才培养的重要性,再次说明专业人才培养在老年人体医结合中的重要地位。专业人才培养贯穿于老年人体医结合各个发展阶段的始终。

深圳市与爱丁堡市老年人体医结合处于不同的发展阶段,老年人体医结合具体运行机制存在着一定的差异。这种差异不仅仅是由于国情决定的,而且与体医结合发展的不同阶段要求有一定的关系。通过比较更多的是能为我国地方政府进行老年人体医结合提供启示。

(四) 主要运行路径比较

从两地老年人体医结合运行路径来看,深圳市老年人体医结合路径为社康中心和医院,爱丁堡市老年人体医结合运行路径为医院、社区和高校。可见,医院是老年人体医结合的重要阵地。利用医院开展老年人体医结合实践既能体现出体医结合的本质内涵,还可以充分利用医院人力、设施设备、技术话语等方面的优势,扩大体医结合在老年人健康促进方面的影响力。深圳的社康中心运行路径强调以老年人慢性疾病为突破口,而爱丁堡市的社区运行路径则是以社区为老年人体医结合的重要阵地,对老年人健康促进教育、体医结合实践进行全方位的推进。再次说明社区在我国老年人体医结合运行过程中承受力还不够。爱丁堡市高校运行路径的应用与人才培养、舆论氛围营造等方面紧密相关。

(五) 运行效果比较

深圳市老年人体医结合运行效果的不理想与爱丁堡市老年人体医结合运行效果的良好形成鲜明对比。当然,运行效果判断的三个维度是基于老年人体医良性结合。即便是健康促进维度效果转化不理想,但在要素结合和问题呈现维度上能反映出整体效果良好的特征。

造成两种不同效果的主要原因在于:其一,老年人体医结合运行阶段的不同。深圳市老年人体医结合尚处于初级阶段,在地方政府推动下运行的时间较短(确切地说从 2019 年才开始),而爱丁堡市的运行是在美国体医结合运行的大环境下,其运行时间较长。其二,两国老年人体质健康状况以及生活习惯存在着较大的差异。通过对中美两国 60 岁以上老年人的健康状况调查发现,体力和智力中国老年人比美国老年人整体水平要好,功能性身体素质中国老年人较美国老年人要好[①][注];美国老年人的饮食习惯就与中国老年人存在很大的差别,美国老年人饮食结构中高糖分的摄入在一定程度上诱发了高血压、糖尿病等慢性疾病。说明老年人慢性疾病除受体医结合影响外,还受到了多重因素的影响,这也是美国老年人慢性疾病患病人群比例居高不下的原因之一。

通过运行效果差异产生的原因分析发现,爱丁堡市"运动良医模式"运行机制对我国老年人体医结合的启示还需考虑运行阶段及国情上的差异。

二、"运动快乐模式"与"运动良医模式"运行启示

结合是前提,运行是结合后付诸实践。故此,深圳市和爱丁堡市两种代表性运行模式的启示价值应回归到老年人体医如何良性结合。

"运动快乐模式"对老年人体医如何结合的启示表现为:其一,在硬件要素结合上,在保障场地器材设施拥有量的同时尤其要重视设施可及性问题。其二,政策融入与制定是关键。鉴于政策融入时间周期较长,地方政府在政策制定过程中应树立较强的政策

---

① 注:功能性身体素质是指"个体能安全、有效地适应正常的和意外的日常生活需要的能力"。杨静宜,孙卫星,李昕. 中国、澳大利亚、美国老年人生活方式与健康状况——健康状况调查与评价[J]. 天津体育学院学报,2008,13(4):35—41.

融入意识,以发挥政策的引导作用,为制定适合本地实情的体医结合专项政策打下基础。其三,老年人体医结合初级阶段,要重点考虑经济的保障作用、人力资源的能动作用以及信息资源的串联作用。其四,地方政府应对本地开展老年人体医结合条件、优劣势应有清楚的认识,尽快制定适合本地实情的体医结合专项政策。其五,老年人体医结合运行路径选择上,重点考虑本地三甲医院在老年人体医结合中的示范影响作用,同时还应对其他运行路径进行积极探索。其六,老年人体医结合中的技术话语应给与足够的重视,同时还应对利益保障和协同给予重点关照。

"运动良药模式"对老年人体医如何结合的启示是:其一,注重老年人体医结合舆论氛围的熏陶作用,就要求应利用各种信息渠道和平台加大对体医结合的宣传报道。其二,注重实践平台尤其是社区在老年人体医结合中的优势,说明老年人体医结合加强社区建设的重要性。其三,应充分发挥学校尤其是高校在老年人体医结合过程中的人才培养、教育宣传、氛围营造等方面的积极效应。其四,发挥地方政府在推进老年人体医结合过程中的优势作用,尤其是在法律政策制定、运行过程监管和评价等方面。

综合两种运行模式的启示,本研究认为当前我国老年人体医结合可从以下方面进行:

(一) 明确地方政府在老年人体医结合中的主体地位。中央政府和地方政府在公共事务推进过程中所扮演的角色存在着差异。不同角色定位是由层级政府职能以及老年人体医结合的公共属性所决定的。在健康中国建设尚处于起步阶段的关键时刻,将体医结合融入到中央政策的制定过程中,符合中央政府在老年人体医结合中的推进逻辑(**政策融入机制**)。而地方政府"安排者"角色的扮演的前提是中央政府对老年人体医结合有详尽、具体的推进计划。在中央政府推进计划缺失的状态下，地方政府的角色定位不仅仅局限于"安排者"，应积极向"划桨人"的角色靠拢。这时地方政府能够代替中央政府的部分职能，可根据本地的实际情况，合乎适宜地推进老年人体医结合。老年人体医结合的初级阶段，发挥地方政府的主观能动性，取得老年人体医结合政府推进的宝贵经验，不仅有利于形成区域性体医结合的局部效应，而且为中央政府行使推进的主体职责提供提供了先行经验，还有利于老年人体医结合的整体性推进。

（二）主动、积极发挥体医结合专项政策的引导价值。体医结合专项政府的缺失使得老年人体医结合失去具体的发展方向。深圳市发布的体医结合专项政策已经初步显现出专项政策在老年人体医结合上的政策引领价值。中央政府已经透露出体医结合政策融入的制定逻辑，地方政府也应根据本地健康中国建设发展需要，合时合适地出台体医结合的地方专项政策（**专项政策制定机制**）。最终形成中央政策的宏观调控指导，地方专项政策具体落实的体医结合专项政策体系。专项政策体系引导价值的体现与政策内容有着必然联系。故此，在政策内容上应着重解决场地器材设施、组织体系、经济保障、政策协同、人力资源、技术话语、信息平台构建、利益引导等方面的引导作用，综合反映出专项政策之于老年人体医结合的引导价值。

（三）高度重视老年人体医结合专业人才的能动作用。体医结合专业人才的缺失是制约老年人体医结合所面临的重要问题。与美国老年人体医结合的实践相比也发现，专业人才数量上的不足也在一定程度上影响到老年人体医结合的实践。充分发挥我国的人口红利优势，高度重视老年人体医结合专业人才的能动作用是老年人体医结合亟待解决的关键问题。目前，在专业人才培育方面主要采取的是现有体育专业和医学专业人才的继续教育(**人才继续教育机制**),利用培训班等形式改变体育专业和医学专业人才的知识结构,这对于短时间内缓解专业人才匮乏是一条卓有成效的补救措施。但是从长远来看,还得从体育院校和医学院校的学科体系结构着手。尤其是在体育学科体系改革的大环境中,应根据社会发展对人才的客观需求入手,改变现有的学科体系结构,采取增设专业、改变专业人才知识结构,扩大专业人才就业口径等形式加大体医结合专业人才的培养力度。从专业人才培养的源头来解决人才缺乏的问题(**专业人才培养机制**)。发挥专业人才的能动作用,让专业的人来干专业的事。

(四)深入挖掘老年人体医结合技术话语的核心潜力。技术话语的缺失是制约老年人体医结合的瓶颈所在。技术话语的缺失与老年人体医结合实践的安全性、有效性、持续性、可信度直接相关。老年人体医结合技术的缺失并不是之于共性技术应用的虚弱,也不是之于体育技术和医疗技术数量的薄弱,而是体育技术与医疗技术结合与转化的孱弱(**竞技体育技术转化机制**)。体育技术与医疗技术结合的孱弱一方面表现为科学运动处方应用的缺位(**运动处方推广应用机制**),另一方面表现为对中国传统中医技术和传统体育技术的转化的滞后(**中医技术与体育技术融合机制**)。对于运动处方而言,能够开具运动处方的专业人才匮乏在一定程度上限制了老年人体医结合个性化运动处方的应用。故此,共享运动处方的国家标准和行业规范,积极研制"老年人体医结合运动处方库"(**运动处方研制机制**),并发挥出国民体质监测中心的重要作用,积极引导老年人体医结合行为在运动处方技术保障下进行。对于传统中医和传统体育而言,应充分重视传统中医学家对体医结合理念的现代传承,尤其是一些已经被实践证实了的医疗体育技术应采取有效措施进行积极推广,以缓解个性化运动处方应用不广的困境。在大健康背景下,健康关口前移是健康中国建设的客观要求。这就要求老年人应改变习惯性求助药物保健和医院治疗的健康管控方式。然而,老年人对健康的需求是刚需,转变健康管控方式,在健康关口前移的要求下,就应体现出体医结合在老年人群体中的话语地位(**话语保障与完善机制**)。这就要求医生、体育专家、健康促进方面的专家要利用自身的话语优势,积极宣传老年人体医结合的价值与功效。

(五)着重塑造老年人体医结合舆论氛围的保障能力。体医结合之于老年人健康促进的价值与功效仅仅依靠口号宣传还远远不够,良性体医结合氛围保障能力的体现最终要转化成老年人体医结合的行动力。良性体医结合氛围的形成是一个漫长而又复杂的过程。这在爱丁堡市老年人体医结合运行具体机制中得到了验证。良性体医结合舆论氛围的形成不仅需要具有影响力的专家学者身体力行地进行宣传,还需利用充分利用网络、电视、报纸杂志等媒体手段积极宣传体医结合的重要价值与意义(**舆论氛围营造机制**)。在政策上,不仅要融入到相关政策的制定过程中,还应尽快出台体医结合的专项政策,以体现政府发展体医结合的意志与决心。在体育方面,积极破解全民健身计划中的重点问题、难点问题,形成全民健身与全民健康交融发展的局面(**全民科学健身推广机制**)。在医疗卫生方面,倡导积极健康的生活方式,树立正确的健康观和大健康的健康管控方式。在养老方面,继续深入贯彻"老有所养、老有所依、老有所乐、老有所安"的"尊老重老"的社会氛围。肥沃尊老文化、健康促进的土壤,让老年人体医结合在良性的社会文化氛围中充分结合。

(六)合理借助老年人体医结合国际交流的域外经验。老年人体医结合既需要本土化发展的积极探索,也需要国外成功经验养分的滋补。对爱丁堡市老年人体医结合运行情况也不难看出,不论是组织机构设置、具体运行机制、还是实践路径等方面均对我国体医结合运行具有启示作用。首先,我国老年人体医结合才刚刚起步,国外现代体医结合实践经验早于我国,我国老年人体医结合的发展需要合理借助国外的成功经验(**国外经验引入借鉴机制**)。其次,我国老年人群体基数大,并且存在着城乡差异,这就为我国整体推进老年人体医结合增加了难度。借鉴国外经验可采取"引进来"和"走出去"的途径进行。所谓引进来就是在我国境内开展不同级别的国际学术会议,将国外的老年人体医结合成功之处引进到实践中。诸如深圳市便把举办高水平的体医结合工作会议、学术研讨会和产业峰会和展会写入到体医融合行动计划中。所谓走出去便是鼓励相关领域的专家学者多到国外去走一走看一看,将自身的亲身体验与体会带回国内。使得我国老年人体医结合的发展既吸收了国外的成功经验,同时又保持在具有中国特色的社会主义建设轨道之上。

(七)积极引导区块链技术在老年人体医结合中应用。区块链技术是未来复合型技术突破的重点领域,作为一种复合型技术的代表,能在老年人体医结合的穿透式政府监管、融资和资金管理、组织和个人身份认证与管理、物联网、技术保护和转化、人才培养、组织协同以及信息沟通与交流、氛围营造等诸多方面具有应用价值(**区块链技术应用机制**)。区块链技术在老年人体医结合中的应用不仅能够集中解决结合过程中出现的突出性问题,还能为老年人体医结合扫除部分制度障碍。要想发挥老年人体医结合在健康中国建设进程中的效用,国家应采取有效措施积极引导区块链技术在老年人体医结合中的渗透与应用。

（八）重点利用三甲医院、居家养老在老年人体医结合中的优势。三甲医院是老年人健康促进的前沿阵地，是老年人健康管控的排头兵。在老年人体医结合过程中应充分发挥三甲医院在专业设施设备、专业人力资源、技术话语上的优势，以能在短时间内形成良性老年人体医结合氛围打下基础（**三甲医院实践机制**）。从国外老年人体医结合实践中也充分证实了医院在老年人体医结合过程中的重要性。故此，尽快构建区域性三甲医院—专科医院—社区医院的"医共体"实践模式（**共同体构建机制**），为老年人体医结合的广度与深度作出应然贡献。此外，居家养老在老年人服务供给以及老年人自身条件（非三无三失人员）有一定的优势。故此，以居家养老作为老年人体医结合的示范平台较符合实情（**居家养老体医结合运行机制**）。

本 章 小 结

运行机制是推进机制、保障机制和协同机制的落脚点，运行机制是将老年人体医结合的结果付诸实践的机制。在老年人体医结合处于结合的初级阶段的情况下，首先，对老年人体医结合运行的阶段、目标、内容和效果进行理论分析，为政府为推进主体的老年人体医结合提供运行参考。然后，对深圳市老年人体医结合"健康快乐模式"运行和美国爱丁堡市"运动良医模式"运行进行分析，目的是分析两地老年人体医结合应用于实践的具体情况，为体医良性结合服务。两种运行模式分别代表老年人体医结合发展的不同阶段，"健康快乐模式"是老年人体医结合初级阶段的代表模式，而"运动良医模式"是老年人体医结合高级阶段的代表模式。两种不同模式在运行目标、运行重点内容、运行具体机制以及运行路径选择上均存在差别。通过对比发现,深圳市老年人体医结合运行偏重于场地器材、政策、经济、人才、信息要素的结合,技术、话语、利益要素结合是难点;爱丁堡老年人体育结合注重人才、社会组织和舆论氛围在结合中的重要性,利益结合是难点。两地老年人体医结合运行模式对我国老年人体医结合具有较大的启示价值。

第七章 研究结论与展望

第一节 研究结论

一、通过实地考察和案例分析,现阶段老年人体医结合实践方面存在的主要问题是老年人实践主体体医结合意识淡薄,老年人体医结合实践的安全性、有效性、可信度以及持续性问题突出。从要素归因、结构归因和关系归因三个维度剖析出实践问题出现的主要原因是:实践主体结合意愿不高、具体结合要素不清晰、体育系统和医疗卫生系统存在着结构性排斥、老年人体医结合外在制度设置滞后、老年人体医结合领域关系不清、老年人体医结合模式关系不明等。

二、在推进机制研究中,总结出中央政府、地方政府、市场、老年人群体和基层体医结合实践组织是老年人体医结合的四个推进主体。根据推进主体分析出四条推进路径,四条推进路径各有优劣,得出地方政府为推进主体下形成的"从中至下"推进路径较符合推进实情。

三、在保障机制研究中,确认出政府、社会和市场是老年人体医结合的保障主体。根据老年人体医如何结合揭示出三个保障主体在场地器材设施、政策法规、组织、经济、人力、技术话语、信息舆论以及利益八个方面对老年人体医结合实施保障。

四、在协同机制研究中,发现国家卫健委、体育总局和教育部是老年人体医结合核心协同部门。揭示出八大要素协同指向于老年人体医结合功能协同、空间协同和领域协同。研究发现八大要素的协同中,人才要素协同是重点,利益要素协同是难点。

五、在运行机制研究中,发现运行目标的缺失是影响我国老年人体医结合运行效果的关键因素。通过两个运行模式的对比,发现老年人体医结合运行无固定模式,运行模式也无好坏优劣之分。从而得出老年人体医结合不同阶段是运行模式选择的重要依据。通过对比还发现,老年人体医结合初级阶段运行重点是场地器材、政策、经济、人才和信息的结合,老年人体医结合高级阶段运行重点是人才、社会组织和舆论氛围的结合。

六、通过四个机制的系统分析最后得出地方政府推进老年人体医结合的具体机制是:尽快制定体医结合专项政策、重视体医结合专业人才培养、挖掘技术话语的核心潜能、注重体医结合氛围的营造与熏陶、积极探索区块链技术在体医结合中的应用、重点考虑三甲医院和居家养老在体医结合中的优势、应重视体医结合经验的交流与共享。

第二节　研究展望

一、从老年人体医结合机制研究的内容逻辑来看,在如何结合的研究目标引领下,评价机制应是后续研究的重点。同时,老年人体医结合问题多样，关系复杂，要想发挥体医结合在老年人健康促进中的应然价值和功效，需要对老年人体医结合相关机制进行全方位的分析。故此，在接一下的研究中，要突破结合机制研究的局限，采用多学科、多角度对老年人体医结合机制及机制运行问题进行深入探讨。

二、健康促进的概念发源于国外，国外有着极其丰富的健康促进实践经验。体医结合作为老年人健康促进的有效方式，急需全方位借鉴国外健康促进的成功经验。现阶段老年人体医结合暴露出的问题表明亟待对国外老年人体医结合经验进行"去伪存真，为我所用"。故此，对国外发达国家老年人健康促进的体医结合机制进行系统研究显得尤为迫切。

三、体医结合促进老年人健康问题的研究在我国才刚刚起步，其中还有很多的基本理论问题和实践问题需要系统研究。在基本理论问题中，老年人体医结合概念、内涵、特征、属性还存在较大的争议；老年人体医结合分类问题还没有涉及。在实践问题中，在互谅网＋、健康老龄化、积极老龄化的背景下不同地域之间、城乡之间老年人体医结合的具体实施问题。这些问题都需要在后续研究中重点突破。

参 考 文 献

1. 外文文献

（1）外文书籍文献

［1］Mark Dooris, Gina Dowding, et al. The settings-based approach to health promotion. Health Promotion Universities: Concept, experience and framework for action［M］. 1998(4):21—32.

［2］Hariold Koontz, Heinz Weihrich. Essentials of management: international and leadership perspective［M］. 北京:经济科学出版社,2011.11:24.

［3］Thesaurus, Wordpower Guide［M］. Oxford university press, 2001:676.

（2）外文期刊文献

［1］Lalonde M. A new perspective on the health of Canadians: a working document. Ottawa, Canada Information ［J］, Journal of Health Politics, Policy and Law, 1974, Vol. 7(2), pp. 325—44.

［2］Green LW. National Policy in the Promotion of Health ［J］. International journal of health education, 1979, 22:161—168.

［3］Green LW; Kreuter MW, ital. Health education planning: a diagnostic approach ［J］. Palo Alto, California, Mayfield Publishing, 1980,4:432—439.

[4] Dorothy Fitzgerald, John Litt, Donna Ciliska. Health Consequences of Selected Lifestyle Factors: A Review of the Evidence[J]. Advanced Science Letters,1984. 3861(84):104—106.

[5] Richard L, Potvin L, Kishchuk N. Assessment of the integration of the ecological approach in health programs [J]. AM J Health Promote, 1996, 10(4):318.

[6] Ralph Grossmann, Klaus Scala. Health Promotion and Organizational Development: Developing Settings for Health [J]. European health promotion series, WHO Regional Office for Europe, 1993. 14.

[7] Sidney Katz. Studies of Illness in the Aged the index of ADL: A Standardized Measure of Biological and Psychosocial Function [J]. The Journal of the American Medical Association, 1963, 185(12):914—919.

[8] Lawton M P. Investigating health and subjective well-being: Substantive challenges [J]. The International Journal of Aging and Human Development,1984,19(2):157—166.

[9] Rowe J W, Kahn R L. Human aging: usual and successful [J]. Science, 1987, 237(4811):143—149.

[10] Morris J N,Heady J A, etc. Coronary heart disease and physical activity of work:Evidence of a national necropsy survey [J]. Lancet, 1953, 265 (6796):1111—1120.

[11] Lim KC,Kayser-Jones JS, etc. Aging, health, and physical activity in Korean Americans [J]. Geriatric nursing(New York, N. Y.),2007,28(2):112.

[12] VDH Mike, DAKS Van,stc. Fidder a Determinants of health-related quality of life in Crohn's disease: A systematic review and meta-analysis [J]. Journal of Crohn's and Colitis, 2014(8):93—106.

[13] T Hinrichs, U Trampisch, etc. Correlates of sport participation among community-dwelling elderly people in Germany: a cross-sectional study

[J]. European Review of Aging & Physical Activity，2010，7(2)：105—115.

[14] J Cohen-Mansfield，MS Marx，etc. Motivators and barriers to exercise in an older community-dwelling population[J]. Journal of Aging & Physical Activity，2010，11(2)：242—253.

[15] KJ Fisher，F Li，etc. Neighborhood-level influences on physical activity among older adults：a multilevel analysis [J]. Journal of Aging & Physical Activity，2004，12(1)：45.

[16] D Patel，E Lambert，etc. A prospective，randomized study comparing the effectiveness of different types of incentives in increasing physical activity behavior on the Vitality health promotion program [J]. Journal of Science & Medicine in Sport，2012，15(1)：S347—S347.

[17] JL Durstine，B Gordon，etc. Chronic disease and the link to physical activity [J]. Journal of Sport & Health Science，2013，2(1)：3—11.

[18] CG Kim，KJ June，etc. Effects of a health-promotion program on cardiovascular risk factors，health behaviors，and life satisfaction in institutionalized elderly women [J]. International Journal of Nursing Studies，2003，40 (4)：375—81.

[19] Y Hayashino，JL Jackson，etc. Effects of supervised exercise on lipid profiles and blood pressure control in people with type 2 diabetes mellitus：A Meta-analysis of Randomized Controlled Trials[J]. Diabetes Research & Clinical Practice，2012，98(3)：349—60.

[20] C Bardage，D Isacson. Hypertension and health-related quality of life. an epidemiological study in Sweden[J]. Journal of Clinical Epidemiology，2001，54(2)：172—181.

[21] R Arnold，AV Ranchor，R Sanderman，GI Kempen，etc. The relative contribution of domains of quality of life to overall quality of life for different chronic diseases [J]. Quality of Life Research，2004，13(5)：883.

[22] JC Scott，DA Conner，etc. Effectiveness of a Group Outpatient Visit

Model for Chronically Ill Older Health Maintenance Organization Members [J]. Journal of the American Geriatrics society,2004, 52(9):1463—1470.

[23] PF Kokkinos,P Narayan,etc. Exercise as hypertension therapy [J]. Cardiology Clinics, 2001,19(3):507—16.

[24] JA Blumenthal, WC Siegel,etc. Failure of exercise to reduce blood pressure in patients with mild hypertension. Results of a randomized controlled trial [J]. *Journal of the America n medical* association,2011,266(15):2098.

[25] Cornelissen VA, Fagard RH. Effects of endurance training on blood pressure, blood pressure-regulating mechanisms, and cardiovascular risk factors [J]. Hypertension(Dallas, Tex.: 1979),2005,46(4):667.

[26] PF Kokkinos. Effects of regular exercise on blood pressure and left ventricular hypertrophy in African-American men with severe hypertension [J]. New England Journal of Medicine, 2005,333(22):1462—7.

[27] LS Pescatello, BA Franklin,etc. American College of Sports Medicine position stand. Exercise and hypertension [J]. Med Sci Sports Exerc, 2004, 36(3):533—553.

[28] Borhani NO. significance of physical activity for prevention and control of hypertension [J]. Journal of Human Hypertension, 1996,10 Suppl 2 (2):S7—11.

[29] RSP Jr,AL Wing,etc. Physical activity and incidence of hypertension in college alumni [J]. American Journal of Epidemiology, 2003,117(3):245—57.

[30] Linder L, Kiowsky W,etc. Direct evidence for release of endothelium-derived relaxing factor in human forearm circulation in vivo[J]. Circulation,1990, 81(6):1762—1767.

[31] WJ Strawbridge,S Deleger, etc. Physical activity reduces the risk of subsequent depression for older adults [J]. American Journal of Epidemiology, 2002,156(4):328—34.

[32] PA Sharpe, ML Granner, etc. Association of environmental factors to meeting physical activity recommendations in two South Carolina counties [J]. American Journal of Health Promotion, 2004,18(3):251—257.

[33] MA Koelen, L Vaandrager, etc. Health promotion research:dilemmas and challenges [J]. Journal of Epidemiology & Community Health, 2001, 55(4):257.

[34] MM Casey, WR Payne, etc. Partnership and capacity-building strategies in community sports and recreation programs [J]. Managing Leisure, 2009, 14(3):167—176.

[35] F Den Hartog, A Wagemakers, etc. Alliances in the Dutch BeweegKuur Lifestyle Intervention [J]. Health Education Journal, 2013,73(5): 576—587.

[36] Meghan M. Casey, Warren R. Payne, etc. Engaging community sport and recreation organizations in population health interventions: Factors affecting the formation, implementation, and institutionalization of partnerships efforts [J]. Annals of Leisure Research,2009,12(2):129—147.

[37] ST Roussos, SB Fawcett. A Review of Collaborative Partnerships as a Strategy for Improving Community Health [J]. Annual Review of Public Health, 2000, 21(1):369.

[38] M Koelen,L Vaandrager, etc. Successful collaboration in health promotion with the healthy alliances(HALL) framework[J]. Meeting & Conference of Hepa Europe, 2014,(5):566.

[39] RM Hämäläinen, AR Aro etc. Cross-sector cooperation in healthy-enhancing physical activity policymaking: more potential than achievements? [J]. Healthy Research Policy and Systems,2016,14(1):1—12.

[40] MJ Grills, R Kumar, etc. Networking between community health programs: a team-work approach to improving health service provision [J]. Bmc Health Services Research, 2014,14(1):1—7.

[41] Yong S. Lee. Technology transfer and the research university: a search for the boundaries of university-industry collaboration [J]. Research Policy, 1996(6):843—863.

[42] Deanne Gaskill D, Paul Morrison, Fran Sanders, et al. University and industry partnerships: lessons from collaborative research [J]. International Journal of Nursing Practice, 2003(9):347—355.

[43] M Hemmert, L Bstieler H Okamuro. Bridging the cultural divide: Trust formation in university-industry research collaboration in the US, Japan and South Korea [J]. Technovation, 2014(34):605—616.

[44] Bstieler, Ludwig, Hemmert, Martin, Barczak, Gloria. The changing bases of mutual trust formation in inter-organizational relationships: A dyadic study of university-industry research collaborations[J]. Journal of Business research,2017(74):47—54.

[45] Deboarah G. Ancona . David F. Caldwell. Bridging the boundary: external activity and performance in organizational teams [J]. Administrative Science Quarterly,1992(4):634—665.

[46] Barnes T, Pashby I, Gibbons A. Effective university-industry interation: A multi-case evaluation of collaborative P&D projects[J]. European Management Journal,2002(3):272—285.

[47] Chiang, Kuang-Hsu. A typology of research training in University-industry collaboration for technology development: the case of university research parks [J]. Industry&Higher Education,2011(4):57—64.

[48] Caglia A,Ditillo A. A review and discussion of management control in inter-firm relationships: Achievements and future directions[J]. Accounting, Organizations and Society,2008,33(7):865—898.

[49] Das T K,Teng B-S. Between Thrust and Control: Developing Confidence in Partner Cooperation in Alliances [J]. Academy of Management Review,1998,233(3):491—512.

（3）外文会议文献

［1］RC Zakocs，EM Edwards. What explains community coalition effectiveness？：a review of the literature［C］. American Journal of Preventive Medicine，2006，30（4）：351—361.

［2］Simon P Philbin. Managing university-industry research partnerships through a process of alignment［C］. Technology Management in the IT-Driven Services（PICMET），2013：1849—1859.

［3］Nemai Chandra Karmakar. University-industry research collaboration ［C］. 2014 8th International Conference on Electrical and Computer Engineering（ICECE），2014. 11. 840—843.

［4］Maricic M，Zornic N，Jeremic V. Ranking European universities based on their level of collaboration with the industry：the university-industry research connections［C］. 8th Enternational Conference on Education and New Learning Technologies，2016. 6：6095—6105.

（4）外文网络文献

［1］World Health Organization. The Ottawa Charter for Health Promotion. Adopted at the First International Conference on Health Promotion，Ottawa，1986.

［2］Himmelman，A. T，（2002）. Collaboration for Change. Definitions，Decision making models，Roles and Collaboration Process Guide（In. https：//depts. washington. edu/ccph/pdf_files/4achange. pdf）.

2. 中文文献

（1）中文书籍文献

［1］何雪勤. 形式逻辑学［M］. 沈阳：辽宁人民出版社，1985.

［2］黄敬亨. 健康教育学［M］. 上海：上海医科大学出版社，1997.

［3］郑杭生，李强，李路路等. 社会学概论新修（第5版）［M］. 北京：北京人民大学出版社，2019.

［4］郭平,陈刚. 2006 年中国城乡老年人人口状况追踪调查数据分析[M].北京:中国社会出版社,2009.

［5］刘纪清.实用运动处方[M].哈尔滨:黑龙江科学技术出版社.1993.

［6］[东汉]柴荣著.论衡[M].文渊阁《四库全书》,上海:上海人民出版社,1999.

［7］崔乐泉.中国古代体育文化源流[M].贵阳:贵州民族出版社,2011.

［8］(隋)巢元方撰,黄作阵点校.诸病源候论[M].沈阳:辽宁科学技术出版社,1997.

［9］张震.心理学[M].北京:北京师范大学出版社,2016.12.

［10］穆向阳.信息的演化[M].南京:东南大学出版社,2016.

［11］严彬.信息动力学导论[M].北京:北京邮电大学出版社,2014.

［12］段锦云.管理心理学[M].杭州:浙江大学出版社,2010.

［13］张岗英.管理心理学[M].西安:陕西旅游出版社,1997.

［14］周雪光.组织社会学十讲[M].北京:社会科学文献出版社,2003.

［15］斯蒂芬·P·罗宾斯.组织行为学[M].北京:中国人民大学出版社,1997.

［16］詹姆斯·H·唐纳利.管理学基础[M].北京:中国人民大学出版社,1982.

［17］苏东水.管理心理学(第 5 版)[M].上海:复旦大学出版社,2013.

［18］周慧中.经济激励和经济改革,载汤敏,茅于轼.现代经济学前沿专题(第 2 集)[M].上海:商务印书馆,1993.

［19］刘志远.现代企业激励机制[M].上海:上海人民出版社,1997.

［20］侯光明,李存金.现代管理激励与约束机制(第一版)[M].北京:高等教育出版社,2003.

［21］张春霖.企业组织与市场体系[M].上海:上海三联书店,上海人民出版社,1994.

［22］广小利,李卫东.管理学[M].北京:北京理工大学出版社,2016.

［23］席佳蓓.管理学[M].南京:东南大学出版社,2013.

［24］余玲艳.员工情绪管理［M］.北京：东方出版社，2007.

［25］王明杰，郑一山.西方人力资本理论研究综述［M］.北京：中国行政管理，2006.

［26］弗里曼（著），王彦华，梁豪（译）.战略管理：利益相关者方法［M］.上海：上海译文出版社，2006.

［27］蔡世刚.管理学［M］.南京：东南大学出版社，2016.

［28］郑杭生.社会学概论新修（第3版）［M］.北京：中国人民大学出版社，2003.

［29］王亚丹.管理学［M］.上海：上海财经大学出版社，2016.

［30］廖胜辉.奖惩之道［M］.北京：军事译文出版社，1993.

［31］宗良纲.环境管理学［M］.北京：中国农业出版社，2005.

［32］高明.耕地可持续利用动力与政府激励［M］.北京：经济管理出版社，2006.

［33］熊川武.学校管理心理学［M］.上海：华东师范大学出版社，1996.

［34］阿奎那，著，马情槐，译.阿奎那政治著作选［M］.上海：商务印书馆，1963.

［35］施雪华.政府权能理论［M］.浙江：浙江人民出版社，1998.

［36］金大军，赵晖.政府职能梳理与重构［M］.广州：广东人民出版社，2002.

［37］让一伊夫·戈菲.技术哲学［M］.北京：商务印书馆，2000.

［38］孙福全，彭春燕，等.产业共性技术研发组织与基地建设研究［M］.北京：中国农业科学技术出版社，2008.

［39］廖泉文.人力资源管理（第三版）［M］.北京：高等教育出版社，2018.

［40］徐慰增，何得乐，等.不列颠百科全书（国际中文版）［M］.北京：中国大百科全书出版社，2007.

［41］宁泽群.微观经济学［M］.北京：中国电力出版社，2012.

［42］李斌.社会学［M］.武汉：武汉大学出版社，2009.

［43］董旺远，何红英.控制论基础［M］.武汉：武汉大学出版社，2011.

［44］涂序彦.智能与控制系列教材:大系统控制论［M］.北京:北京邮电大学出版社,2005.

［45］曾昭磐.工程控制论教程［M］.厦门:厦门大学出版社,1991.

［46］席佳蓓.管理学［M］.南京:东南大学出版社,2013.

［47］郑杭生.社会学概论新修(修订本)［M］.北京:中国人民大学出版社,1998.

［48］［苏］茹科夫.控制论的哲学原理［M］.上海:译文出版社,1981.

［49］毛军权.投资者行为控制机制研究［M］.上海:复旦大学出版社,2008.

［50］董旺远,何红英.控制论基础［M］.武汉:武汉大学出版社,2011.

［51］涂序彦,王枞,郭艳慧.智能与控制系列教材:大系统控制论［M］.北京:北京邮电大学出版社,2008.

［52］曾昭磐.工程控制论教程［M］.厦门:厦门大学出版社,1991.

［53］涂序彦,王枞,郭艳慧.智能与控制系列教材:大系统控制论［M］.北京:北京邮电大学出版社,2008.

［54］黄秉宪,韩秀苓.生物控制论基础［M］.北京:北京理工大学出版社,1991.

［55］［美］维纳 著,陈步 译.人有人的用处:控制论与社会［M］.北京:北京大学出版社,2010.

［56］杨佳华.转型社会控制论［M］.北京:北京师范大学出版社,2009.

［57］吴增基.现代社会学(第5版)［M］.上海:上海人民出版社,2014.

［58］奚从清.现代社会学导论 第2版［M］.浙江:浙江大学出版社,2012.

［59］深圳市统计局,国家统计局深圳调查队.深圳统计年鉴—2018［M］.北京:中国统计出版社,2018.

［60］深圳市统计局,国家统计局深圳调查队.深圳统计年鉴—2018［M］.北京:中国统计出版社,2018.12.

［61］2018年中国区块链行业分析报告［M］.鲸准研究院,2018.01.

（2）中文期刊文献

［1］赵亚光.健康促进内涵及现实意义探讨［J］.中国健康教育,1998,14（10）:36—37.

［2］顾学琪.健康促进的力量和策略应用［J］.中国慢性病预防与控制,1999,7（3）:144—145.

［3］赵亚光.健康促进内涵及现实意义探讨［J］.中国健康教育,1998,14（10）:36—37.

［4］胡丙长.健康促进观念的发展与更新［J］.国外医学社会学分册,1989,6（4）:193—195＋199.

［5］张剑威,汤卫东.“体医结合”协同发展的时代意蕴、地方实践与推进思路［J］.首都体育学院学报,2018（1）:73—77.

［6］向宇宏,李承伟.“体医融合”下我国学校体育的发展［J］.体育学刊,2017,24（5）:76—79.

［7］廖远朋,王煜,胡毓诗,等.体医结合:建设“健康中国”的重要途径［J］.成都体育学院学报,2017,43（1）:5—7.

［8］李明良,蔡建光.科学健身视阈下“体医结合”健身模式的驱动因素与提升策略［J］.湖北体育科技,2017,36（5）:377—379.

［9］卢秉旭.基于青少年“体医结合”的健康促进创新模式研究［J］.体育科技文献通报,2017,25（11）:25—27.

［10］郭建军,郑富强.体医融合给体育和医疗带来的机遇与展望［J］.慢性病学杂志,2017,18（10）:1071—1073.

［11］编者.每个人都是自己的冠军——郭建军解读体医融合新理念［J］.青少年体育,2017（4）:17.

［12］闫希军,吴迺峰等.大健康与大健康观［J］.医学与哲学,2017,（38）5:9—12.

［13］王一方.大健康观的哲学思考［J］.中国卫生,2016（11）:22—23.

［14］陆作生.我国体育概念的界定［J］.体育学刊,2010（12）:1—5.

［15］张俊祥,李振兴等.我国健康产业发展面临态势和需求分析［J］.中

国科技论坛,2011(02):50—53.

[16] 谷琳,乔晓春.我国老年人健康自评影响因素分析[J].人口学刊,2006(6):25—29.

[17] 方向华,孟琛等.健康自评与老年人健康状况的前瞻性研究[J].中华流行病学杂志,2003,24(3):184—188.

[18] 谷琳,乔晓春.我国老年人健康自评影响因素分析[J].人口学刊,2006(6):25—29.

[19] 林红.老年人日常生活活动能力的影响因素分析[J].中国卫生事业管理,2012,18(8):495—497.

[20] 刘恒,巢健茜等.老年人自评健康影响因素分析及程度比较[J].中国全科医学,2009,12(13):1161—1163+1167.

[21] 陶红,姚中华等.上海市南汇区老年人健康状况及其影响因素[J].中国老年学杂志,2010,30(10):1412—1414.

[22] 韩燚,卢莉.老年人也理健康状况比较研究[J].中国医疗前沿,2011(2):95—96.

[23] 罗盛,张锦,等.不同养老模式下老年人生活满意度的 meta 分析[J].中国老年学杂志,2016(6):1176—1179.

[24] 杜磊.现代社会生活中体育运动与人类健康关系的再认识[J].邢台学院学报,2011(2):148—150.

[25] 解登峰,葛明贵,等.老年人也理健康状态的影响因素[J].中国老年学杂志,2011(2):299—301.

[26] 杨波,张亚峰,等.体育锻炼对老年人整体自尊与心理幸福感的影响研究[J].成都体育学院学报,2011(5):15—16.

[27] 赫秋菊.体育锻炼对老年人也理效益促进的研究[J].沈阳体育学院学报,2011(2):99—101.

[28] 董玉奎.体育锻炼与高血压预防的流行病学研究进展[J].预防医学论坛,2010(2):154—157.

[29] 费大东,王晓觐,等.2 型糖尿病患者心血管风险评估及社区综合干

预临床观察[J].山东医药,2011(17):51—52.

[30] 纪海泉.糖尿病患者社区综合干预调查[J].中国慢性病预防与控制,2014,22(2):134—135.

[31] 徐连武,张忍发.健身舞练习对改善老年2型糖尿病患者生命质量的效果研究[J].昆明医科大学学报,2013(5):50—53.

[32] 陈明祥.体医结合:医学院校体育教学改革的发展模式[J].体育文化导刊,2006(2):66—67.

[33] 李吉录.高等医学院校体育教学的改革与创新——"体医结合"[J].医学与社会,2008,21(7):61—62.

[34] 宋保华,王会勤."以体为主,体医结合"——医学院校体育教学模式的构建[J].现代交际,2009(12):131.

[35] 刘大伟.医学院校"体医结合"处方式教学模式实践研究[J].当代体育科技,2015(29):155—156.

[36] 傅兰英,付强等.高等医学院校"体医结合"运动处方教学的可行性研究[J].中国高等医学教育,2011(12):80—82.

[37] 陈辉.浅析高等医学院校"体医结合"教学模式的构建[J].体育教育与研究,2011(S2):80—81.

[38] 王群.新医改背景下"体医结合"的复合型人才教育培养模式探讨[J].中国人才,2012(4):185—186.

[39] 王晓曦,潘华山."体医"结合专业办学新模式——以广州中医药大学现状为例[J].湖北体育科技,2010,29(2):224—225.

[40] 陈阳阳,陈湘等.基于"体医结合"的医学院校体育资源有效利用实践研究[J].体育科技,2016,37(4):47—48+52.

[41] 宣海德.我国城市社区体育中"体医结合"问题的研究[J].军事体育进修学院学报,2007,26(1):106—108.

[42] 赵仙丽,李之俊.构建城市社区"体医结合"体育公共服务的创新模式[J].体育科研,2011,32(4):58—63.

[43] 郭雷祥,冯俊杰.在社区实施:"体医结合"促进健康研究[J].邢台学

院学报,2016,31(4):52—53.

[44] 崔杰,朱艳艳等."医体结合"模式下构建全民健身服务体系研究[J].蚌埠学院学报,2015(3):160—163.

[45] 陈永婷,邱全等."体医结合"健康服务模式在社区体育中的运用研究[J].宿州教育学院学报,2016,19(4):152—153.

[46] 王海,冯青山等.共生理论对"体医结合"模式构建的启示[J].山西大同大学学报(自然科学版),2016,32(2):78—81.

[47] 董新光,张宝峰.基本医疗保险基金个人账户(医保卡)支付个人体育健身费用的合法性讨论[J].体育学刊,2015,22(4):8—12.

[48] 陈金鳌,金奕等.医保卡余额支付个人运动健身消费的困境与消解[J].体育文化导刊,2016(11):15—19+87.

[49] 张宝强.20世纪50年代以来美国促进学生体质健康的举措及启示[J].体育学刊,2010,17(3):52—56.

[50] 黄亚茹,梅涛等.医体结合,强化运动促进健康的指导——基于对美国运动促进健康指导服务平台的考察[J].中国体育科技,2015,51(6):3—9.

[51] 彭国强,舒盛芳.美国国家健康战略的特征及其对健康中国的启示[J].体育科学,2016,36(9):10—19.

[52] 陈立新.论体育政策与健康政策协同的复杂性——英国经验借鉴[J].体育与科学,2012,33(6):97—99.

[53] 黄亚茹,郭静等.加强体力活动指导对提高民众体质健康之作用研究——基于对"健康日本21"实施效果的考察[J].西安体育学院学报,2016(1):39—47.

[54] 冯振伟.韩磊磊.融合·互惠·共生:体育与医疗卫生共生机制及路径探寻[J].体育科学,2019(1):35—46.

[55] 李璟圆,梁辰,高璀,马云.体医融合的内涵与路径研究——以运动处方门诊为例[J].体育科学,2019.39(7):23—32.

[56] 吕家爱,陈德喜.体医结合模式运动干预对糖尿病者控制效果评估[J].公共卫生与预防医学,2016,27(3):88—90.

［57］王庆博.试论 ICF 理念下"体医结合"骨骼肌系统康复服务体系的构建［J］.福建体育科技,2016,35(6):23—26.

［58］杨晓林."体医结合"措施对社区肥胖女性干预的动态观察［J］.中国卫生事业管理,2010,27(5):300—302.

［59］杨晓林.体医结合方案对单纯性肥胖儿童血清瘦素和血脂水平的影响［J］.中华实用儿科临床杂志,2010,25(18):1447—1448.

［60］崔鹏,马志君."体医结合"的老年人健康促进研究［J］.科技资讯,2018.7:210—211.

［61］王雪峰,王茜.城市社区老年人"医体结合"健康促进服务需求的调查与分析［J］.当代体育科技,2018(15):195—196.

［62］刘宗辉.社区老年人"体医结合"健身模式服务质量评价研究［J］.湖北体育科技,2019,38(1):30—35.

［63］马宏霞."体医结合"模式下养老机构体育养老服务研究［J］.河南机电高等专科学校学报,2018,26(6):52—54.

［64］王平,周圣伟.体医结合模式有氧运动对城市社区老年人肌力的影响［J］.武术研究,2019,4(8):119—121.

［65］江志鹏.人口老龄化背景下"体医结合"实施路径研究［J］.福建体育科技,2017(36)4:11—14.

［66］戴素果,健康中国理念下老年人健康促进的体医深度融合路径［J］.广州体育学院学报,2017,37(3):13—16.

［67］于国强,王永生,赵伟科.健身气功习练效果分析及在"体医"融合中的路径探索［J］.山西大同大学学报(自然科学版),2018,34(6):89—93.

［68］周杏芬."体医"结合模式下我国老年健康促进的路径研究［J］.苏州市职业大学学报,2018,29(4):85—88.

［69］卢文洲."体医结合"模式下我国老年健康促进的路径研究［J］.当代体育科技,2019,9(22):215＋218.

［70］戴志鹏,马卫平."体医＋医疗＋养老"干预老年健康的路径构建［J］.老龄科学研究,2018,6(9):55—66.

［71］刘晨.人口老龄化背景下"体医"融合发展研究［J］.运动,2017(19):3—4.

［72］李慧,王凯珍.健康中国建设背景下体医融合模式在养老地产中的运用［J］.山东体育学院学报,2019,35(1):1—5.

［73］赵妍研,童立涛.我国"体医结合＋医养结合"的健康支持体系发展对策［J］.大众科技,2018,20(244):118—119＋122.

［74］陈娜,袁妮,王长青.医养结合供需耦合协同发展机制［J］.中国老年学杂志,2016,36:6308—6310.

［75］王秀花,肖云."互联网＋"社区居家养老"医养结合"机制研究［J］.山西高等学校社会科学学报,2018,30(3):41—45.

［76］刘晓梅,刘冰冰,成虹波.农村医养结合运行机制构建研究［J］.延边大学学报(社会科学版),2019,52(2):99—107＋143.

［77］陈丛刊,卢文云.论"体教结合"模式的指导思想和管理运行机制［J］.成都师范学院学报,2016,32(11):12—15.

［78］王鹏杰.论我国产学研结合机制的构建［J］.学习论坛,2015,31(4):54—57.

［79］王静,顿宝生.产学研结合创新机制研究［J］.陕西高教,2012(5):83—84.

［80］张来斌.创新机制——推动恒业特色型大学产学研结合新发展［J］.中国高等教育,2012(z1):6—9.

［81］王圣宝.漫话华佗的体医结合［J］.体育文史,1998(5):55—56＋44.

［82］梁永汉.我国医疗体育源远流长［J］.按摩与导引,1986(6):20—22.

［83］钱星博,严静.医疗体育在世界范围内的新发展［J］.体育科研,2000,21(2):44—47.

［84］陈文斌.浅谈医疗保健体育［J］.郑州铁路职业技术学院学报,2007,19(1):56—57.

［85］刘兆杰.略述体育疗法在疾病康复中的应用［J］.中国科技信息,2005(14):258—259.

［86］栗克东.医疗体育［J］.卫生职业教育,2004(21):87.

［87］三井悦子.从医疗体操史看体育运动的新的医疗可能性［J］.体育文史,1997(2):94.

［88］周脉清.浅析我国古代医疗体操的起源、演变与发展［J］.体育科技文献通报,2015(9):94—95.

［89］作者不详.医疗体操与疾病［J］.中国体育科技,1995(11):115.

［90］梁永汉.论我国民族传统医疗体育对慢性病和老年病的康复作用［J］.按摩与导引,1998(3):29—31.

［91］周世荣.谈马王堆导引图和《诸病源候论》中的导引术式［J］.湖南中医学院学报,1985(2):45—47.

［92］郝勤.中国导引术与近代西方体操的比较研究［J］.体育文化导刊,1990(5):16.

［93］赵延益,王其慧.中国古代导引术评介［J］.武汉体育学院学报,1991(2):78—83.

［94］李鸿义.医疗体育与体疗门诊［J］.科学中国人,1998(12):46—47.

［95］张允建,张兴荣.中国古代体操［J］.江西教育,1982(8):55—56.

［96］吴志超.古导引初探(上)［J］.体育科技,1979,3(2):75—84.

［97］班新能,王翔.中医"治未病"学术思想浅析及其现实意义［J］.兵团医学,2009(3):60—62.

［98］蓝毓营."治未病"源流述略［J］.上海中医药杂志,2005,39(9):48—49.

［99］刘健.构建中医治未病养生保健体系探讨［J］.中国临床保健杂志,2012,(6):667—670.

［100］王思成.中医治未病溯源、内涵与应用浅析［J］.世界中医药,2008,3(1):43—45.

［101］贾天奇,李娟,樊凤杰,等.传统体育疗法与未病学［J］.体育与科学,2007,28(4):12—14+19.

［102］王天芳,孙涛.亚健康与"治未病"的概念、范畴及其相互关系的探

讨[J].中国中西医结合杂志,2009,29(10):929—933.

[103] 姜良铎.健康、亚健康、未病与治未病相关概念初探[J].中华中医药杂志,2010,25(2):167—170.

[104] 赵轶峰.历史分期的概念与历史编纂学的实践[J].史学集刊,2001(4):1—6.

[105] 常金仓.历史分期讨论与发现真理的两种方法[J].齐鲁学刊,1996(2):54—58.

[106] 王京龙.近代以来《吕氏春秋》体育思想研究回眸[J].山东体育科技,2015,37(5):1—4.

[107] 李煌明,王耕"知者乐水,仁者乐山"——论《论语》中的两种"乐"[J].思想战线,2008(5):135—136.

[108] 谢青果.老子"根深固蒂,长生久视之道"的养生学诠释[J].阜阳师范学院学报:社会科学版,2011(1):23—25.

[109] 李鸿江.文武八段锦[J].按摩与导引,1992(3):30—33.

[110] 吴晓慧,林色奇,刘红宁.《寿亲养老新书》学术思想探析[J].江西中医药,2018,49(8):7—9.

[111] 王平.对我国民族传统体育文化冲突的理解与探析[J].体育世界:学术版,2007(10):52—55.

[112] 韩丹.导引强身的要籍——《赤凤髓》[J].体育文化导刊,1992(4):38—40.

[113] 李景远,李志更.浅谈《养生四要》中的养生观[J].中国中医基础医学杂志,2010(1):22—23.

[114] 鲍忠豪.论马克思主义的社会需要理论[J].马克思主义研究,2008(9):64—73.

[115] 李文阁.需要即人的本性——对马克思需要理论的解读[J].社会科学,1998(5):29—32.

[116] 焦现伟,焦素花.现代体育"业余精神"溯源:在传统与现代之间的重生[J].体育与科学,2017,38(2):61—71.

[117] 林顺利,赵唯辰,刘玢.社会工作助力城市空巢家庭养老的对策研究[J].河北广播电视大学学报,2019,24(1):81—85.

[118] 陈俊玲,张素苹.城市老年人家庭代际关系探讨[J].人民论坛:中旬刊,2010(8):182—183.

[119] 胡扬.从体医分离到体医融合—对全民健身与全民健康深度融合的思考[J].体育科学,2018,38(7):10—11.

[120] 金晨.走出"体医结合"第一步—体育对接健康中国的路径研究[J].河北体育学院学报,2017(6):49—55.

[121] 陈远莉.健康需求引领下我国"体医"健康促进融合发展研究[J].四川体育科学,2018,37(6):29—33.

[122] 郭建军.健康中国建设中体育与医疗对接的研究与建议[J].慢性病学杂志,2016,17(10):1067—1073.

[123] 郑杭生,郭星华.试论社会运行机制[J].社会科学战线,1993(1):125—129+149.

[124] 严家明.社会运行机制概论[J].社会科学,1990(8):52—55.

[125] 张建新.社会机制的涵义及其特征[J].人文杂志,1991(6):27—29+11.

[126] 郭湛,曹延莉.社会运行机制的特点及优化途径[J].河北学刊,2009.29(2):148—151.

[127] 郑伟建.社会运行机制与社会现代化[J].理论与改革,1991(2):32—36.

[128] 罗平汉.革命与利益[J].2011(6):59—62.

[129] 郭湛,王洪波.改革、发展、稳定、和谐的动力机制[J].天津社会科学,2008(5):45.

[130] 王孝哲.所有矛盾都是事物变化发展的动力吗?[J].江汉论坛,1998(8):48—50.

[131] 徐必珍,刘怀玉.不能笼统说矛盾是推动事物发展的动力[J].哲学动态,1994(1):35.

[132] 徐丹阳.正确理解和解释"矛盾是事物发展的源泉和动力"[J].中学政治教学参考,2011(13):56—67.

[133] 张云飞.借助《矛盾论》深入理解新时期社会主要矛盾的变化[J].新视野,2018(2):19—23.

[134] 赵士发,张昊.《矛盾论》与新时期中国社会主要矛盾问题探析[J].湖南社会科学,2018(2):33—37.

[135] 孙欣然,孙金海,陈立富,等.老年人健康需求特点与健康管理对策[J].中国老年学杂志,2018.38(11):5364—5367.

[136] 张广利,瞿皋.城市高龄空巢老年人特殊需要分析[J].华东理工大学学报(社会科学版),2011.26(1):8—17.

[137] 张琳.我国中老年人健康需要实证研究——基于性别和城乡的分析[J].财经问题研究,2012(11):100—105.

[138] 张河川,芩晓钰.云南不同养老方式老年人健康需要的对比研究[J].中国老年学杂志,2009,29(7):865—867.

[139] 辛红菊,张晓君,卢秋玲,等.合理情绪疗法在老年人心血管疾病心理护理中的作用[J].中国老年学杂志,2008,28(6):604—605.

[140] 刘颂.近10年我国老年心理研究综述[J].人口与社会,2014.30(1):44—48.

[141] 李可.成寿寺空巢老人的社会支持及心理健康状况的关系[J].中国老年学杂志,2014,34(13):3718—3720.

[142] 王粤湘,邓小妮,张秀华.广西511名老年人生活与健康需求的调查研究[J].现代预防医学,2008,35(23):4645—4647.

[143] 罗盛,张锦,李伟,等.基于对应分析的城市社区不同类型老年人健康服务项目需求研究[J].中国卫生统计,2016,33(5):880—882.

[144] 康文斌.社会改革在历史动力系统中的地位、作用和意义[J].晋阳学刊,1993(2):3—9.

[145] 田月秋.改革是社会主义社会发展的直接动力[J].云南社会科学,2000,增刊:31—33.

[146] 陆云彬."改革也是解放生产力"观点述评[J].实事求是,1992(6):62—64.

[147] 赵政.生产力发展是社会进步的决定理论[J].毛泽东思想研究,1998(S1):81—83.

[148] 陈常国.改革要有敢于[啃硬骨头]的精神[J].前进,2017(8):64.

[149] 顾昕.政府转型与中国医疗服务体系的改革取向[J].学海,2009(2):38—46.

[150] 孔德斌.医疗卫生利于的政府职能转型[J].行政论坛,2007,79(1):78—82.

[151] 任莤.医学整合与卫生系统改革[J].医学与哲学(人文社会医学版),2009,30(11):11—13.

[152] 张录法,黄丞.医疗卫生体系改革的四种模式[J].经济社会体制比较,2015(1):75—80.

[153] 范阳东,王小丽,谢玉红.我国医疗卫生体制改革问题与原因的再思考[J].中国卫生事业管理,2016(5):295—297.

[154] 王家宏,鲍明晓,谭华,袁威.聚焦改革开放 40 年:中国体育改革与发展的思考[J].体育学研究,2018(6):64—73.

[155] 秋实.全民医疗保障是全民健康的基础[J].中国社会保障,2016(9):1—3.

[156] 华颖.健康中国建设:战略意义、当前形势与推进关键[J].国家行政学院学报,2017(6):105—112.

[157] 刘杰,张建峰,张祺.政府运行对信息公开的逆动力分析[J].公共管理学报,2012,9(4):20—28.

[158] 郑文范.科学技术本质的演化论解读[J].社会科学辑刊,2007(3):11—15.

[159] 张媛媛,袁飞.马克思关于科学技术本质的认识及其当代价值[J].大连民族大学学报,2016,18(6):596—599.

[160] 陈铁民.前进与后腿的辩证法[J].福建论坛,1983(2):62—66.

[161] 欧阳天然. 事物内部结构初探[J]. 求索,1982(3):67—73.

[162] 邬焜. 事物结构的系统分析[J]. 系统辩证学学报[J]. 1995,3(1):32—41.

[163] 谢存华. 浅谈写作氛围的创设[J]. 新课程学习,2014(5):73.

[164] 姜治莹. 论技术的社会氛围与效应[J]. 松辽学刊(哲学社会科学版),2000(5):49—52.

[165] 王浩斌. 马克思主义中国化动力机制运行的基本规律[J]. 天水行政学院学报,2010(2):5—8.

[166] 陈荧. 激励是现代管理的核心技巧[J]. 哈尔滨市委党校学报,2002(3):3—6.

[167] 邓小豹. 绩效管理的核心功能在于激励[J]. 沧桑,2008(4):116—117.

[168] 李玉洁. 和谐社会视域下基层组织激励机制的模式探究[J]. 领导科学,2013(09Z):47—48.

[169] 钱颖一. 激励与约束[J]. 经济社会体制比较,1999(5):7—13.

[170] 徐武宁. 浅析企业激励机制的基本特征[J]. 工业技术经济,1998,18(5):14—15.

[171] 陈杰. 学校竞争的激励机制的基本特征[J]. 江西教育科研,1994(4):9—11.

[172] 肖文. 企业激励机制的系统特征分析[J]. 成都大学学报,2005,24(3):210—213.

[173] 闫海燕,龚建立. 论高校科技人才激励环境优化[J]. 科技管理研究,2001(2):60—61.

[174] 黄艺羡. 麦克利兰成就动机理论对高校辅导员队伍建设的启示[J]. 学校月刊,2006(18):24.

[175] 张爱卿. 归因理论研究的新进展[J]. 教育研究与试验,2003(1):38—41.

[176] 胡韬. 国外主要挫折理论及其教育启示[J]. 贵州教育学院学报,

2009(2):13—16.

　　[177] 李森,崔友兴.论教师专业发展动力的系统构建和机制探析[J].教育理论与实践,2013,33(4):33—36.

　　[178] 张鑫,冯跃,李国昊.基于波特—劳勒综合性激励理论的高校激励机制[J].江苏高教,2005(2):94—96.

　　[179] 林娇.试析波特—劳勒综合型激励理论在高校管理中的应用[J].黑龙江生态工程职业学院学报,2009.22(6):80—82.

　　[180] 李想.基于波特和劳勒综合型激励理论的高校教师激励措施研究[J].西部素质教育,2018(1):114—115.

　　[181] 张宪丽,高奇琦.团队生产理论:公司社会责任的理论基础考辨[J].政法论丛,2017(2):58—66.

　　[182] 王红霞.完善国企经营者激励约束机制的探讨—学习团队生产理论启示[J].沈阳大学学报,2002.14(3):24—26.

　　[183] 陈敏,杜才明.委托代理理论述评[J].中国农业银行武汉培训学院学报,2006(6):76—78.

　　[184] 焦磊.高等教育利益相关者理论研究的进路[J].高教发展与评估,2018.34(4):1—8.

　　[185] 赖婷婷.谁在阻挠单位改革推进:基于利益相关者视野的分析[J].领导科学,2019(4):9—12.

　　[186] 陈秋红.农村贫困治理中的问题与推进策略—基于利益相关者视角的分析[J].东岳论丛,2018.39(11):38—45.

　　[187] 阴进攻,汪应洛.高校教师激励因素及其相互关系研究[J].科学学研究,2004.22(2):179—182.

　　[188] 潘开灵.高校教师的激励因素研究[J].武汉科技大学学报(社会科学版),2002.(2):27—29.

　　[189] 刘淑霞.激励方法在护理管理中的应用[J].2006.20(7):1768—1769.

　　[190] 梁镇.知识型员工激励方法比较研究[J].2007(6):102—105.

[191] 吕万刚,侯富民.竞技体操创新激励机制类型与激励方法研究[J].武汉体育学院学报,2004.38(2):83—86.

[192] 李继先.世界成功企业激励方法[J].中国人力资源开发,2002(1):32—34.

[193] 李天鹰.激励方法在学校管理中的运用[J].黑龙江教育:综合版,2003(5):36—37.

[194] 丁如江.论图书馆科学管理的激励方法[J].晋图学刊,2008(5):18—19—26.

[195] 王勇,邓端.农村信用社员工激励方法略探[J].西南金融,2004(3):60.

[196] 张伟.基于绿色供应链的政府激励方式探讨[J].苏州市职业大学学报,2009.20(4):63—65.

[197] 余莉.研发人员个性特征与有效激励方法研究[J].中国铝业,2009.33(1):53—56.

[198] 袁瑛,卢文文.管理中的物质激励和精神激励[J].中国集体经济,2009(3):63—64.

[199] 张皓.高校学生教育激励环境的优化[J].社科纵横,2011.26(7):150—152.

[200] 孔波.我国古代激励文化方法及其运用[J].企业文化,2008(3):115—116.

[201] 马振耀.简论中国古代激励思想[J].周口师院学院学报,2005.22(4):102—104.

[202] 魏凤.中国古代激励思想花絮[J].中国人力资源开发,2004(7):68.

[203] 霍小军.中国古代激励思想的思考[J].学术交流,2006(12):49—52.

[204] 颜文垚.中国古代激励思想演变浅析[J].重庆科技学院学报(社会科学版),2008(4):94—95.

[205] 李锡元.中国古代激励思想举要[J].现代企业教育,2004(2):17—18.

[206] 王峰,陶学荣.政府公共服务职能的界定、问题分析及对策[J].甘肃社会科学,2005(4):231—234.

[207] 钟全宏.试论我国体育产业的任务及组织保障[J].西安体育学院学报,2003.20(2):20—21+27.

[208] 张康之,李圣鑫.组织分类以及任务型组织的研究[J].河南社会科学,2007.15(1):123—126.

[209] 王茂福.组织分类研究-韦伯与帕森斯之比较[J].社会科学研究,1997(1):95—100.

[210] 陈柳钦.社会资本及其主要理论研究观点综述[J].东方论坛:青岛大学学报,2007(3):84—91.

[211] 段新芳,虞华强,潘海丽.国家标准、行业标准的立项与制定的程序和要求[J].中国人造板,2009(6):28—32.

[212] 刘长秋.作为软法的行业标准研究—以卫生行业标准为视角[J].北京理工大学学报(社会科学版),2013.15(2):108—116.

[213] 王峰,陶学荣.政府公共服务职能的界定、问题分析及对策[J].甘肃社会科学,2005(4):231—234.

[214] 张呈琮.人口迁移流动与农村人力资源开发[J].人口研究,2005.29(1):74—79.

[215] 王伯鲁.技术划界问题的一个广义优化解[J].科学技术与辩证法,2005.22(2):59—63.

[216] 项哲学,陈玉端.论共性技术[J].浙江工业大学学报(社会科学版)[J].2003.2(1):1—4.

[217] 童兵.新闻信息传播与舆论定势的互动[J].中国人民大学学报,1995(4):71—78.

[218] 朱其鳌.组织效率的自组织分析[J].四川轻化工学院学报,2004.17(1):78—82.

[219] 曲洪志,谭延敏.文化建设与社会整合[J].马克思主义与现实, 2009(1):193—195.

[220] 雷振东,刘家平.整合与重构——陕西关中乡村聚落转型研究[J]. 时代建筑,2007(4):22—27.

[221] 黄玉捷.社区整合:社会整合的重要方面[J].河南社会科学,1997 (4):71—74.

[222] 李长健,胡纯,朱汉明.利益视角下农村资源环境可持续利用与保护机制体系研究[J].河南教育学院学报(哲学社会科学版),2009.28(2):90— 93.

[223] 李清华.利益整合:构建和谐社会的关键[J].中共石家庄市委党校学报,2005(3):47.

[224] 冯海龙.社会运行机制的优化及其途径[J].太原大学学报,2005.6 (4):78—80.

[225] 唐祖爱.浅析我国政府整合的缺失及重建途径[J].地方政府管理, 1997(9):12—14.

[226] 胡伟.经济转型中的政府整合:政治体制改革的维度[J].社会科学战线,1995(2):1—8.

[227] 应瑞瑶,赵永清,李胜军.行业协会、国内市场整合与对华反倾销 [J].国际贸易问题,2004(8):25—28.

[228] 李秀英.医疗卫生服务的市场调节与政府作用的界定[J].中国卫生经济,2000.19(11):16—17.

[229] 祝灵君.志愿者组织、志愿精神与政党领导[J].中共中央党校学报,2005.9(3):42—47.

[230] 苗大培,魏来,林浩,等.构建我国体育志愿者组织的理论探讨[J]. 体育科学,2004.24(9):4—7+11.

[231] 徐柳.我国志愿者组织发展的现状、问题与对策[J].学术研究, 2008(5):67—72+159.

[232] 杨晓霞.义务教育均衡发展:利益冲突及整合[J].教育研究,2016

（4）：48—51.

[233] 董保宝，葛宝山，王侃.资源整合过程、动态能力与竞争优势：机理与路径[J].管理世界（月刊），2011（3）：92—101.

[234] 叶良海.城市社区公共资源的整合与共享[J].重庆社会科学，2016（12）：39—46.

[235] 苏新宁，章成志，卫平.论信息资源整合[J].现代图书情报技术，2005（9）：54—61.

[236] 雷海潮.公立医院社会功能及价值探讨[J].中华医院管理杂志，2009（7）：433—435.

[237] 韩大伟."路径"含义的词汇化模式[J].东北师大学报（哲学社会科学版），2007（3）：155—159.

[238] 金芳.数字化社区建设中平台整合问题研究—以温州学习网为例[J].智能计算机与应用，2013.3（5）：87—90.

[239] 刘正兴.维纳与控制论的发展—纪念《控制论》出版 40 周年[J].玉溪师专学报（自然科学版），1988（2）：44—51.

[240] 黎永泰.简论发展的方向性[J].理论与改革，1988（1）：35—39.

[241] 胡世华.控制论的发展[J].科学通报，1965（10）：862—869.

[242] 孙枫，孙尧.生物控制论综述[J].自动化技术与应用，1990（2）：1—6.

[243] 寇详强.社会控制理论的主要形态[J].大理学院学报，2009.8（1）：29—31.

[244] 万百五.社会控制论及其进展[J].控制理论与应用，2012.29（1）：1—10.

[245] 殷晓芳.信息控制与篇章构建[J].大连理工大学学报（社会科学版），2000（3）：58—63.

[246] 谢琰.大学生资助在新媒体视角下的社会控制方法[J].当代教育实践与教学研究[J].2016（6）：237.

[247] 周明侠.构建和谐社会的社会控制模式转型与社会控制手段选择

[J].求索,2006(12):137—139.

[248] 潘允康.试论社会控制手段的多样性和综合性[J].杭州师范学院学报(社会科学版),2002(6):59—62+47.

[249] 李长印,李翠荣.试论社会的制度化控制[J].求索,1998(6):50—51.

[250] 谭玉林.试论社会控制的模式、手段和方式[J].上海师范大学学报,1989(2):154—156.

[251] 陈力丹.传播的社会控制方式[J].东南传播,2017(5):38—41.

[252] 仇军,王永红.论体育社会问题的社会控制[J].首都体育学院学报,2010.22(3):1—4.

[253] 程恩富.落实科学发展观要深刻认识社会主义初级阶段的理论[J].河南社会科学,2008.16(3):1—5.

[254] 中共中央党史研究室理论研究中心.牢牢把握社会主义初级阶段的基本国情[J].党政干部参考,2017(24):5—7.

[255] 林勇,张宗毅,杨先斌.欠发达地区类型界定及其制备体系应用分析[J].重庆大学学报(自然科学版),2007.30(12):119—124.

[256] 刘国玉.工程监理中的主动控制与被动控制[J].内蒙古科技与经济,2001(6):57.

[257] 索清.工程质量主动控制与被动控制的关系[J].山西建筑,2005.31(1):132—133.

[258] 李四辈.浅谈主动控制与被动控制在安全管理中的应用[J].2005(5):81.

[259] 曹凤月.由外在社会控制到内在社会控制的转换机制[J].中国工运学院学报,1991(3):62—65.

[260] 李海玉.试论社会控制与构建和谐社会[J].毛泽东思想研究,2007.34(6):106—108.

[261] 曹阳."和谐"与"矛盾"并不矛盾[J].思想政治课教学,2008(4):35—37.

[262] 张克忠. 公共治理之道:埃莉诺·奥斯特罗姆理论述评[J]. 政治学研究,2009(6):83—93.

[263] 耿爱生. 养老模式的变革取向:"医养结合"及其实现[J]. 贵州社会科学,2015(9):101—107.

[264] 蒋炜. 从主体性控制到主体间性控制—现代性的控制图式转换论纲[J]. 2007. (1):64—66.

[265] 汪俊,黄昆仑. 深圳市全民健身公共服务居民满意度及未来预测研究[J]. 当代体育科技,2015,5(30):167—169.

[266] 肖萍,邹千秋. "双工联动"模式的多元形式[J]. 中国社会工作,2013(6):32—33.

（3）中文会议论文

[1] 卓大宏. 中西医疗体操比较研究[C]. 第六次全国运动疗法学术会议论文集,2002:22—26.

[2] 严隽陶. 中国传统康复疗法重要组成部分——推拿导引术[C]. 中国康复医学会第五次全国老年康复学术大会上海市康复医学会成立20周年暨老年康复诊疗提高班,2008:47—49.

[3] 郝勤. 中国体育保健史上的重要里程碑——唐代胡愔《黄庭内景五脏六腑补泄图》研究[C]. 全国体育科学大会,1997:275.

[4] 孙梅,常志利,刘桂芳,等. 老龄化社会背景下老年人体育意识与行为的研究[C]. 中国体育科学学会会议论文集,2016.10:296—297.

[5] 张延生. 把握领导规律,密切党群、干群关系,构建和谐社会[C]. 中国领导科学研究会学术研讨会论文集,2006.11:57—62.

（4）中文学位论文文献

[1] 武赫. 人口老龄化背景下我国养老产业发展研究[D]. 吉林:吉林大学博士学位论文,2017.12:13.

[2] 位秀平. 中国老年人社会参与和健康的关系及影响因子研究[D]. 上海:华东师范大学博士学位论文,2015.3:19.

[3] 田向阳. 中国农村健康教育与健康促进策略与模式研究[D]. 上海:

复旦大学博士学位论文,2013.4:13.

　　[4] 刘向红.婚姻状况、居住方式对老年健康的影响研究[D].保定:河北大学硕士学位论文,2016:3.

　　[5] 吕雅男.城市老年人健康状况及影响因素研究[D].长沙:中南大学硕士学问论文,2012:9.

　　[6] 彭伟霞.上海市静安区老年人健康期望寿命及其对策研究[D].上海:复旦大学博士学位论文,2013:11.

　　[7] 潘廷芳.中国六省市人群亚健康现况及相关因素分析[D].北京:北京协和医学院硕士学位论文,2011:35.

　　[8] 李金平.参加体育锻炼对老年人也理健康、幸福度和生命质量的影响及其相关影响因素的研究[D].苏州大学,2005:2.

　　[9] 单威.不同健身、生活方式对高教社区老年人生活质量和体质健康的影响[D].北京:北京体育大学博士学位论文,2011:3.

　　[10] 赵学森.我国毛南族聚居区传统体育与健康相关生命质量的实证研究[D].上海:上海体育学院博士学问论文,2010:4.

　　[11] 吴培香.咸阳市秦都区中小学体医融合可行性研究[D].西安:陕西理工大学硕士学位论文,2019.6.

　　[12] 赵彤.我国体医结合健身模式现状与对策——以苏州市"阳光健身卡"为例[D].北京:北京体育大学硕士学位论文,2014:35.

　　[13] 南秀玲.健康中国视域下"体医结合"发展问题及策略研究[D].西安:陕西师范大学硕士学位论文,2018.6.

　　[14] 杨刚.科技与金融相结合机制与对策研究[D].长春:吉林大学博士学位论文,2006.4.

　　[15] 蒋文娟.我国科教结合协同育人机制研究[D].北京:中国科技大学博士学位论文,2018.8.

　　[16] 陶朔秀.中华引导术的中医养生学研究[D].上海:上海体育学院博士学位论文,2015.6.

　　[17] 范铜钢.养生奠基功法技术挖掘及整理研究[D].上海:上海体育学

院博士学位论文,2016.6.

[18] 魏刚.传统体育养生思想史研究[D].苏州:苏州大学博士学位论文,2013.9.

[19] 叶秋治.《云笈七签》初探[D].北京:中国社会科学研究院博士学位论文,2014.5.

[20] 魏燕利.道教导引术历史研究[D].济南:山东大学博士学位论文,2007.6.

[21] 陈大龙.创造业企业自主创新知识型动力机制研究[D].哈尔滨:哈尔滨工程大学博士学位论文,2011.6.

[22] 张淑辉.山西省农业科技创新的动力机制研究[D].北京:北京林业大学博士论文,2014.6.

[23] 韩秀兰.迁村并居动力机制研究[D].杨林:西北农林科技大学博士学位论文,2014.5.

[24] 刘兴鹏.我国地方政府职能转变的动力机制研究[D].武汉:武汉大学博士论文,2014.4.

[25] 尹浩.汽车操作逆动力学的建构与仿真[D].南京:南京航空航天大学博士论文,2007.10.

[26] 郑伦仁.大学学术权力运行机制研究[D].重庆:西南大学博士论文,2012.4.

[27] 戴志鹏.居家养老服务视角下的老年人体育运行机制研究[D].苏州:苏州大学博士学位论文,2015.3:89.

[28] 高泳.我国青少年体育参与动力机制研究——以河南省为例[D].北京:北京体育大学博士学位论文,2013.6:117—118.

[29] 高治.我国青少年校园篮球运动发展的动力机制研究[D].武汉:武汉体育学院博士学位论文,2016.6:,77.

[30] 曹万林.生态现代化动力机制研究—基于区域视角[D].吉林:东北财经大学博士学位论文,2015.6:130.

[31] 高泳.我国青少年体育参与动力机制研究——以河南省为例[D].

北京:北京体育大学博士学位论文,2013.6:117—118.

[32] 周英.中国西部乡村—城镇转型的动力机制/模式及测度研究[D].西安:西北大学,2014.6:33.

[33] 陈跃峰.利益动力论[D].北京:中共中央党校博士学位论文:2015.5:35.

[34] 刘兴鹏.我国地方政府职能转变的动力机制研究[D].武汉:武汉大学博士论文,2014.4.

[35] 彭贺.人为激励研究[D].上海:复旦大学博士学位论文,2004.5:14.

[36] 赵志坤.大学教师激励问题研究[D].南京:南京大学博士学位论文,2015.11:20—21.

[37] 韩锦.大学生村官工作行为及激励机制研究——以陕西省为例[D].杨凌:西北农林科技大学博士学位论文,2017.12:17.

[38] 彭贺.人为激励研究[D].上海:复旦大学博士学位论文,2004.5:17.

[39] 王伟强.高新技术企业知识员工激励机制研究[D].杨凌:西北农林科技大学博士学位论文,2008.1:17.

[40] 马跃如.高等学校教师激励研究[D].长沙:中南大学博士学位论文,2006.12:14.

[41] 王哲.高校科技工作者激励机制理论研究[D].长春:吉林大学博士学位论文,2010.6:16—17.

[42] 朱德友.高校教师激励机制研究[D].武汉:武汉大学博士学位论文,2010.10:14.

[43] 宋广伟.义务教育阶段民办学校教师激励机制研究[D].西安:陕西师范大学博士学位论文,2017.9:11.

[44] 邓玉林.知识型员工的激励机制研究[D].南京:东南大学博士学位论文,2006.9:8.

[45] 余璐.现代公司激励机制研究[D].成都:四川大学博士学位论文,

2003.3:33.

[46] 邹苏. 高校大学生激励方法研究[D]. 武汉:武汉理工大学硕士学位论文,2004.5:28—45.

[47] 丁青青. 乡镇公务员激励内容设计及体系研究—以晋江市为研究区域[D]. 福州:福建农林大学硕士学位论文,2015.4:28.

[48] 李雨. 农民工就业保障机制研究[D]. 杨凌:西北农林科技大学博士学位论文,2013:7.

[49] 王晓丹. 我国促进中小型外贸企业发展及保障机制研究[D]. 长春:东北师范大学博士学位论文,2016.6:82.

[50] 刘宓凝. 西部农村家庭儿童人力资本投资及保障机制研究[D]. 杨凌:西北农林科技大学,2010.11:61.

[51] 彭永芳. 基于利益相关者的建筑工程质量保障研究[D]. 天津:天津财经大学博士论文,2016.12:126—128.

[52] 钱侃侃. 运动员权利保障机制研究[D]. 武汉:武汉大学博士学位论文,2014.6:61—118.

[53] 赵丹. 我国新农村住宅建设投融资模式及保障机制研究[D]. 北京:北京交通大学博士学位论文,2014.9:91—105.

[54] 林婕. 我国公立医院公益性保障机制研究[D]. 武汉:华中科技大学博士学位论文,2011.6:31—32.

[55] 唐海霞. 泛网络环境下健康信息获取途径研究[D]. 重庆:重庆医科大学硕士学位论文,2016.6:4.

[56] 张静. 农村公共资源治理机制研究[D]. 石河子:石河子大学博士学位论文,2016.9::73.

[57] 李彦西. 欠发达省区高等教育资源整合机制研究[D]. 武汉:武汉理工大学博士学位论文,2010.12:31—32.

[58] 邵峰. 转型时期山东沿海农村城市化模式及整合机制研究[D]. 天津:天津大学博士学位论文,2009.1:8.

[59] 孙选中. 服务型政府及其服务行政机制研究[D]. 北京:中国政法大

学博士学位论文,2008.4:107—108.

[60] 胡鹏.清代中期华北粮食市场整合研究[D].北京:中国农业大学博士学位论文,2017.5:2.

[61] 李清华.社会转型时期中国共产党利益整合方式研究[D].北京:中共中央党校博士学位论文,2005.5:1.

[62] 赵丹丹.上海医疗资源纵向整合研究[D].上海:上海复旦大学博士学位论文,2008.10:

[63] 李彦西.欠发达省区高等教育资源整合机制研究[D].武汉:武汉理工大学博士学位论文,2010.12:25.

[64] 姜晓丽.高技术虚拟产业集群资源整合即信息平台研究[D].哈尔滨:哈尔滨理工大学博士学位论文,2012.6:20.

[65] 杜长东.对苏州市定点健身俱乐部"刷医保卡健身"的调查研究[D].昆明:云南师范大学硕士学位论文,2017.6:23.

[66] 程诗玮.产学研协同创新视角下大雪功能整合研究[D].武汉:武汉理工大学硕士学位论文,2016.4:13.

[67] 侯兵.南京都市圈文化旅游空间整合研究[D].南京:南京师范大学博士学位论文,2011.3:17.

[68] 赵丹丹.上海医疗资源纵向整合研究[D].上海:复旦大学博士学位论文,2008.10:42.

[69] 陈曦.中国跨部门合作问题研究[D].长春:吉林大学博士学位论文,2016.6:46.

[70] 王茹.互联网+居家养老服务:养老服务模式的创新[D].长春:吉林大学硕士学位论文,2017.6:22.

[71] 周绿林.我国医疗保险费用控制研究[D].镇江:江苏大学博士学位论文,2008.12:28.

[72] 丁春维.基于公司治理结构的内部会计控制机制[D].天津:天津大学硕士论文,2005.12:5.

[73] 黄思敏.双工联动政策下社工介入社区志愿服务研究[D].广州:华

南理工大学硕士学位论文,2017.6:5.

（5）中文网站文献

［1］百度百科.中华人民共和国老年人权益保护法［EB/OL］.https://baike.baidu.com/item/％E4％B8％AD％E5％8D％8E％E4％BA％BA％E6％B0％91％E5％85％B1％E5％92％8C％E5％9B％BD％E8％80％81％E5％B9％B4％E4％BA％BA％E6％9D％83％E7％9B％8A％E4％BF％9D％E9％9A％9C％E6％B3％95/395480? fr＝aladdin.［2019—05—11］(2013—08—02).

［2］中华人民共和国中央人民政府.中共中央引发关于《健康中国 2030 规划纲要》［EB/OL］.http://www.gov.cn/zhengce/2016—10/25/content_74.htm.［2019—05—11］(2017—10—10).

［3］百度百科.现实［EB/OL］.https://baike.baidu.com/item/％E7％8E％B0％E5％AE％9E/399579? fr＝aladdin.［2019—05—11］(2014—02—13)

［4］国家体育总局.2014 年全民健身活动状况调查公报［EB/OL］.http://www.sport.gov.cn/n16/n1077/n1422/7300210.html,［2019—05—11］(2015—11—16).

［5］百度百科.机制［EB/OL］.https://baike.baidu.com/item/％E6％9C％BA％E5％88％B6/1433787? fr＝aladdin.［2019—05—10］(2014—08—25).

［6］中华人民共和国中央人民政府.国务院办公厅关于印发体育强国建设纲要的通知［EB/OL］.http://www.gov.cn/zhengce/content/2019—09/02/content_5426485.htm.［2019—12—22］(2019—09—02).

［7］知网空间.动力机制［EB/OL］.http://wiki.cnki.com.cn/HotWord/1333713.htm.［2019—12—11］(不详).

［8］国家卫健委.关于印发“十三五”健康老龄化规划的通知［EB/OL］.http://www.nhc.gov.cn/jtfzs/jslgf/201703/63ce9714ca164840f.shtml.［2019—05—13］(2017—01—10).

[9] 中国老龄产业协会."十三五"老年人健康服务将升级[EB/OL]. http://www. sohu. com/a/208148835_100023055. [2019—05—13]（2017—03—31）.

[10] 中华人民共和国中央人民政府. 国务院关于印发"十三五"深化医药卫生体制改革规划的通知[EB/OL]. http://www. gov. cn/zhengce/content/2017—01/09/content_5158053. htm. [2019—05—11]（2017—01—09）.

[11] 百度百科. 全面建设小康社会[EB/OL]. https://baike. baidu. com/item/%E5%85%A8%E9%9D%A2%E5%BB%BA%E8%AE%BE%E5%B0%8F%E5%BA%B7%E7%A4%BE%E4%BC%9A/9901602? fr＝aladdin. [2019—05—11]（2016—10—11）.

[12] 百度百科. 动力源[EB/OL]. https://baike. baidu. com/item/%E5%8A%A8%E5%8A%9B%E6%BA%90/5571592? fr＝aladdin. [2019—05—11]（2014—02—25）.

[13] 百度百科. 利益[EB/OL]. https://baike. baidu. com/item/%E5%88%A9%E7%9B%8A/5733966. [2018—4—20]（2016—12—04）

[14] 中华人民共和国中央人民政府. 国务院关于实施健康中国行动的意见[EB/OL]. http://www. gov. cn/zhengce/content/2019—07/15/content_2. htm. [2019—12—22]（2019—07—15）.

[15] 百科. 全国老龄工作委员会[EB/OL]. https://baike. baidu. com/item/%E5%85%A8%E5%9B%BD%E8%80%81%E9%BE%84%E5%B7%A5%E4%BD%9C%E5%A7%94%E5%91%98%E4%BC%9A/3970161? fr＝aladdin. [2018—12—09]（2018—10—16）.

[16] 国家统计局. 2018 年国民经济和社会发展统计公报[EB/OL]. http://www. stats. gov. cn/tjsj/zxfb/201902/t20190228_1651265. html. （2019—02—28）（2019—05—22）.

[17] 新华网. 十三届全国人大一次会议,全国政协十三届一次会议.（两会授权发布）中华人民共和国宪法[EB/OL]. http://www. xinhuanet. com/politics/2018lh/2018—03/22/c_1122572202_6. htm. [2019—03—10]（2018—

03—22）.

[18]中国人大网.中华人民共和国体育法[EB/OL]. http：//www. npc. gov. cn/wxzl/gongbao/2017—02/21/content_2007622. htm. [2019—03—22]（2017—05—10）.

[19]中华人民共和国中央人民政府.国务院办公厅关于推进老杨服务发展的意见（国发办[2019]5号）[EB/OL]. http：//www. gov. cn/zhengce/content/2019—04/16/content_5383270. htm. [2019—05—10]（2019—04—16）.

[20]百度百科.保障[EB/OL]. https：//hanyu. baidu. com/zici/s？ wd ＝％E4％ BF％ 9D％ E9％ 9A％ 9C&query ＝％ E4％ BF％ 9D％ E9％ 9A％ 9C&srcid＝28232&from＝kg0&from＝kg0.[2018—12—22]（不详）.

[21]百度百科.经济发展水平[EB/OL]. https：//baike. baidu. com/item/％E7％BB％8F％E6％B5％8E％E5％8F％91％E5％B1％95％E6％B0％B4％E5％B9％B3/10173878？ fr＝aladdin.[2018—12—22]（不详）.

[22]中华人民共和国商务部.基础设施和公共服务领域政府和社会资本合作条例（征求意见稿）[EB/OL]. http：//www. mofcom. gov. cn/article/b/g/201709/20170902653358. shtml. [2018—12—22]（2017—09—29）.

[23]国家体育总局经济司.国家体育总局2017年度本级体育彩票公益金使用情况公告[EB/OL]. http：//www. sport. gov. cn/jjs/n5033/c863747/content. html. [2018—12—22]（2018—06—25）.

[24]文汇报网络版.国家在医疗卫生利于的投入，连续六年年增长超过11％[EB/OL]. https：//baijiahao. baidu. com/s？ id＝1624&wfr＝spider&for ＝pc. [2019—05—10]（2019—03—10）.

[25]中华人民共和国中央人民政府.国务院关于印发"十三五"国家老龄事业发展和养老体系建设规划的通知[EB/OL]. http：//www. gov. cn/zhengce/content/2017—03/06/content _ 5173930. htm. [2018—12—22]（2017—03—06）.

[26]东方财富网.养老服务：下一个十万亿级的朝阳产业[EB/OL]. https：//baijiahao. baidu. com/s？ id＝16264965149195840123&wfr＝spider&for

＝pc.［2019—03—10］(2019—02—26).

　　［27］百度百科.法律法规［EB/OL］. https://baike. baidu. com/item/%
E6％B3％95％E5％BE％8B％E6％B3％95％E8％A7％84/3468738？fr＝
aladdin.［2019—02—26］(2016—01—17).

　　［28］中国人大网.中华人民共和国体育法［EB/OL］. http://www. npc.
gov. cn/wxzl/gongbao/2017—02/21/content_2007622. htm.［2019—03—22］
(2017—05—10).

　　［29］中华人民共和国中央人民政府.国务院办公厅关于推进老杨服务发
展的意见(国发办［2019］5号)［EB/OL］. http://www. gov. cn/zhengce/con-
tent/2019—04/16/content_5383270. htm.［2019—05—10］(2019—04—16).

　　［30］中华人民共和国中央人民政府.国务院办公厅关于印发完善促进消
费体制机制实施方案(2018—2020年)的通知［EB/OL］. http://www. gov.
cn/zhengce/content/2018—10/11/content_5329516. htm.［2018—12—22］
(2018—10—11).

　　［31］中华人民共和国中央人民政府.国务院关于印发"十三五"国家老龄
事业发展和养老体系建设规划的通知［EB/OL］. http://www. gov. cn/
zhengce/content/2017—03/06/content_5173930. htm.［2018—12—22］
(2017—03—06).

　　［32］中华人民共和国中央人民政府.国务院办公厅关于制定和实施老年
人照顾服务项目的意见［EB/OL］. http://www. gov. cn/zhengce/content/
2017—06/16/content_5203088. htm.［2018—12—22］(2017—06—16).

　　［33］全国老龄工作委员会办公室.国务院办公厅关于加快发展商业养老
保险的若干意见［EB/OL］. http://www. cncaprc. gov. cn/contents/12/9. ht-
ml.［2018—12—22］(2017—07—06).

　　［34］中华人民共和国中央人民政府.国务院办公厅关于印发完善促进消
费体制机制实施方案(2018—2020年)的通知［EB/OL］. http://www. gov.
cn/zhengce/content/2018—10/11/content_5329516. htm.［2018—12—22］
(2018—10—11).

［35］中华人民共和国民政部. 2018 年民政事业发展统计公报［EB/OL］.
http：//www. mca. gov. cn/article/sj/tjgb/. ［2019—12—22］(2019—08—15).

［36］中华人民共和国中央人民政府. 国务院关于印发"十三五"国家老龄
事业发展和养老体系建设规划的通知［EB/OL］. http：//www. gov. cn/
zhengce/content/2017—03/06/content _ 5173930. htm. ［2018—12—22］
(2017—03—06).

［37］中华人民共和国中央人民政府. 国务院办公厅关于推进老杨服务发
展的意见(国发办［2019］5 号)［EB/OL］. http：//www. gov. cn/zhengce/con-
tent/2019—04/16/content_5383270. htm. ［2019—05—10］(2019—04—16).

［38］国家统计局. 2018 年国民经济和社会发展统计公报［EB/OL］. ht-
tp：//www. stats. gov. cn/tjsj/zxfb/201902/t20190228 _ 1651265. html.
［2019—03—10］(2019—02—28).

［39］国家民政局. 2017 年社会服务发展统计公报［EB/OL］. http：//
www. mca. gov. cn/article/sj/tjgb/201808/20180800010446. shtml. ［2018—
12—22］(2018—08—02).

［40］中华人民共和国发展与改革委员会. 体育发展"十三五"规划［EB/
OL］. http：//www. ndrc. gov. cn/fzgggz/fzgh/ghwb/gjjgh/201708/t20172. ht-
ml. ［2018—12—22］(2017—08—10).

［41］中华人民共和国中央人民政府. 中共中央、国务院印发《国家积极应
对人口老龄化中长期规划》应对老龄化上升为国家战略［EB/OL］. http：//
www. gov. cn/zhengce/2019—11/23/content_5454778. htm. ［2019—12—22］
(2019—11—23).

［42］中华人民共和国中央人民政府. 中共中央国务院印发《"健康中国
2030"规划纲要》［EB/OL］. http：//www. gov. cn/xinwen/2016—10/25/con-
tent_5124174. htm. ［2018—12—22］(2016—10—25).

［43］百度知识图谱. 全国医院卫生工作条例［EB/OL］. https：//duxiao-
fa. baidu. com/detail? searchType＝statute&from＝aladdin_28231&. origin-
query＝％E5％85％A8％E5％9B％BD％E5％8C％BB％E9％99％A2％E5％

B7％A5％E4％BD％9C％E6％9D％A1％E4％BE％8B&count＝30&cid＝
6aec06e044c440841d96b5615c2e33d3_law.［2018—12—22］（1982—01—12）.

［44］中华人民共和国中央人民政府.国务院办公厅关于推进养老服务发展的意见［EB/OL］.http：//www. gov. cn/zhengce/content/2019—04/16/content_5383270. htm.［2019—05—10］（2019—04—16）.

［45］凤凰资讯.沪加大推进社区医疗"1＋1＋1"组合签约试点力度［EB/OL］.http：//news. ifeng. com/a/20160713/49345761_0. shtml.［2018—08—28］（2016—01—11）.

［46］中华人民共和国中央人民政府.国务院办公厅关于推进养老服务发展的意见［EB/OL］.http：//www. gov. cn/zhengce/content/2019—04/16/content_5383270. htm.［2019—05—10］（2019—04—16）.

［47］中华人民共和国民政部.2018年民政事业发展统计公报［EB/OL］.http：//www. mca. gov. cn/article/sj/tjgb/.［2019—12—22］（2019—08—15）.

［48］百度知道.访问控制机制［EB/OL］.https：//zhidao. baidu. com/question/94190165. html.［2018—12—22］（2017—9—21）.

［49］百度百科.社会控制［EB/OL］.https：//baike. baidu. com/item/％E7％A4％BE％E4％BC％9A％E6％8E％A7％E5％88％B6/3320421.［2019—01—20］（2016—11—12）.

［50］国家体育总局.总局站群［EB/OL］.http：//www. sport. gov. cn/.［2018—12—22］（不详）.

［51］中华人民共和国国家卫生健康委员会［EB/OL］.http：//www. nhc. gov. cn/wjw/jgsz/jgsz. shtml.［2018—12—22］（不详）.

［52］中华人民共和国民政部.机构职责［EB/OL］.http：//www. mca. gov. cn/article/jg/jgsz/jgsj/.［2018—12—22］（不详）.

［53］国家体育总局体育科学研究所.体医融合大有可为［EB/OL］.ht-tp：//www. ciss. cn/kxcb/mtbd/201902/t20190213_475581. html.［2019—12—22］（2019—02—13）.

［54］百度百科.中国特色社会主义［EB/OL］.https：//baike. baidu. com/

item/％E4％B8％AD％E5％9B％BD％E7％89％B9％E8％89％B2％E7％A4％BE％E4％BC％9A％E4％B8％BB％E4％B9％89/929612？fr＝aladdin．［2018—12—22］(2017—10—18)．

［55］中国老龄化人口报告. 老龄蓝皮书:中国城乡老年人生活状况调查报告［EB/OL］. http://baijiahao. baidu. com/s？id＝1601680043763778266＆wfr＝spider＆for＝pc.［2018—12—22］(2018—05—28)．

［56］百度百科. 深圳［EB/OL］. https://baike. baidu. com/item/％E6％B7％B1％E5％9C％B3/140588？fromtitle＝％E6％B7％B1％E5％9C％B3％E5％B8％82＆fromid＝11044365＆fr＝aladdin＃reference-［1］—3329-wrap.［2019—12—12］(不详)．

［57］深圳政府在线. 深圳市养老设施专项规划(2011—2020)［EB/OL］. http://www. sz. gov. cn/cn/xxgk/zfxxgj/ghjh/csgh/zxgh/201308/t20130805_2179679. htm.［2019—12—22］(2013—08—05)．

［58］深圳市政府在线. 深圳市养老机构基本信息［EB/OL］. http://www. sz. gov. cn/szzt2010/zdlyzl/ggsy/mzxx/yljg/yljgjs/201909/t20190916_18212545. htm.［2019—12—22］(2019—09—16)．

［59］深圳市政府在线. 深圳市人民政府关于印发深圳市全民健身实施计划(2016—2010 年)的通知［EB/OL］. http://www. sz. gov. cn/zfgb/2017/gb990/201701/t20170123_5946646. htm.［2019—12—22］(2017—01—23)．

［60］深圳市统计局，国家统计局深圳调查队. 深圳市 2018 年国民经济和社会发展统计公报［EB/OL］. http://www. sz. gov. cn/sztjj2015/zwgk/zfxxgkml/tjsj/tjgb/201904/t20190419_16908575. htm.［2019—12—22］(2019—04—19)．

［61］深圳政府在线. 深圳市 2018 年度市级体育彩票公益金筹集使用情况的公示［EB/OL］. http://www. sz. gov. cn/wtlyjnew/xxgk/zjxx/qtzjxx/201906/t20190626_18018137. htm.［2019—12—22］(2019—06—26)．

［62］深圳政府在线. 深圳市人民政府办公厅关于印发深圳市社区健康服务改革实施方案的通知［EB/OL］. http://www. sz. gov. cn/zfgb/2010/

gb713/201009/t20100920_1581586. htm[2019—12—22](2010—09—20).

[63] 中国区块链技术和应用发展白皮书(2016)[EB/OL]. http：//www. 199it. com/archives/526865. html. [2019—10—20](2016—10—18).

（6）其他中文文献

[1] 肖金超,程海梅,冯冬英等. 养老服务信息化综合服务平台[P]. 2014—12—17.

[2] 朱继东. 始终坚持中国特色社会主义的正确前进方向[N]. 重庆日报,2017.8.28.

[3] 深圳市卫生健康委员会,深圳市文化广电旅游体育局,深圳市教育局文件. 深圳市卫生健康委员会,深圳市文化广电旅游体育局,深圳市教育局关于实施体医融合行动计划的通知(深卫健发[2019]10 号)[Z]. 2019—03—18.

[4] 中共深圳市委文件. 中共深圳市委,深圳市人民政府关于印发《健康深圳行动计划(2017—2020 年)》的通知(深发[2017]16 号)[Z]. 2019—09—30.

附　　录

附录1:访谈提纲

专家访谈提纲

1. 2016 年《健康中国 2030 规划纲要》颁布以后提出了"体医结合"的概念,虽然"体医结合"在以前的文献中也能依稀见到,但是《纲要》提出的"体医结合"在社会各界引起了较大的反响,您认为原因是什么?

2. 在学术研究中,目前存在着"体医结合"、"体医融合"、"医体结合"、"体医整合"几种说法,这几个概念有区别吗? 如果有的话,区别在哪里?

3. 有人认为"体医结合"是一种健身模式、是一种理念、是一种方式方法、是一种路径、是一种策略,请问目前"体医结合"的属概念是哪个比较合适?

4. "体医结合"不同于"体教结合","体教结合"是以教育为结合逻辑,"体医结合"的逻辑是什么? 如果说"体医结合"的逻辑起点是"健康",那么"体医结合"较之于"体教结合"有何不同,这些不同体现在哪些方面?

5. 目前"体医结合"是学术研究的热门话题,在实践层面却较为举步维艰,请问造成这种问题的原因是什么?

6. "体医结合"促进老年人健康的实践中,体育真正的内涵是什么? 如果是指身体运动,那对于部分失能的老年人而已,如何实现体医结合中的"体"?

7. 老年人健康促进的"体医结合"中必然要求体育的主动参与,对老年人而言,体育与医疗结合的先决条件或结合的内在要素包括哪些?

8. 在现阶段,请问与老年人体医结合利益相关者有哪些?

9. 您认为以下的老年人体医结合利益相关者分类是否恰当?

对老年人体医结合起主导作用的政府部门及组织成为主导型利益相关者;老年人体医结合实践组织,比如医院、养老机构称为接受型利益相关者;起支撑作用的组织如媒体、志愿者组织称为间接型利益相关者。

10. 您认为现阶段体医结合的政策目标具体内容包括哪几个维度?

11. 你对深圳市的体医结合实践情况了解吗? 深圳市颁布的体医融合政策有何意义?

12. 您认为老年人体医结合运行的难点在哪里? 重点在哪里?

13. 现阶段,老年人体医结合专项政策目标体系和具体内容维度应包括哪些方面较合适?

体医结合相关人员访谈提纲

本访谈提纲适合于社区、医院、养老机构、体医结合俱乐部工作人员

1. 最近国家出台了系列健康中国建设的政策文件,您认为老年人体医结合对于健康中国建设有何意义?

2. 在健康中国建设中,强调非医疗手段对健康进行干预,您认为体育如何发展它在老年人健康促进中的应有功效? 与医疗手段干预健康相比,体育有何劣势?

3. 在您的工作中,老年人是否在心理层面接受体医结合这一健康促进手段? 如果老年人对体医结合出现抵触情绪,您们是否采取了必要的措施进行引导?

4. 老年人体医结合的实践离不开良好的氛围,您认为贵单位的体医结合氛围如何? 单位相关领导对老年人体医结合的态度是怎样?

5. 效果是体医结合的生命线,在老年人体医结合实践中,您认为实施体医结合是否收到了预期的效果? 老年人的整体反应是怎样?

6. 老年人体医结合实施过程中肯定会遇到很多的困难,您所接触的体医结合实践,您认为实施体老年人体医结合的关键点有哪些? 具体困难包括哪些?

7. 老年人体医结合实践离不开人力资源、物力资源的支持,贵单位的人员配备、场地设施等资源是否能满足老年人体医结合的需要?

8. 如果贵单位需要提高老年人体医结合的服务质量,需要从

哪些方面进行完善?

9. 贵单位在实施老年人体医结合过程中,重点对哪些要素进行了结合,诸如人才的结合,技术的结合,等。

10. 目前,体医结合是国家力推的健康促进方式,您希望从国家层面对老年人体医结合采取哪些有效措施?

附录 2:图目录

附录3：表目录

附件4:案例分析

案例分析4 - 2　***大学体育科学学院体医结合人才培养与技术开发经验与启示**

1. **团队情况简介**: ***大学体育科学学院陆**教授借助2014年广东省哲学社会科学"十二规划"项目《抑制中学生视力下降的社会协调干预研究》成立"视力干预"体医结合团队。团队成员博士4人,硕士5人。视力干预业务涉及到老年人青光眼、飞蚊症、视力保健和视力健康等内容。独创的"视训五联"体医结合疗法在老年人视力健康关于中效果显著。在视力健康领域形成了一定影响力。

2. **人才培养经验**:团队成员均具有体育学科背景,并且学历起点层次较高,这为体医结合技术开发和传授打下了知识基础。人才培养的思路为:理论与实践同步提高。通过科研训练提高团队成员的科研能力,通过老年人视力健康实践提供团队成员的实践操作能力,从而实现理论与实践同步发展的人才培养目标。在团队中硕士、博士分工明确,形成了导师负责指导,高年级带动低年级的体医结合专业人才培养模式。

3. **体医结合技术开发经验**:技术开发围绕老年人视力健康为

中心展开。独创的"视训五联"疗法经过多年的实践取得了丰富的实践经验,并在业界引起了较大的反响。"视训五联"体医结合技术的开发思路是:围绕传统医学领域的经络疏通和体育领域的视觉锻炼进行设计,传统医学部分包括活血按摩保健、经络疏通磁疗和穴位敷贴,以促进眼周围血液循环;视觉训练包括过视功能视动训练以及观察力、注意力训练,以提高眼部肌肉力量、速度、灵敏及耐力等。"视训五联"体医结合技术的具体内容是:(1)活血按摩保健。采用推、拿、捏、按等手法调节患者全身气血和筋骨,重点刺激眼部气血相关的经络,促进身体内环境的循环代谢,达到全身内环境的协调平衡,提高身体的自愈能力。(2)穴位疏通磁疗。穴位磁疗以经络学说为依据,用磁棒代替针灸,作用于眼部及相关穴位来治疗的一种方法。磁棒透过皮肤并达到穴位相应深度,再通过经络对腑脏功能产生影响,起到"通经脉,调血气"的效果,进而疏通眼部淤堵。(3)穴位敷贴。敷贴的成分包括人参、决明子等活血化瘀、清肝明目的名贵中草药材,按一定比例萃取。在经过活血按摩保健、磁棒疏通眼部穴位后,将敷贴贴于睛明穴、四白穴、瞳子髎、印堂、阳白、翳明、光明穴、太冲穴。(4)视功能视动训练。视功能视动训练包括调节训练、集合训练和眼球运动。调节训练能够提高睫状肌舒缩能力,改善调节功能,有效地改善调节滞后和调节功能不足。(5)观察力、注意力训练。观察力、注意力提升训练利用一些动眼训练、眼球追踪游戏等,增加眼睛运动的灵活度,提高眼睛快速捕捉外界信息的能力。实验中设计图案识别、寻找目标物等观察力、注意力训练方法进行训练。治疗过程通过现场"视训五联"疗法与日常运动处方相结合进行。

4. 人才培养与技术开发的启示:(1)人才培养的启示。实践证明通过人才培养可以有效解决老年人体医结合人力资源匮乏的问题。人才培养是从起点上解决老年人体医结合专业人才知识结构、实践操作能力、综合业务素养能力的问题,而继续教育是对起点培养欠缺的一种补救措施。体医结合专业人才培养的质量依赖于培养对象的学科知识背景,在体育专业和医疗卫生专业学生中进行培养可以实现高质量人才培养的目标。(2)技术开发的启示。技术开发是解决体医结合技术难题的一个重要途径。体医结合技术开发依赖于开发主体的主动性与积极性。在技术开发过程中同样面临技术的安全性、有效性、可信度问题。

案例分析 5-1　** ∗∗ **市部分社区老年人体医结合要素协同情况与问题

1. ∗∗∗街道社区体医结合要素协同基本情况:在硬件要素协同方面,建立了一所集街道便民服务中心、敬老院、社区服务中心、托老所于一身的大楼,大楼一楼为居民服务中心,二楼为社区活动中心和托老所,社区活动中心和托老所一廊之隔,社区活动中心有一个区域为老年人活动中心,里面添置了一些棋牌、乒乓球、简易健身康复器材。三楼和四楼为敬老院。在人力要素协同方面,社区还与社区卫生服务中心展开合作,每周二请一位社区医生到养老院坐堂看病,而养老院则派工作人员到社区卫生服务中心办理集体挂号和配药。定期请社区卫生服务中心医务人员到养老院进行体检和开展心理疏导护理工作。在财政协同方面,社区按照上海市制定的《∗∗市居家养老服务补贴资金来源和使用方案》对辖区内老年人每人每月 100—200 元的补贴标准进行补贴,同时对老年人活动经费按照每人每年 10 元的标准进行补贴。

2. ∗∗∗街道社区体医结合要素协同基本情况:位于黄浦区的∗∗∗街道社区,社区成立了老年工作委员会管理辖区内老年人的各项具体工作。老龄工作委员会主任由接到办事处主任担任,委员设置主要有:组织科科长、宣传科科长、综合治理科科长、群体科科长、民政科科长、警署政委、社区卫生服务中心副主任、新夏物业公司书籍、工会负责人、团工委副书记和妇联主任等。老龄工作委员会办公室设在民政科内,由民政科科长担任办公室主任。老龄工作委员会每年开三次综合工作会议,每次会议均有辖区内的委员单位参加,并确定了"机构联席会议制度"和"老年人维权联席会议制度"。社区与辖区内的武支队建立"军民共建"为契机,利用武警俱乐部的场地器材成立"军晖托老所"。同时让武警战术利用闲暇时间承担老年人的义务接送、定期卫生清扫、义务帮扶等工作。社区还与辖区内的职业学校、全日制中小学合作,通过"共建共享",在星期六、星期天利用学校的教师资源、教师资源开设老年人健康知识教育讲座,收到了老年人的热烈欢迎。最近,区政府还要求辖区内各教育小区至少让一所学校在双休日向辖区内老年人教育提供教室、教师和教学设备,实现资源共享。此外,南京东路阶段还有辖区内的敬老院合作,让敬老院为托老所提供送餐服务、短时照料服务和健身指导等服务。社区养老院还与社会福利院展开合作,采取"托管"的形式将养老院相关工作交由浦东新区社会福利院管理,社区养老院领导任命和考核由社会福利院负责,养老院的财政也归社会福利院管理。

在调查的社区中均成立了老年志愿服务协会(老年人志愿服务团),不定期开展老年人文化、教育、体育、维权、帮扶等社会实践活动。还不定期出版《老协简讯》,对老年人相关信息进行宣传。

3. 社区老年人体医结合要素协同经验与问题:(1)协同经验。首先,地方政府和社区领导对养老服务以及体医结合服务的重视程度对要素协同效果将会产生一定的影响,尤其是地方政府在要素协同的宏观内容把控上发挥着重要的作用。这是因为地方政府对要素协同宏观内容的把控能为基层组织进行要素协同整合提供具体指向。其次,在要素协同的过程中,领导组织的成立与相关制度的建立将对要想协同的整体效果产生影响。如案例南京东路街道社区的"老龄工作委员会办公室"和"机构联席会议制度"的成立对要素协同起到了积极推进作用。再次,从要素协同实践来看,验证了硬件要素协同的基础保障作用和软件要素协同的核心地位。而在软件要素协同中,人力要素的协同整合尤为重要。(2)协同问题。第一,基层老年人体医结合组织主体协同意识有待加强。表现为主动协同意识不足,被动协同较突出;第二,制度壁垒下寻求组织间要素协同难度大,还需发挥协同主体的主观能动性和处理问题的灵活性;第三,协同要素涉及的种类不多。表现为注重硬件要素和人力资源要素的开发与利用,对技术、信息等要素的协同办法不多。

致　　谢

时光俨然，尺璧寸阴。蓦然回首，跋涉长途，苦心作文，炼字艰辛，艰难玉成，感慨良多。收拾心绪，唯有感激，方表初心。

丙申年狗月，幸得以替补之名步入百越体育人文之宝殿，意气风发，踌躇满志，师从陆作生教授。初入陆门，诚惶诚恐，有幸恩师提携及陆门大家庭和谐之氛围，让本已工作近十年之人能破解心中芥蒂，潜心经营，砥砺奋进，慢慢踏入科研之征途。科研漫途，艰难苦困，披荆斩棘。当中既有斟词酌句之苦闷，也有拔雾云开之快意；既有多次退稿之落寞，也有偶尔幸发之欣愉；既有博士选题之彷徨，还有博士作文之苦困。科研漫漫，幸有吾师。恩师博物通达，颖悟绝伦；才思敏捷，多问阙疑；高才博学，金声玉振；严谨治学，崇论弘议。于我指点迷津，引路前行。借得大江千斛水，研为翰墨谢恩师。

华师博导，誉满襄中，博士培养殚精竭虑，尽心尽力。感谢周爱光教授，鼎力提携。先生博学多才，治学严谨，精益求精，拨出泥潭之培育受益匪浅。感谢邓星华教授，先生博闻强识，宏儒硕学，鞭辟入里的见解受益良多。感谢谭建湘教授，先生博古通今，博洽多闻，见微知著式的点评让人受益良多。感谢熊欢教授，老师学贯中西，温文尔雅，独居慧眼式的点评以及双向互动的教学让人受益良多。感谢崔颖波教授，先生博闻强识，弘毅宽厚，独到的观点让人受益良多。感谢郝选民教授，先生博学睿智，上善若水，虚怀若谷，于我帮助提携有加。

亦师亦友，饶平教授。感恩从工作到读博，博士论文写作，乃至家庭和生活均给予了无微不至的关怀和帮助。

硕导恩师，贺昭泽教授。先生于我有知遇之恩，领我入人文之门，尽心尽责，关怀备至。工作后，仍鼓励督促我精进不休。博士选题、写作成文均倾心指导。

博士同窗，崔家宝、代小玉、邓君瑜、郭晓昊、汪熊、王梦、白慕伟、邓红、梁飞、杜宁、彭召方、周亚辉、刘倪尘。入学当年，欢聚一堂，踌躇满志，壮志豪言，把酒言欢，如今各奔东西。望不忘初心，砥砺前行。

学友同门，李伟、徐丹、赵修涵、任雅琴、戴金明、赵柏川、李伟杰、高梦思、韩婉君、谭丽、张晋、张园园、王恩祥、孙中俊、严永涛、程新年、陈俊、雷建、李恩霞等。同门情谊深似海，待我不计小节，包容有度。

博士好友，柳春梅、沈蔚瑜、孙晨晨、林金玉、胡少娟、叶松东、黄启龙、郭志刚、李员厂、王飞、孔繁星、阮定国、李涛、梁立启、冯培明、李波等好友。博士情谊比金坚，时光不染，回忆不淡。

家恩浩荡，坚强后盾。感恩母亲，毕生精力，倾其所有，一生骄傲，只是未能看到拨穗之时，哀哀吾母，生我劬劳，为儿不孝。感谢夫人蒋超，任劳任怨，鼎力支持。女儿马奕萌，儿子马奕彬，聪颖乖巧，在学业压力之时带来无尽天伦。

感谢德克萨斯州立大学大河谷分校的张鑫老师、vivi 老师、Mata 教授、Stine 教授在访学期间给予我生活、学习、调查访问等方面的支持与帮助。

感谢答辩主席刘明教授和答辩委员吕树庭教授在答辩过程中给予的指导。

感谢衡阳师范学院体育科学学院大家庭给予我读博期间提供的各种便利。

感谢在博士论文写作过程中给予访谈机会的各位专家。感谢提供调查及问卷发放帮助的李焱女士。感谢深圳市卫健委周海滨及相关领导为资料获取提供方便。

感谢论文中引用的各位学者们。

未知恩情何时报,时从天末望修门。感谢所有关心和帮助过的人。

此文献给我的母亲!

课题信息:

(1) 2020 年衡阳师范学院博士启动项目,《健康中国建设进程中体医融合协同创新研究》.课题编号:2020QD20。

(2) 2020 年湖南省体育局重点研究项目,《健康老龄化现成下湖南省老年人体医结合于吕协同创新研究》,课题编号:2020XH010。

(3) 2021 年湖南省社会科学成果评审委员会课题,《湖南省老年人健康促进的体医融合路径整合与优化研究》,课题编号:XSP21YBC004。

图书在版编目(CIP)数据

老年人健康促进的体医结合机制研究/马勇著.
—上海:上海三联书店,2022.

ISBN 978 - 7 - 5426 - 7783 - 9

Ⅰ.①老… Ⅱ.①马… Ⅲ.①养老—社会服务—
研究—中国 Ⅳ.①D669.6

中国版本图书馆 CIP 数据核字(2022)第 140828 号

老年人健康促进的体医结合机制研究

著　　者　马　勇

责任编辑　钱震华
装帧设计　陈益平

出版发行　上海三联书店
　　　　　中国上海市漕溪北路 331 号
印　　刷　上海昌鑫龙印务有限公司

版　　次　2022 年 8 月第 1 版
印　　次　2022 年 8 月第 1 次印刷
开　　本　700×1000　1/16
字　　数　280 千字
印　　张　24
书　　号　ISBN 978 - 7 - 5426 - 7783 - 9/G · 1645
定　　价　88.00 元